实用经济学

主　编　王　丹　张玉强　马丽娟
主　审　李艳坡　季振凯
副主编　杨　曦　张铁英　季　芳　于翠翠　苏　响
参　编　张　莹　贾　淼　董希远　薛　洋　李文超
　　　　孙东辉　张汉卿　王冬梅　代　伟

電子工業出版社
Publishing House of Electronics Industry
北京·BEIJING

内 容 简 介

本书充分利用实际案例，增加趣味性和实用性，突出学生实际参与的环节，培养学生解决简单经济问题的能力。将党的二十大精神与教材编写紧密结合在一起，增强学生的爱国情怀、爱党情怀，并在世界观、人生观、价值观等方面进行引领。

本书共包括十六个模块，依次是解读经济学、供求理论及其应用、弹性理论及其应用、消费者行为理论及其应用、生产者行为理论及其应用、成本理论和收益理论及其应用、市场理论及其应用、收入分配及其应用、解读微观经济政策、国民收入核算、简单国民收入决定理论及其应用、IS-LM 模型及其应用、失业和通货膨胀理论及其应用、经济增长理论及其应用、经济周期理论及其应用、解读宏观经济政策。其中，模块二至模块九主要讲授微观经济学的内容，模块十至模块十六主要讲授宏观经济学的内容。

本书适合作为高职高专财经商贸大类专业的学生用书，也可以作为经济学爱好者的自学教材。

未经许可，不得以任何方式复制或抄袭本书之部分或全部内容。
版权所有，侵权必究。

图书在版编目（CIP）数据

实用经济学 ／ 王丹，张玉强，马丽娟主编. -- 北京：电子工业出版社，2024. 6. -- ISBN 978-7-121-48230-4

Ⅰ．F0

中国国家版本馆 CIP 数据核字第 2024PQ8314 号

责任编辑：吴 琼
印　　刷：大厂回族自治县聚鑫印刷有限责任公司
装　　订：大厂回族自治县聚鑫印刷有限责任公司
出版发行：电子工业出版社
　　　　　北京市海淀区万寿路 173 信箱　邮编 100036
开　　本：787×1 092　1/16　印张：16.5　字数：411.84 千字
版　　次：2024 年 6 月第 1 版
印　　次：2024 年 6 月第 1 次印刷
定　　价：55.00 元

凡所购买电子工业出版社图书有缺损问题，请向购买书店调换。若书店售缺，请与本社发行部联系，联系及邮购电话：(010) 88254888，88258888。

质量投诉请发邮件至 zlts@phei.com.cn，盗版侵权举报请发邮件至 dbqq@phei.com.cn。

本书咨询联系方式：wuqiong@phei.com.cn，(010) 88254541。

前　言

经济学不只是一些枯燥的理论和刻板的曲线，而是发生在人们身边的一门实用科学，是一门让人们生活得更快乐、更幸福的科学。为了让这门有百年历史的学科再次焕发时代的光彩，我们用心编写了《实用经济学》一书。

本书的编写目的是在潜移默化中培养学生的民族自豪感和爱国情怀，激发学生的学习热情，将经济学理论与社会生活紧密联系在一起，使学生在案例中逐步了解经济学、理解经济学，最终能够掌握经济学的基本原理。

本书的主要特色体现在以下四个方面：第一，实用性强，每个教学模块都包括学习目标、案例引入、知识学习等内容，体现了教、学、做一体化，将经济学尽量回归生活、社会实践。第二，现实性强，选取最新资料和数据作为案例，紧扣时代发展脉搏。第三，实践性强，充分满足高职高专经济管理类专业学生学习的需要，以及满足学生就业、升学的需要。第四，课程思政性强，每个模块都有与学习内容紧密相关的思政内容，将"思政元素"和"经济学内容"进行有机整合。

模块一、二、三由王丹负责编写，模块四、五、六由杨曦负责编写，模块七、八由季芳负责编写，模块九由于翠翠负责编写，模块十、十一、十二由马丽娟负责编写，模块十三、十四、十五由张铁英负责编写，模块十六由苏响负责编写。张玉强教授负责设计教材体例。张莹、贾淼、董希远负责课程思政案例的收集与整理，薛洋、李文超、孙东辉负责经济学案例的搜集与整理，张汉卿、王冬梅、代伟负责图片的编辑与整理。特别邀请河北对外经贸职业学院院长李艳坡和厦门网中网软件有限公司产品经理季振凯担任教材的主审。

由于编者的学识、经验的局限，教材在编写的过程中难免会出现一些纰漏和不足，敬请专家、学者和广大师生给予批评指正。

编　者

目 录

模块一 解读经济学 (1)
    单元一 经济学的研究对象 (1)
    单元二 经济学的分类 (7)
    单元三 经济学的发展简史 (11)

模块二 供求理论及其应用 (15)
    单元一 需求理论及其应用 (15)
    单元二 供给理论及其应用 (21)
    单元三 均衡价格理论及其应用 (26)

模块三 弹性理论及其应用 (32)
    单元一 需求价格弹性及其应用 (32)
    单元二 供给价格弹性及其应用 (37)

模块四 消费者行为理论及其应用 (43)
    单元一 效用理论及其应用 (43)
    单元二 基数效用论及其应用 (47)
    单元三 序数效用论及其应用 (52)

模块五 生产者行为理论及其应用 (57)
    单元一 生产者行为理论及其应用 (57)
    单元二 短期生产函数及其应用 (65)
    单元三 长期生产函数及其应用 (69)

模块六 成本理论和收益理论及其应用 (75)
    单元一 成本理论及其应用 (75)
    单元二 收益理论及其应用 (82)

模块七 市场理论及其应用 (87)
    单元一 市场结构类型及其特点 (87)
    单元二 完全竞争市场 (92)
    单元三 完全垄断市场 (95)
    单元四 垄断竞争市场 (102)
    单元五 寡头垄断市场 (106)

模块八 收入分配及其应用 (112)
    单元一 生产要素需求与供给及其应用 (112)
    单元二 工资、资本要素、地租和利润 (117)
    单元三 社会收入分配 (125)

模块九 解读微观经济政策 (131)
    单元一 市场失灵与微观经济政策 (131)
    单元二 外部性 (136)

单元三　公共物品与公共资源 …………………………………………………………（139）
　　单元四　不对称信息与风险 ……………………………………………………………（144）

模块十　国民收入核算 …………………………………………………………………（148）
　　单元一　国民收入核算的总量指标 ……………………………………………………（148）
　　单元二　国内生产总值的核算方法 ……………………………………………………（156）

模块十一　简单国民收入决定理论及其应用 …………………………………………（164）
　　单元一　消费函数与储蓄函数 …………………………………………………………（164）
　　单元二　均衡国民收入的决定 …………………………………………………………（172）
　　单元三　乘数效应 ………………………………………………………………………（180）

模块十二　IS-LM 模型及其应用 ………………………………………………………（186）
　　单元一　IS 曲线——产品市场均衡 …………………………………………………（186）
　　单元二　LM 曲线——货币市场均衡 …………………………………………………（193）
　　单元三　IS-LM 模型 ……………………………………………………………………（202）

模块十三　失业和通货膨胀理论及其应用 ……………………………………………（206）
　　单元一　失业理论及其应用 ……………………………………………………………（206）
　　单元二　通货膨胀理论及其应用 ………………………………………………………（213）

模块十四　经济增长理论及其应用 ………………………………………………………（221）
　　单元一　经济增长理论 …………………………………………………………………（221）
　　单元二　经济增长的决定因素 …………………………………………………………（224）
　　单元三　社会生活中的经济增长 ………………………………………………………（227）

模块十五　经济周期理论及其应用 ………………………………………………………（229）
　　单元一　经济周期理论 …………………………………………………………………（229）
　　单元二　经济周期的类型 ………………………………………………………………（232）
　　单元三　社会生活中的经济周期理论 …………………………………………………（234）

模块十六　解读宏观经济政策 ……………………………………………………………（239）
　　单元一　宏观经济政策概述 ……………………………………………………………（239）
　　单元二　财政政策 ………………………………………………………………………（242）
　　单元三　货币政策 ………………………………………………………………………（250）

参考文献 ……………………………………………………………………………………（257）

模块一 解读经济学

学习目标

【知识目标】

理解经济学的基本概念,包括经济、资源、稀缺性、机会成本、微观经济学和宏观经济学等。

掌握经济学研究的核心问题,如资源配置和资源利用。

了解国内外经济学的发展历程,包括中国和西方经济学的发展脉络。

【能力目标】

能够运用机会成本原理分析具体经济问题,如上大学的机会成本。

【素质目标】

培养对经济学的兴趣,主动识别并分析简单的经济问题。

初步了解中国特色社会主义经济的运行规律,树立利用经济学知识服务国家经济发展的意识。

学习中国经济学发展简史,培养对"经济强国"理念的历史情感。

单元一 经济学的研究对象

经济学家应当是社会的医生

当你拿起这本书的时候,对于经济学可能产生某种期待。如果你想知道如何赚钱,那么,读完之后,你会有种失望甚至受骗的感觉。经济学并不是教人如何赚钱,我国著名的经济学家朱绍文曾说过:"经济学家应当是社会的医生。"就像人生病一样,社会也会"生病"。当社会"生病"的时候,人们就会呐喊。但是,如果呐喊不是建立在理性思考之上,就会缺乏力量。当我们拿起这本书的时候,就迈入了业余经济学家的行列,知识会增强我们的力量,去对症下药。

知识学习

在我国，"经济"本是"经邦济世""经国济民"的意思。在国外，最早使用"经济"（Economy）一词的是古希腊哲学家色诺芬（Xenophone，公元前 440 年左右—公元前 355 年）。他的著作《经济论》是古希腊流传下来的一部专门论述经济问题的著作，"经济"一词最先出现在该书中，意思是"家政管理"。19 世纪下半叶，日本学者把西方的 Economy 翻译成现代意义上的"经济"。

经济是社会物质生产和再生产的活动。人们的经济活动总是在生产、分配、交换、消费四个环节的不断交替中实现，从而构成了统一的社会再生产活动。社会再生产的各个环节是相互联系、相互依存、相互制约的，共同构成了"经济"这一有机整体。

经济学是西方经济学的简称，是研究稀缺资源的配置与利用，在有限资源的各种可供利用的组合中进行选择的科学。

课堂练习——简答题

1. 什么是经济？
2. 什么是经济学？

一、资源的稀缺性

（一）资源

资源是为了满足人类社会物质资料生产活动所必需的一切生产要素的总和。根据不同的分类标准，可以对资源进行以下分类。根据资源的不同来源，可以将资源分为自然资源和社会资源。自然资源包括阳光、土地、水、森林等；社会资源包括信息资源、人力资源及各种经过人类创造的物质资源。根据资源稀缺性的差异，可以将资源分为自由资源和经济资源。自由资源相对来说是无限的，可以自由利用，如空气、海水、阳光等；经济资源又称稀缺资源，相对于人们的无限需要，其数量有限且在使用过程中需要付出代价，如土地、劳动等。判断一种资源是经济资源还是自由资源的标准是价格，即经济资源一般是有价格的，而自由资源是没有价格的。

生产要素一般被划分为人力（劳动）、财力（资本）、物力（土地等自然资源）和智力（如企业家才能）四类。人力（劳动）是指人类在生产过程中付出的智力和体力的总和。财力（资本）一般有两种形态，实物形态和货币形态。前者又称投资品或资本品，如厂房、机器、设备、原材料等；后者又称货币资本，常常表现为投入生产的资金。物力（土地等自然资源）是指地球上的一切自然资源，如土地、江河、湖泊、森林、海洋、矿藏等。智力（如企业家才能）指企业家组建和经营管理企业的才能。

（二）稀缺性

资源的稀缺性存在于人类社会和人类历史的各个时期。稀缺性是人类社会面临的永恒问题，没有资源的稀缺性，就不会有经济学。经济学的研究对象也是由这种稀缺性决定的。

资源的稀缺性是绝对的,也是相对的,相对于人类社会的无限需求,资源总是稀缺的。

二、经济学研究的两个基本问题

经济学家普遍认为资源的稀缺性是客观存在的,而人类的欲望又是无限的。利用相对稀缺的资源去最大限度地满足人们的需要就产生了资源的利用问题。因此,经济学研究的两个基本问题就产生了,即资源配置问题和资源利用问题。

(一) 资源配置问题

1. 生产可能性曲线

生产可能性曲线,又称生产可能性边界或生产转换线,是指在既定的资源和技术约束下社会能够得到的最大产品组合的轨迹。

例如,一块土地若在一年内全部用来种谷子可以收获 500 吨,一块土地若在一年内全部用来种小麦可以收获 400 吨。若这块土地部分用来种小麦,部分用来种谷子,可以分别收获 390 吨和 180 吨。根据这三种情况可以得到图 1-1 中的 A、B、C 三个点。那么,穿过 A、B、C 三个点的折线 L_1 就是某块土地的生产可能性曲线。

生产可能性曲线并非一成不变。在技术改进、资源丰富的条件下,都可能使生产可能性曲线向右上方移动到 L_2。反之,若出现严重的自然灾害破坏时,生产可能性曲线可能向左下方移动到 L_3。

2. 经济学是选择的科学

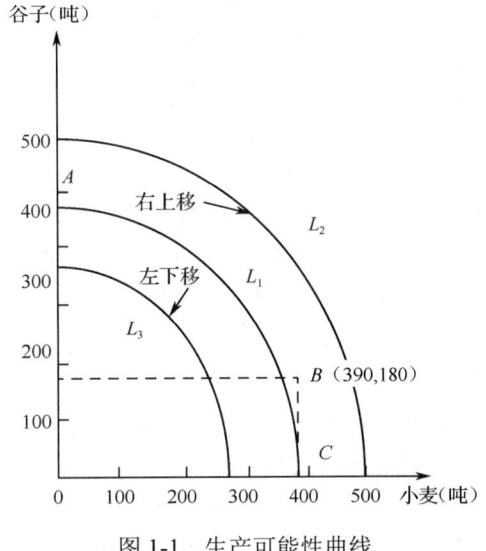

图 1-1 生产可能性曲线

稀缺性是经济问题产生的根源。资源具有稀缺性,人们在经济活动中就要做出各种选择,选择先满足人们的哪些欲望,后满足人们的哪些欲望。这种选择同时也是用有限的资源去满足人们欲望的决策——生产什么,如何生产,为谁生产。

(1) 生产什么。

生产什么取决于社会对这些产品需要的相对重要性,生产多少取决于需要满足的程度。资源是稀缺的,生产一种商品的同时,就意味着生产另一种商品的减少。因此,必须选择把资源分配到哪些部门进行生产。在市场经济中,价格是一只"看不见的手",调控资源的配置。

(2) 如何生产。

如何生产解决用什么资源生产,用什么技术生产。生产商品的途径和方式是多种多样的。如生产谷子,可以采用集约型的耕种方式,即多用资本,少用土地和劳动力;也可以采用粗放型的耕种方式,即少用资本,多用土地和劳动力。

(3) 为谁生产。

为谁生产解决分配的问题,即根据哪些原则将生产出来的商品或劳务分配给集团或个人。资源的稀缺性不能保证每个社会成员都能获得希望的商品和服务。因此，社会需要形成一套机制对生产出来的商品进行分配。

（4）依据什么选择。

在计划经济时代，政府为企业和个人做出选择。在市场经济时代，企业和个人依据自身的利益和市场价格的信号，做出对自身发展最有利的选择。

3. 选择中的机会成本

会计学中的成本是指生产某种产品的投入，如原材料采购费、人力资本投入等。选择使人们必须承担的成本，则是机会成本。机会成本是将资源投入某一特定用途后，所放弃的其他用途的最大利益。理论上，机会成本是资源改为其他各种可能选择中最优的选择。但是，由于信息获取不完全对称，只能是其他选择中能够获得的比较满意的那种选择。为了更好地说明机会成本，请阅读案例1-1。

案例1-1　　　　　　　　　读大学的机会成本

著名经济学家萨缪尔森曾举过一个例子，在美国，如果一个大学生平均每年学费是5000美元，大学生不上大学而到社会上打工一年最多能挣到11000美元，那么该学生上大学的机会成本将是16000美元。

这里面包含了一个值得讨论的问题：核算机会成本的依据应该是什么？我们知道，机会成本的主要作用就是在于其价值评估功能。也就是说，在"上大学"的问题中，人们真正需要关心的是如果该学生不上大学，而将其作为既定资源挪做他用，其最高价值应当是多少。那么，这里的学生上大学的5000美元学费应不应当计入"上大学的机会成本"呢？

首先，我们来看经济产品的消费品属性。根据效用价值理论，对于消费者个人而言，其价值大小主要取决于产品对他的满足程度或是效用的大小。但事实上，由于效用是一个非常主观的概念，因此在实际交易中，消费品的估价原则只能是根据历史成本来衡量。因此，对于"上大学"这种产品来讲，如果纯粹是为了消遣，为了享受，为了达到一种心理的满足，这时上大学的机会成本，或者说上大学的总的市场价值就应当是显成本5000美元加上隐成本11000元，即16000美元。

其次，我们来看经济产品的投资品属性。经济学上，投资品的价值主要取决于其在未来的一系列预期收益的贴现值之和。简单地说，就是取决于人们对其未来前景的基本看法，并且这种看法与股票本身所包含的历史成本是没有多少关系的。事实上，"上大学"这一产品的投资品属性是显而易见的。人们之所以愿意花钱、花时间上大学，一个主要的目的就是为了就业，为了预期获取较高的收益。因此，当上大学具有投资品的属性时，上大学的机会成本就应当是这一特定投资环节中所使用的所有生产要素的机会成本或预期收益的总和。具体地说，学生上大学的劳动时间的机会成本为11000美元，加上学生所投入的5000美元学费资金一年的预期储蓄利息之和。假定银行年利率为3%，则5000美元一年的储蓄利息是150美元。这样，学生上大学的机会成本就是11000美元加上150美元，即11150美元。这样，对于同一种"上大学"的产品，在衡量其机会成本的时候，就出现了两种不同的答案，我们可以得到以下两点启示。

第一，根据经济资源的不同属性，可以把机会成本分为作为消费品的机会成本和作为投资品的机会成本两种。之所以采用这样的划分，原因在于机会成本的衡量具有明显的"事前性"，即产品在进入市场之前，其具体的经济属性（用途）尚不能被确定。对于消费品来说，在衡量机会成本时，应当以类似会计学上的历史成本原则来进行处理。而对于投资品来说，其机会成本只包含本投资环节上的一切要素的贡献之和。这样，对同一对象的机会成本的衡量就会出现有两种可能的计算结果。正因为机会成本的衡量不可避免地具有某种程度的不确定性，作为机会成本来衡量的某些产品的价值，一般只具有理论参考的意义（或账面意义），实际并不能作为真实的价值计入生产总值里。

第二，根据信息不对称条件下的人们的理性程度不同，可以把机会成本分为有限理性机会成本和完全理性机会成本两种。根据机会成本定义，一种经济资源在特定时空条件下的机会成本衡量，往往只需参考同类同质的经济资源的价值就可以了，这就是所谓的有限理性机会成本。但这种衡量本身也会产生机会成本，因为一旦离开这个特定的时空条件，一种经济资源就有可能产生相异于其他同质同类的经济资源的价值。完全理性机会成本则是建立在人是完全理性的基础上，即人具有无限的理性，可以获得实现自身利益最大化所需的所有信息。因此，根据机会成本定义，一种经济资源在跨时空条件下的机会成本衡量，参考了所有的经济资源的价值，这就是所谓的完全理性机会成本。

课堂练习——简答题

在大学中上一堂课的机会成本是多少？

（二）资源利用问题

生产可能性曲线以内的任何一点都表示资源没有得到充分利用。在现实社会中，既存在资源稀缺，又存在资源浪费。这就是产量没有达到生产可能性曲线，稀缺的资源被浪费了。人类社会发展是一个不断突破生产可能性曲线的过程。这就必须将稀缺的资源进行充分的资源利用。资源利用包括三个相关问题。

第一，资源充分利用的问题。这个问题一般用"充分就业"来解释。如果在经济生活中，既不存在资源的闲置，也无资源浪费，而且社会既定资源所能实现的产量达到最大，那社会就实现了充分就业。

第二，在资源既定的情况下，产量高低的问题。也就是现实的经济发展中，经济的周期性波动，简单地概括为经济周期与经济增长问题。

第三，货币购买力的变化对资源配置与利用产生的问题，也就是经常提到的通货膨胀或通货紧缩问题。

课堂练习——简答题

经济学研究的主要问题是什么？

三、经济学在社会生活中的应用

（一）经济学与个人发展

经济学是我们身边的学问，几乎涵盖了人们生活的各个方面。例如，上大学后，要学会用有限的生活费安排学习生活。这就是一种经济学上的资源配置与利用。学习经济学可以帮助我们更好地做出选择。不仅如此，经济学能帮助我们更加深刻地理解生活中的经济。例如，为什么会"谷贱伤农"？银行为什么要调整存款利率？如何判断一个国家的经济是否发展？物价上涨就是通货膨胀吗？还有很多这样的例子。经济学能够帮助我们更加客观、全面地认识世界，在选择的时候更加理性。

（二）经济学与生产者发展

对于生产者来说，经济学更是至关重要。一方面，可以帮助生产者了解社会的经济发展走势，对宏观经济环境有一个总体的把握和判断；另一方面，能够更加科学合理地把握产品市场、要素市场和消费者需求的变化趋势与规律，并做出科学的决策。

（三）经济学与国家发展

发展经济是国家发展的重要主题之一。经济学是研究稀缺资源的配置与利用的科学，也是研究国民经济稳定、快速发展的科学。各国政府应该遵循经济规律，采取各项经济政策。促进国家经济的发展与繁荣。请阅读案例1-2。

案例1-2　　　　　　　人生离不开"选择"，经济学教你"选择"

由于资源是稀缺的，而人的欲望又是无限的，人们在现实生活中总是面临着各种选择。为了得到我们喜爱的一件东西，经常不得不放弃另一件我们喜爱的东西。做出决策要求我们在多个目标之间有所取舍。

一个学生如何配置他的宝贵资源——时间，可以把所有的时间用于学习经济学，或者把所有的时间用于学习心理学，或者把时间分配在这两个学科上。如果把某一个小时用于学习一门课时，他就必须放弃本来可以学习的另一门课。而且对于学生用于学习一门课的每一个小时，都要放弃本来可用于睡眠、运动、娱乐或兼职、实习的时间。

一个家庭如何使用自己的家庭收入？可以购买食物、衣服、日常用品，或者将收入用于旅游、储蓄、保险等。由于家庭收入是固定的，当他们选择增加上述物品中的一种（如食物）的支出时，在其他物品上的消费就要减少。

社会也面临着各种不同的交替关系，典型的交替关系是"大炮与黄油"之间的交替。社会面临的另一种交替关系是效率与平等之间的交替。效率是指社会能从其稀缺资源中得到的最多东西；平等是指这些资源的成果公平地分配给社会成员。换句话说，效率是指经济蛋糕的大小，而平等是指如何分配这块蛋糕。在政府进行决策的时候，这两个目标往往是不一致的。

上述的不同决策的交替关系本身并没有告诉我们，人们将会或应该做出什么决策。一个学生不应该仅仅由于要增加用于学习经济学的时间而放弃心理学的学习，社会不应该仅仅由于提高物质生活水平而不再保护环境。然而，认识到生活中的交替关系是重要的。因为人们只有了解自己的需求，才能做出良好的决策。而如何做出选择，根据什么做出选择，有什么标准表明我们做出的选择是明智的、理性的呢？经济学可以在这些方面为我们提供指导。

经济学能够帮助我们做出科学合理的选择，是理解现实世界的一种强有力的工具，因此，掌握正确的经济学知识，将经济学研究问题的方法运用到日常生活中，使我们能够更加理性地面对生活中的各种琐事。

 **扩展阅读**

奥运经济

单元二　经济学的分类

 案例引入

曼昆的经济学十大原理

经济学十大原理是哈佛大学经济学教授格里高利·曼昆在其著作《经济学原理》中提出的。十大原理可以分为三类：人们如何做出决策，人们如何相互交易，以及整体经济如何运行。

1. **人们如何做出决策**

原理一：人们面临权衡取舍。经济学家经常说："天下没有免费的午餐。"这是指，生活中总存在着权衡取舍——要更多地得到我们所喜爱的东西，就不得不放弃另一些我们喜爱的东西。例如，如果你把有限的钱用于吃饭和看电影，你就不能将这些钱用于买新衣服。社会作为一个整体面临权衡取舍。例如，效率（从稀缺资源中得到最多东西）和平等（在社会上平等地分配利益）之间的权衡取舍。税收和福利这类政策使收入更为平等，但过度的相关政策减少了辛勤劳动的收益，使经济的产出降低，影响了效率。

原理二：某种东西的成本是为了得到它所放弃的东西。一种东西的机会成本是为了得到这种东西所放弃的东西，这是某种东西的真实成本。

原理三：理性人考虑边际量。理性人为了达到他们的目标会尽可能系统性地做到最好。边际变动是现行计划的增量变动，理性决策者只是在边际利益大于边际成本时才采取行动。

原理四：人们会对激励做出反应。激励是一种引起人们行动的力量，由于理性人评价活动的边际成本和边际利益，当这些成本或利益变动时，他们就做出反应。例如，当汽车价格上升时，买者有少买汽车的激励，而汽车制造商有雇用更多工人并生产更多汽车的激励。

2. **人们如何相互交易**

原理五：贸易能使每个人的状况都变得更好。贸易并不是一方赢、一方输的比赛，贸易可以使每个贸易者的状况变好。贸易可以使每个贸易者专门从事自己最擅长的活动，无论这种活动是农业、建筑业，还是制造业，并用自己的产出交换其他有效率生产者的产出。

原理六：市场通常是组织经济活动的一种好方法。在一个市场经济中，生产什么、生产多少、物品与劳务，以及谁来消费这些物品与劳务的决策是由千百万企业和家庭做出的。由利己指引的企业和家庭在市场上进行交易，价格和交易量正是在市场上决定的。这看来是混乱的，但亚当·斯密在他1776年出版的著作《国民财富的性质和原因的研究》（以下简称《国富论》）中提出了著名观察结果：利己的家庭和企业在市场上相互交易，仿佛被一只"看不见的手"所指引，并导致了合意的社会结果。一方面，这些最优的社会结果并不是他们原来的打算。他们的竞争性活动所导致的价格是生产者和消费者成本与利益的信号，他们的活动不知不觉地使社会福利最大化。另一方面，中央计划者制定的价格不包含成本和利益的信息，这些价格不能有效地指引经济活动；当政府用税收扭曲价格或用价格控制限制价格波动时，价格也不能有效地指引经济活动。

原理七：政府有时可以改善市场结果。首先，政府必须保护产权，以便市场运行。其次，政府有时也可以为了改善效率或平等而干预市场。当市场不能有效地配置资源时，就存在市场失灵。在这些情况下，政府可以进行干预并改善经济效率。

3. 整体经济如何运行

原理八：一国的生活水平取决于其生产物品和劳务的能力。各国在某一个时间点，或者同一个国家在不同时期内的平均收入有巨大差别。收入和生活水平的差别主要是由于生产率的差别引起的，生产率是一个工人一小时所生产的产品和劳务量。因此，提高生活水平的公共政策应该提升教育质量，生产更好的工具，并改进所获得的现有技术。

原理九：当政府发行了过多货币时，物价上升，就会引起通货膨胀，通货膨胀是经济中物价总水平的上升。高通货膨胀给经济带来的代价是高昂的，严重而持久的通货膨胀是由货币量的迅速增长引起的。

原理十：社会面临通货膨胀与失业之间的短期权衡取舍。在短期内，货币量增加会刺激消费，使得价格和产量增加。产量的增加就需要雇用更多的工人，从而减少失业。因此，短期内需要在通货膨胀与失业之间产生权衡取舍，这种权衡取舍是暂时的。

 知识学习

一、微观经济学

（一）含义

"微观"的英文为"Micro"，原意是"微小的"。微观经济学是研究家庭、企业和单个市场等微观供求行为与价格之间关系的经济科学。其通过研究单个经济单位的经济行为和相应的经济变量单项数值，来解释价格机制解决社会资源的配置问题。

微观经济学的研究对象是单个经济单位的经济行为，单个经济单位是指组成经济的最基本的单位——家庭和厂商。家庭是经济中的消费者和生产要素的提供者，以实现效用最大化为目标。厂商是经济中的生产者和生产要素的需求者，以实现利润最大化为目标。

微观经济学解决的问题是资源配置。资源配置就是生产什么、生产多少、怎么生产和

为谁生产的问题。其目的就是要达到资源配置的最优化，给社会带来最大的经济福利。

微观经济学的中心理论是价格理论。在市场经济中，家庭和厂商的行为要受价格的支配，生产什么、生产多少、怎么生产和为谁生产都由价格决定。价格就像一只看不见的手，调节着整个社会的经济活动，从而使社会资源的配置实现最优化。

微观经济学的研究方法是个量分析，个量分析是对单个经济单位和单个经济变量的单项数值及相互关系所做的分析。

（二）基本假设

1. 市场出清

市场出清，即市场上供求相等，既无过剩，也无剩余。

2. 完全理性

完全理性，即消费者和企业都是以利己为目的的经济人，他们以利益最大化作为行事原则和最终目标。只有在此前提下，价格调节实现资源的最优化才是可能的。

3. 完全信息

完全信息，即消费者和企业都可以免费且迅速地获得各种市场信息。只有这样，才能及时对价格信号做出反应，实现其行为的最优化。

（三）基本内容

微观经济学包括的内容相当广泛，其中主要有：均衡价格理论、消费者行为理论、生产者行为理论、分配理论、市场失灵与微观经济政策等。具体内容在模块二至模块九进行详细讲解。

二、宏观经济学

（一）含义

"宏观"的英文为"Macro"，原意是"巨大的"。宏观经济学研究一个国家整体经济的运行，以及政府运用经济政策来影响整体经济等宏观经济问题。

宏观经济学解决的问题是资源利用。宏观经济学把资源配置作为既定的前提，分析现有资源未能得到充分利用的原因，达到充分利用的形式及合理的增长方式等。

宏观经济学的核心理论是国民收入决定理论，这一理论深受凯恩斯主义的影响，强调政府在经济调控中的积极作用。该理论主要由简单国民收入决定理论、产品市场和货币市场的一般均衡分析及总需求与总供给模型构成。宏观经济学将国民收入视为最基本的经济总量，以国民收入的决定为研究中心，深入探讨资源的优化配置问题，并全面分析国民经济的整体运行状态。

宏观经济学的研究方法是总量分析。总量是指能反映整个经济运行情况的经济变量，这种变量有两类，个量的总和与平均量。

（二）基本假设

1. 市场失灵

市场失灵，即市场机制不完善。市场机制不完善，导致配置资源的缺陷，具体表现为：

实用经济学

收入与财富分配不公、外部负效应、失业、区域经济不协调等。

2. 政府有经济调节能力，可以纠正市场机制缺点

政府可以通过观察和研究，认识和掌握经济运行规律，并采用适当的手段和措施进行干预。宏观经济学的前提是，政府应该调节经济，政府有能力调节经济。

（三）基本内容

宏观经济学包含的内容较多，主要有国民收入决定理论、消费函数理论、投资理论、货币理论、失业与通货膨胀理论、经济周期理论、经济增长理论、宏观经济政策等。相关内容在模块十至模块十六有详细讲解。

为了进一步明确微观经济学和宏观经济学的区别与联系，请阅读案例1-3。

案例1-3   微观经济如同看一棵树木，宏观经济如同看一片森林

微观经济如同看一棵树木，我们细致地观察它的生长脉络，感受其独特的生命活力。每一个家庭、每一个公司，都是这片微观经济森林中的一棵棵树木，他们各自扎根土壤，向上生长。我们关注这些树木的每一个细节：家庭如何精心规划收支，公司如何制定巧妙的生产策略，商品价格的微小变动如何牵动消费者的购买决策。微观经济学，正是这样一门学科，深入剖析这些树木的生长规律，解读其背后的经济逻辑。

而宏观经济，则如同我们站在高处俯瞰整片森林，感受其广袤无垠、生机勃发。以更宽的视野和更广的角度，观察整个经济体系的运行状况。宏观经济学家们站在国民收入理论的高地上，审视着消费、投资、储蓄等经济现象的宏观表现。他们关注整个森林的生长趋势，思考着如何保持森林的健康与平衡。国际油价的变动、人民币的升值，这些看似遥远的事件，其实都与整片森林的生长息息相关。

微观经济与宏观经济，相互关联、相互影响。就像树木与森林的关系一样，树木构成了森林，而森林又影响着树木的生长。微观经济学让我们深入了解每一棵树木的独特之处，而宏观经济学则让我们把握整片森林的生长脉络。两者相辅相成，共同构成了丰富多彩的经济世界。

课堂练习——简答题

微观经济学和宏观经济学的区别与联系是什么？

三、国际经济学

国际经济学以经济学的一般理论为基础，研究国际经济活动和国际经济关系，是一般经济理论在国际经济活动范围中的应用与延伸，是经济学体系的有机组成部分。国际经济学是以国际经济关系，如贸易、投资、劳务和资金转移等，为研究对象的一门经济科学。随着全球经济一体化进程的不断加快，世界各国、各地区之间的经济往来与交流越来越频繁，彼此之间的经济联系也日益紧密。国际经济学研究国家之间经济的相互依存性，分析一个国家或地区与其他国家或地区之间商品、劳务和资金的流动情况，分析相关政策及这些政策对国家的经济发展与社会福利所产生的影响。

 **扩展阅读**

共话中国经济新机遇
——中国经济回升向好的世界回响

单元三 经济学的发展简史

 案例引入

为历史上的中国经济学研究骄傲！

中国是人类文明的重要摇篮之一，在长达五千年的文明史中，创造和积累了丰富、灿烂的文化遗产。然而，多少年来，国内外都有一些人对中国经济思想的历史遗产抱有这样或那样的误解和偏见。这些人认为，中国历来没有什么值得重视的经济思想。甚至有的西方学者断言，包括中国在内的东方国家的"古老文化中"，没有"足以同中世纪西方的经院学者们在经济分析方面所做出的良好开端相媲美的东西"。

其实，经济思想并不是什么神秘的、深不可测、高不可攀的东西，不过是人们的社会经济生活中的经济条件和经济关系在观念形态上的表现。只要有人类的社会经济生活，就有相应的经济条件和经济关系，而这些经济条件和经济关系，在人类社会的发展进入文明时代以后，就会逐渐在观念形态上表现出来，形成各种各样的经济思想。经济思想从来不会是某些国家、某些民族的专有产物。

近代、现代的中国人所知道的经济学，是鸦片战争后从西方输入的。但是，中国古代没产生经济学这门科学决不等于没有自己的经济思想，不等于在经济思想方面没做出过有价值的贡献。

从现存的一些古文献看，早在公元前八世纪以前，已经出现了不少值得重视的经济观点。在公元前六世纪至三世纪之间，中国经济思想的发展已达到一个群星竞辉的阶段；关于经济问题的广泛的探讨和议论，成了当时思想界百家争鸣的重要内容之一。儒家、墨家、道家、法家、农家、商家等学派都较为完整地提出了自己对经济问题的见解，一些重要的学者对经济问题的论述，都已形成了初步的学说体系。在财富、分工、交换、价格、价值、货币、赋税等范畴以及某些经济原理方面的分析。较色诺芬、亚里士多德等古希腊学者也并无逊色。秦汉以后，中国经济思想仍继续发展。封建社会各种基本的经济问题，如土地地租制度、赋税、徭役、高利贷及自然经济和商品经济的关系等，历代都不断有人探讨和论述，积累了大量宝贵的文献资料；对屯垦、漕运及土地兼并等问题的探讨，更是中国古代经济思想史中所特有的内容。许多重要的经济、财政方面的观念和原理，如合理利润率、货币数量说、货币流通速度、财政上量出为入的原则及经济政策方面的干涉主义和放任主义等，中国人的发现都先于欧洲。中国古代反映货币拜物主义的作品，远比欧洲更多、更早，而且更深刻。事实表明，在西方资本主义的曙光时期到来以前，中国人在经济思想方面的成就是长期走在世界前列的。

 知识学习

一、中国经济学发展简史

（一）春秋时期的经济思想

春秋时期是中国古代历史发生重大变革的时期，铁器的推广和应用，不仅促进了生产力的发展，也萌生了众多的经济思想。法家代表人物管仲，首先把历史上已形成的社会分工从宏观上概括为士、农、工、商四个大类，并主张以此为基础来组织居民，安排整个社会的经济生活，有利于发挥分工本身的效益，从而促进各行业本身的发展。在之后的很长一段时间里，士、农、工、商的划分，一直为人们所沿用。伟大的思想家、政治家、教育家，儒家学派创始人孔子提出"富而可求也，虽执鞭之士，吾亦为之。"意思是如果能够以适当的方式获得财富，即便是地位比较低下的工作，自己也愿意去做；并提出"放于利而行，多怨"，意思是人们追求自身利益具有一定的合理性，但也意识到如果不加约束地放任人们去追逐自身利益的最大化，容易造成人与人之间关系的紧张、社会秩序的混乱等不良后果；融合自由放任与轻徭薄赋主张的富民思想，即"先富后教"，体现了经济基础与文化教育的关系，礼乐教化的前提是要有一定的经济物质基础，才能建立一个和谐美好的社会。

（二）战国时期的经济思想

战国时期，中国的经济思想并没有因为政治的混乱而停滞不前。思想家、教育家、哲学家，儒家学派代表人物荀子提出了"强本节用"的思想，即通过"强本"改善供给，增加社会财富的有效供给；通过"节用"优化需求，减少浪费。政治家、改革家、思想家、军事家，法家代表人物商鞅提出了农战论的经济思想，即以国家法律确定并保障积极从事农战的人对土地和其他财务的所有权；鼓励发展一夫一妇的个体家庭，使之成为社会的细胞；以刑赏作为驱使人民进行农战的手段；堵塞农战以外的一切可以获得名利的手段，迫使人们为求名利就只能致力于农战，也就是所谓的"利出一空"；提高国家机构及官吏的效率，减少官僚主义的招权纳贿对农业生产的消极破坏作用。战国时期哲学家、思想家、政治家、教育家孟子提出了恒产论的经济思想。

课堂练习——简答题

春秋时期的经济思想的主要特点是什么？

（三）秦汉时期的经济思想

在秦汉时期，较有代表性的经济思想来自以下两位学者。贾谊最有代表性的经济思想是"富安天下"——主旨在于要求西汉最高统治者采取驱民归农，积蓄粮食，崇尚节用和轻赋少事等措施，从解决民生问题入手，通过经济上的"富民"来达到政治上的"安民"。

司马迁经济思想的核心是"善因"论，即"善者因之，其次利道之，其次教诲之，其次整齐之，最下者与之争。"司马迁的主要观点是社会经济发展有其内在动力，这种内在动力是人的求富欲望，国家的经济政策应顺应经济发展的自然规律。

（四）宋元明清时期的经济思想

北宋时期政治家、文学家、思想家、改革家王安石针对北宋内忧外患的国势，在仁宗嘉祐三年（1058年）的《上仁宗皇帝言事书》中就表达了他对国家的深切关怀和全面改革的见解，即摧抑兼并、扶植小农的经济改革思想，以及抑制豪商、维持市场秩序的经济改革思想和以裕国富民为目的的财政改革思想。王安石的这些思想及政策，深刻地影响了北宋政权的发展，并对历史发展产生了深远的影响。

南宋思想家叶适的经济思想主要包括三方面：在农业上，他认为井田制已不适应当时社会，主张不抑兼并，鼓励土地私有；在商业上，他倡导"农商皆本"，反对有害商业的赋税政策，提倡开放经济政策，允许民间资本进入政府专营领域；在货币方面，为解决钱荒问题，他主张统一货币样式，停止发行纸币。这些观点展现了他对当时社会经济问题的深刻见解与前瞻思考。

明朝中期著名的思想家、史学家、政治家、经济学家和文学家丘浚在我国古代经济思想史上占有重要的位置，主要体现在赋税、土地、工商、货币等方面。轻徭薄赋，减轻人民的赋税负担；发展民间工商业，大力发展民间商业活动，认为商业活动自古就有，应该仿古发展商业；主张废除海禁，发展对外贸易；加强货币管理，提出了一个以白银为基础，银、宝钞、铜钱"三币"结合的本位制方案。

清朝货币理论家、财政学家王茂荫，是马克思在《资本论》六百八十余人中唯一提到的中国人。他的经济思想在于钞币，其经济实践则是钞币发行后的社会效果和影响。发行纸币的目的在于"用钞以辅银，而非舍银而从钞"，也就是说钞币是用来弥补金属货币之不足的，而不是用来取代金属货币的。钞币的发行量不要超过流通过程的实际需要，这样钞币就不会贬值。

二、西方经济学发展简史

经济学被称为"社会科学的皇后，最古老的艺术，最新颖的科学。"在整个中世纪，西方的经济学不过是关于家庭和庄园致富的学问。简单说，经济学从产生到现在，先后历经四个发展阶段——重商主义、古典经济学、新古典经济学和当代经济学。

（一）重商主义

重商主义是经济学发展的萌芽时期，从15世纪一直延续到17世纪中期。重商主义的主要代表人物是英国经济学家托马斯·孟，代表著作是《英国得自对外贸易的财富》。托马斯·孟的基本观点是：金银形态的货币是财富的唯一形态。一国财富来自对外贸易，增加财富的唯一方法就是扩大出口，限制进口。

（二）古典经济学

古典经济学是经济学的形成时期，从17世纪中期一直延续到19世纪。古典经济学主要的代表人物是亚当·斯密。亚当·斯密是经济学的主要创立者，被称为经济学之父，1776

年出版的《国富论》创立了古典经济学的理论体系。古典经济学在微观上对价值、价格、分配等问题进行研究，在宏观上对国民收入决定、经济增长等问题做专门研究。古典经济学的中心课题就是研究国民财富如何增长，认为财富是社会需要的物质产品，而不仅仅是金银，增长财富的主要方法是通过资本积累等来发展生产，不能完全依靠流通领域，而要发展生产就必须实行自由放任的原则，要让价格这只"看不见的手"来调节经济。

（三）新古典经济学

新古典经济学是微观经济学的形成时期，从19世纪70年代的"边际革命"一直延续到20世纪30年代。这场革命使经济学从古典经济学强调的生产、供给和成本，转向现代经济学关注的消费、需求和效用。英国剑桥学派经济学家阿尔弗雷德·马歇尔在1890年出版的《经济学原理》，综合了当时各种经济理论，成为新古典经济学的代表作。该书在西方经济学界被公认为划时代的著作，也是继《国富论》之后的经济学"里程碑"。自此，以马歇尔为核心形成的新古典经济学派在长达40年的时间里在西方经济学中一直占据着支配地位。新古典经济学派强调商品的价格和生产量由供给和需求决定，把需求和供给曲线在均衡点相交的图像形象地比喻成剪子的两个刀刃在中心交叉。现在，微观经济学中使用的大部分概念都出自《经济学原理》。

（四）当代经济学

当代经济学是宏观经济学的形成与发展时期，以20世纪30年代凯恩斯主义的出现为标志。1929—1933年，资本主义世界爆发了历史上最严重的经济危机。在"看不见的手"严重失灵的情况下，约翰·梅纳德·凯恩斯于1936年出版的《就业、利息和货币通论》（以下简称《通论》）掀起了经济学发展史上的第二次革命——"凯恩斯革命"。《通论》的主要内容是：对经济周期和经济危机的阐述；从投资乘数原理出发，分析了贸易差额与国民经济盛衰的关系；认为资本主义不可能通过市场机制的自动调节达到充分就业，并提出加强国家对经济的干预、增加公共支出、降低利率、刺激投资和消费等政策，以实现充分就业。凯恩斯认为，经济危机的主要原因就是需求减少，供给过剩，导致劳动者被解雇，而失业者的收入减少又导致需求的进一步下降，因此形成了一个恶性循环。美国经济学家保罗·萨缪尔森等人把凯恩斯主义的宏观经济学和新古典经济学的微观经济学综合在一起，形成了"新古典综合"经济理论。其主要观点是，采取凯恩斯主义的财政、货币政策来调节社会经济活动，就能使经济避免过度的繁荣或萧条而趋于稳定增长，实现充分就业。

课堂练习——简答题

简述西方经济学的发展历程。

扩展阅读

党的二十大报告中高质量发展的经济学原理

模块二 供求理论及其应用

学习目标

【知识目标】
了解需求、需求表、需求曲线的概念。
理解影响需求的各种因素。
掌握需求定律，以及需求量和需求本身的变动。
了解供给、供给表、供给曲线的概念。
理解影响供给的各种因素。
掌握供给定律，以及供给量和供给本身的变动。
理解供求定律，掌握均衡价格的形成和变化。

【能力目标】
能够应用需求理论分析社会经济问题，如住房需求。
能够应用供给理论分析社会经济问题，如猪肉价格波动。
能够应用均衡价格理论分析社会经济问题，如支持价格和限制价格的政策应用。

【素质目标】
主动分析商品属性与供求关系。
明确理解中国特色社会主义市场经济对马克思主义供求理论的继承和发展。

单元一 需求理论及其应用

案例引入

生活中的供求"秘密"

有些酒吧一杯清水卖 8 块钱，但免费的花生却可随意索要。花生的生产成本肯定比水高，那这到底是怎么一回事呢？

理解这种做法的关键在于，弄明白水和花生对这些酒吧的核心产品——酒精饮料的需求量会造成什么样的影响。花生和酒是互补的。顾客花生吃得越多，要点的啤酒或白酒也就越多。虽然花生的成本相对高，但是每种酒精饮料又都能带来相对可观的利润，那么，免费供应花生就能提高酒吧的利润率。反之，水和酒是不相容的。顾客水喝得越多，点的酒自然也就越少。因此，即便水相对廉价，酒吧还是要定个高价，降低顾客的消费积极性。

知识学习

一、需求、需求表和需求曲线

（一）需求

需求是一个人在一定时期内，在各种可能的价格水平，愿意并且能够购买的商品量。需求的概念有两个构成要素：一个是愿意购买——购买欲望，另一个是能够购买——支付能力。经济学中的需求是购买欲望和支付能力的统一。日常生活中的需求是指人们对某种商品的欲望。需求量是指在一定的价格水平下，消费者购买商品的数量。

经济学中的需要和需求不同。需要是指一个人对某种目标的渴求或欲望，是人的行为的动力基础和源泉，是人脑对生理和社会需求的反映，具有多样性、层次性和无限性。需求是有支付能力的渴求或欲望，是被人们的支付能力所约束的需要。请阅读案例 2-1 和案例 2-2，体会需求概念的两个构成要素。

案例 2-1　　　　　　　　对化妆品是需求吗？

刚刚工作的小美想买一套进口化妆品，无奈手中的钱不够，只好放弃。小美的同学小芳，毕业后有了一份收入较高的工作，虽然手中有钱，但是她却对化妆品不感兴趣。因此，小美和小芳都没有对化妆品形成有效需求。

课堂练习——简答题

为什么小美和小芳都没有对化妆品形成有效需求？

案例 2-2　　　　　　　　英国商人的失算

1840 年鸦片战争以后，英国商人为打开中国这个广阔的市场而欣喜若狂。当时英国棉纺织业中心曼彻斯特的商人估计，中国有 4 亿人，假如有 1 亿人晚上戴睡帽，每人每年用两顶，整个曼彻斯特的棉纺厂日夜加班也不够，何况还要做衣服呢！当时中国的一些富人是有购买这些产品的能力的。于是他们把大量的洋布送到中国，甚至带来了吃饭的刀叉和娱乐的钢琴。结果与他们的梦想相反，中国人没有戴睡帽的习惯，衣服也是自产的丝绸或土布，洋布根本卖不出去。

课堂练习——简答题

构成需求的两个前提是什么？并举例说明。

（二）需求表

需求表是某种商品的价格水平和与之相对应的商品需求量之间关系的数字序列表，用数字表格的形式表示出商品的价格和需求量之间的函数关系。从个体角度出发，在某一时期，商品的需求量受到商品价格变动的影响——价格越高，需求量越低，反之亦然。那么，这种需求表即个别需求表，如表 2-1 所示。从市场角度出发，在某一时期，所有个别需求表的总量之和构成了市场需求表。

表 2-1　某种商品的个别需求表

价格-数量组合	A	B	C	D	E	F	G
价格（元）	1	2	3	4	5	6	7
需求量（单位数）	12	10	8	6	4	2	1

（三）需求曲线

借助个别需求表，可以把需求量 Q 和价格 P 之间的对应关系描述在一张坐标图上，就可以画出某种商品的个别需求曲线，如图 2-1 所示。其中，D 为需求曲线，a 和 b 分别表示不同价格水平（价格分别为 P_1、P_2 时）的商品需求量。

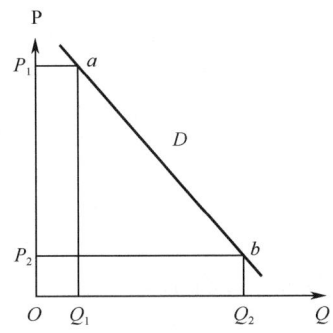

图 2-1　某种商品的个别需求曲线

二、需求函数与影响需求的因素

（一）需求函数

需求函数是商品需求数量和各种影响因素间的相互关系。影响需求数量的各个因素是自变量，需求数量是因变量。用公式表示为：

$$D = f(a, b, c, d, \cdots, n) \tag{2-1}$$

其中，D 为需求，a，b，c，d，……，n 代表上述影响需求的因素。为了简化研究，假定影响需求的其他因素不变，只考虑商品自身的价格对需求量的影响，以 P 代表商品的价格，Qd 代表商品的需求量，则需求函数为：

$$Qd = f(P) \tag{2-2}$$

（二）影响需求的因素

1. 商品本身的价格

在其他条件不变情况下，商品本身价格上升，则需求量减少；商品本身价格下降，则需求量增加。需求量的多少与该商品的价格呈反方向变动的关系。例如，在其他条件不变的情况下，市场上鸡肉价格上涨，居民购买鸡肉的数量会相对下降。

2. 相关商品的价格

当一种商品本身的价格保持不变，与其相关的其他商品的价格发生变化时，该商品的需求量也会发生变化。

在经济学中，相关商品主要有两种——替代商品和互补商品。替代商品是指可以相互替代满足消费者同样需要的商品，比如橘子和橙子、羊肉和牛肉、白面和大米等。消费者在购买两种具有替代关系的相关商品时，如果其中一种商品的价格上涨，另一种商品的需求量就会增加，反之亦然。互补商品是指互相配合使用才能满足消费者需要的商品，比如电脑和软件、圆珠笔和笔芯、汽车和汽油、打印机和墨盒等。消费者在购买两种具有互补关系的相关商品时，如果其中一种商品价格上涨，另一种商品需求量就会减少，反之亦然。请阅读案例2-3，体会互补商品价格变动对商品需求的影响。

案例 2-3   电价与冰箱

据新闻报道，我国一些农村地区的电价大幅下调之后，不但农民高兴，连冰箱的生产厂家也跟着喜出望外，因为农民纷纷进城把冰箱一台台地抱回家。这个结果恐怕是许多人都不曾想到的。但经济学家认为这不足为奇，因为冰箱与电是互补商品，两者必须同时消费，其中一种的价格下降必定会导致另一种的需求量上升。

课堂练习——简答题

分别举例说明生活中的替代商品和互补商品。

3. 消费者对未来价格变动的预期

如果消费者预期将来商品价格上升，则会增加现在的需求，反之亦然。例如，消费者预期进口汽车价格还会持续下跌，则会推迟购买，从而减少了当前汽车的市场需求。对未来价格变动的预期有时会带来价格越高，需求量越大的现象。

4. 家庭收入

一般来说，居民家庭收入增加，就会增加对商品的需求量，反之亦然。然而，对于低档商品而言，居民家庭收入的增加，会引起需求量减少。

5. 消费者偏好

当消费者对某种商品的偏好程度增强，需求量就会增加，反之亦然。消费过程是满足心理与社会需要的过程。因此，社会消费风尚的变化对消费者的偏好影响很大。

6. 人口数量与结构的变动

一般来说，人口数量的增加会使需求量增加，反之亦然。人口结构的变动主要影响需求的构成，从而影响某些商品的需求。

7. 政府的消费政策

政府提出的政策可能鼓励或限制消费，从而增加或减少人们对商品或劳务的需求。例如，政府提高所得税税率、加征消费税等都会抑制消费，反之亦然。

除上述七个因素外，还有民族风俗、历史传统、文化习惯、社会风尚、地理气候、经济开放程度等，都会不同程度地影响需求。

三、需求定律

需求定律反映商品本身价格和商品需求量之间的关系。对于正常商品来说，在其他条件不变的情况下，需求量的变化与价格变化方向相反：价格上升，需求量减少；价格下降，需求量增加。

四、需求量的变动和需求的变动

（一）需求量的变动

需求量的变动是指在其他因素不变情况下，仅商品本身的价格变化，引起需求数量的变化。在需求曲线上，表现为在需求曲线上点的移动。向上方移动是需求量减少，向下方移动是需求量增加。如图 2-2 所示，a 点对应的需求数量是 Q_0，价格是 P_0，b 点对应的需求数量是 Q_1，价格是 P_1。当价格下降，需求数量上升时，表现为 a 点移动到 b 点；当价格上升，需求数量下降时，表现为 b 点移动到 a 点。

（二）需求的变动

需求的变动是指在商品本身价格不变的情况下，其他因素变化引起的需求的变动。在需求曲线图上，表现为整个需求曲线的平行移动。向左侧移动是需求减少，向右侧移动是需求增加。如图 2-3 所示，D_0、D_1、D_2 分别代表三条需求曲线，在 P_2 这一价格水平，对应的需求量分别为 Q_0、Q_1、Q_2。需求减少时，D_0 移动到 D_1，需求增加时，D_0 移动到 D_2。

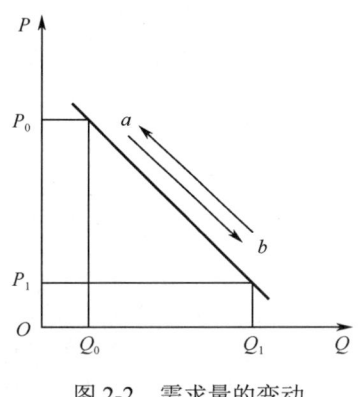

图 2-2　需求量的变动

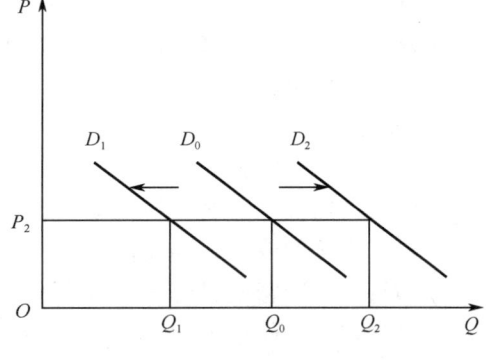

图 2-3　需求的变动

五、需求理论在社会生活中的应用

（一）需求定律是社会生活中的公理，发挥重要的"指挥"作用

在现实世界中，人的行为（选择）是受到很多条件（因素）约束的。站在经济学的角度来看，约束人的行为最重要的一个条件就是自私。但这是假设出来的，不是事实，也称为自私假设。可是光有自私，人的行为受到的约束还不够大。假如没有资源稀缺，人再自私也不需要选择。因此，与自私一起共同地约束人的行为的，还有局限条件。局限条件是

客观事实，自私假设加局限条件的变化，就会引起人的行为变化。引起人的行为变化的局限条件成千上万，理论上不可能，也没必要把所有的都纳入进来，只需选取其中一些局限条件作为研究对象即可，那就是内生变量（如需求定律里的价格变量），其他局限条件就放到理论所关注的视野之外，作为外生变量（其他因素）来处理。

经济学用自私假设加局限条件的变化来解释现象，其实这就是需求定律。需求定律中的价格变量是事实，如果做广泛的阐释，那就是局限条件。需求量是心理因素，不是事实，随价格变量的增减而反向变化，这正是自私假设的内涵。价格下降需求量就增加，这是趋利；价格上升需求量就减少，这是避害。也就是说，需求曲线正是对自私假设的反映。因此，需求定律是经济学的公理，有着强大的解释现象的能力。价格变量其实就是局限条件，凡是对决定眼前这个要解释的现象起关键作用的局限条件，都可以理解为价格变量，要单独研究其中一个局限条件的影响时，其他的局限条件就被列为其他因素。

（二）需求定律的特例

1. 吉芬商品

吉芬商品，又称低档生活必需品，是一种特殊的商品，其需求量与价格呈现出同向变动的趋势。根据常规的需求定理，商品价格的上升，消费者的购买意愿和市场需求将会减少。然而，吉芬商品却展现出截然不同的市场反应，其需求量反而随着价格的上涨而增加。

这一现象最早由英国统计学家罗伯特·吉芬所发现，因此得名吉芬商品。为了更深入地理解这一现象，我们可以考虑一些特定的历史背景。19世纪中叶，爱尔兰尚处贫困，许多家庭收入微薄，仅能维持生计。在这些家庭的食物开支中，土豆占据了重要位置。然而，灾荒来袭，土豆价格飙升。为了购买同样数量的土豆，家庭不得不减少对其他食物的支出，导致其他食物购买量锐减。面对这一困境，贫困家庭不得不增加土豆的购买量，以满足基本的食物需求。因此，尽管价格上涨，土豆的需求量却反常地增加，呈现出价格愈高、需求量愈大的奇特现象。

2. 炫耀性商品

炫耀性商品是指消费者为了显示自己的身份与社会地位，满足自己的虚荣心和荣誉感而购买的商品，如高档时装、珠宝首饰、豪华轿车等。这类商品的价格高才有炫耀作用，才能具有显示财富的效应，因此，商品价格上升，需求量增加。

与炫耀性商品紧密相关的一个词语是炫耀性消费。这个概念是美国19世纪末20世纪初制度经济学家凡勃伦在1989年出版的著作《有闲阶级论》中提出的。凡勃伦是经济学中制度学派的创始人，认为有钱人为了显示自己的优越和荣誉而从事的浪费性消费就是炫耀性消费。后来的经济学家将这种用于炫耀性消费的商品称为凡勃伦商品。

3. 投机性商品

投机性商品就是消费者利用时机来谋取私利的商品。投机的时候一般带有"买涨不买落"的心理，如股票等。

课堂练习——简答题

请列举出生活中的吉芬商品、炫耀性商品和投机性商品，并分析各类商品的异同点。

4. 带有文化等消费习俗的商品

人们对某些带有文化等消费习俗的商品消费，其意义也不再表现为对该商品的真正需求，而是对一种生活习俗和传统习惯的遵守，此时也会表现出与需求定律不符。如元宵节吃汤圆是一种古老的传统，临近元宵节时，汤圆价格会高出平时很多，但需求量也明显大于平时，元宵节过后需求量和价格是同时下降的。

扩展阅读

"看不见的手"和"看得见的手"

单元二　供给理论及其应用

案例引入

雪天的杂货店

在那场如狂风暴雪般席卷而来的大暴雪中，某市的交通仿佛被冰封，生活必需品难以流通。此时，A、B两家杂货店，就像两盏灯火，在风雪中坚守，但两者的命运却截然不同。

A家杂货店，就像一位慷慨的邻居，坚定地保持原价出售商品，不随外界的风波而动摇。这份诚信和善良，使其商品迅速被抢购一空。然而，低价策略却使店家陷入了困境，因为难以以这样的价格从外界采购新货，这家店很快就不得不暂时关闭了。

而B家杂货店，则像一位精明的商人，将商品和价格暂时提升到原来的两倍。他出高价请当地的孩子乘雪橇从外地运来居民急需的各种商品，犹如雪中送炭。虽然价格有所提高，但这家杂货店却像一座坚固的堡垒，始终保证了居民在雪灾期间的基本供应。

涨价的杂货店，虽然初看之下让人有些不悦，但背后的考量却十分现实。高昂的价格，使得居民不得不更加审慎地选择购买的物品，只购买真正需要且能负担得起的商品。这样，不仅让杂货店能够支付高昂的雇用雪橇拉货的成本，也促使居民在有限的资源下做出最合理的选择。

这场风雪中的杂货店，让我们看到了市场机制的奇妙作用。A家杂货店因维持低价而面临困境，而B家杂货店虽然价格有所上涨，但却在保障居民生活需求的同时，也维持了自身的运营。两家店铺的不同选择，都体现了在特殊时期，商业决策与生活需求的复杂交织关系。

一、供给、供给表和供给曲线

（一）供给

供给是一定时期内，在各种可能的价格水平，厂商（生产者）愿意且能够供应的商品数量，具体的数量也就是供给量。供给的概念有两个构成要素：一个是愿意——供给欲望，另一个是能够——供给能力。经济学中的供给是供给欲望和供给能力的统一。

（二）供给表

供给表是某种商品的各种价格和与之相对应的供给数量的数字序列表，用数字表格的形式表示商品的价格和供给量之间的函数关系。从生产者的角度出发，在某一时期，商品的供给量受到商品价格变动的影响——价格越高，供给量越多，反之亦然。那么，这种供给表即个别供给表，如表2-2所示。从市场角度出发，在某一时期，所有个别供给表的总量之和构成了市场供给表。

表2-2　某种商品的个别供给表

价格-数量组合	A	B	C	D	E	F	G
价格（元）	1	2	3	4	5	6	7
供给量（单位数）	0	100	200	300	400	500	600

（三）供给曲线

借助供给表，可以把供给量 Q 和价格 P 之间的对应关系描述在一张坐标图上，则可以画出某种商品的个别供给曲线 S，如图2-4所示。

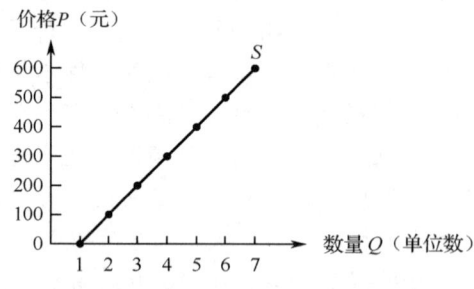

图2-4　某种商品的个别供给曲线

二、供给函数与影响供给的因素

（一）供给函数

供给函数是用来描述影响供给的各种因素与供给量之间函数关系的数学表达式，其一般形式可以表示为：

$$S = f(a, b, c, d, \cdots, n) \tag{2-3}$$

其中，$a, b, c, d, \cdots, n$ 分别代表影响供给的多种因素。假定其他所有因素保持不变，仅考察价格变动对供给量的影响，则供给函数可简化为线性形式：

$$Q_s = -\delta + \gamma P \tag{2-4}$$

式中，Qs 表示商品的供给量，P 表示商品的价格，$-\delta$ 为供给曲线延长线与横轴交点的坐标值，即截距，而 γ 则代表供给曲线的斜率，反映了价格变动对供给量的影响程度。

（二）影响供给的因素

1. 厂商的目标

一般来说，厂商的最大目标是利润最大化——供给多少取决于供给所带来的最大利润。

2. 商品的价格

在其他条件不变的情况下，商品价格上升，意味着生产这种商品给厂商带来更多的利润，因而会吸引更多厂商去投资生产，增加该种商品的供给，反之亦然。出现这种现象的主要原因：当厂商供给数量超过一定界限时，每增加一个单位的供给量，就会多增加一个单位的生产成本，只有价格提高才能促进厂商增加生产；商品的价格越高，厂商就越有利可图，就会促使厂商从生产利润低的产品转为生产利润高的产品。在一定时期内，商品的价格维持在高位，会吸引新的厂商投资生产该商品，进而增加供给。

3. 生产成本

厂商的目标和商品的价格都会在短期内影响供给，生产成本则会在长期内影响供给。

在特定价格下，生产成本越高，利润越低，厂商就会减少生产，或转向生产其他商品，反之亦然。影响生产成本变化的因素主要包括以下几个方面。

（1）生产要素的价格

生产要素包括工资、原材料、房租等。若生产要素的价格下降，商品的利润会增加，厂商就会增加这种商品的供给，反之亦然。

（2）生产技术

生产技术的提高可以很大程度上降低成本，从而为厂商带来更多的利润，促使厂商增加供给。

（3）管理水平

管理水平的提升可以促使厂商优化企业生产，节约成本，进而增加供给。

（4）政府政策

政府政策的变化也会增加或降低企业成本。如政府为减轻企业负担，实施贷款免息政策，那么可以降低成本；若政府增加税收，也就是增加企业成本。

4. 相关商品的价格

在需求分析中讲过替代商品和互补商品。在生产领域同样存在替代商品。在使用既定资源的情况下，厂商既可以生产某种商品，又可以生产其替代商品。若生产替代商品获得的利润更高，厂商可能从原商品的生产转为替代商品的生产。如一块地可以用来种玉米或土豆，玉米价格不断攀升，生产者很有可能用这块地来种玉米而放弃种土豆。

5. 厂商对未来行情的预期

厂商若预期价格会上涨，那么会暂时减少出售商品的数量，而将商品储存起来，在价格上涨后再出售。厂商若预期价格会下跌，那么会将存货全部尽快销售出去或降低产量。

6. 其他因素

诸如自然灾害、战争、瘟疫等因素都会影响生产成本、商品价格，进而影响厂商的供给，也属于不可抗因素。

三、供给定律

供给定律反映商品本身价格和商品供给量之间的关系。对于正常商品来说，在其他条件不变的情况下，供给量的变化与价格变化方向相同，价格上升，供给量增加；价格下降，供给量减少。

四、供给量的变动和供给的变动

（一）供给量的变动

供给量的变动是指在其他因素不变情况下，商品本身的价格变化，引起的供给量的变动。在供给曲线上，表现为供给曲线上点的移动。向上方移动是供给量增加，向下方移动是供给量减少。如图2-5所示，当价格从 P_1 上升到 P_2，则供给量从 Q_1 上升到 Q_2，在供给曲线上反映出从 a 点移动到 b 点，反之亦然。

（二）供给的变动

供给的变动是指在商品本身价格不变的情况下，其他因素变化引起的供给的变动。在供给曲线图上，表现为整个供给曲线的平行移动。如成本上升，供给曲线向左移动，供给减少；成本下降，供给曲线向右移动，供给增加。如图2-6所示，当价格为 P_0 时供给量是 Q_0，当供给减少时，供给曲线 S_0 平移到 S_1，同样的价格供给量为 Q_1；当供给增加时，供给曲线 S_0 平移到 S_2，同样的价格供给量为 Q_2。

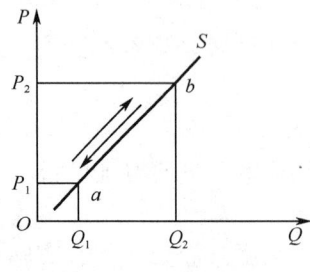

图2-5　供给量的变动情况

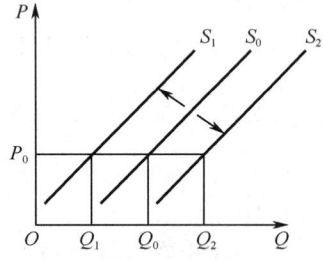

图2-6　供给的变动

五、供给理论在社会生活中的应用

（一）供给定律在社会生活中的调节作用

供给定律发挥作用的前提是其他条件不变。也就是说，影响供给的其他因素不变，在这一前提下，研究商品本身价格与供给量之间的关系。若没有该前提，供给定律就无法成立。如某厂商生产某种商品的目的不是实现利润最大化，而是为了实现某种社会目的，那么商品本身的价格与供给量就不一定呈同方向变动。请阅读案例 2-4，体会供给定律在猪肉价格变化中发挥的作用。

案例 2-4　　　　猪肉价格从"连涨四周"到"上涨空间不大"

根据农业农村部发布的最新数据，2021 年 11 月第二周全国猪肉价格为每公斤 27.18 元，连续四周上涨，这也是自春节以后猪肉价格在连续大幅下降之后，出现的一次明显回升，本次上涨的原因有哪些？猪肉的供应减少了吗？

北京昌平区的一家猪肉专卖店的销售人员告诉记者，猪肉价格自今年春节以后到 10 月第一周累计下降四成以上，10 月初猪肉价格更是创下了 2019 年以来的最低点。在低价猪肉的刺激下，10 月中旬以后市场腌腊肉、储存等需求明显增加，销售量环比上月增加三成。

北京某猪肉专卖店销售人员李苗表示："冬季是猪肉的销售旺季，腌腊肉和灌肠的人比较多，现在店里每天的销量达到一吨多，价格一斤涨了两到三元。"

猪肉价格回升，养殖户现在养猪是盈利还是亏损呢？

在河南南阳市镇平县的一家规模养殖场，生猪正陆续出栏，负责人介绍说，国庆节后至今生猪价格已经连续五周上涨，目前出栏价格为每公斤 17 元左右，累计上涨 5 元以上，已经略高于成本线，重新回到盈利区间。

河南省南阳市镇平县某生猪养殖企业总经理解释，虽然接下来的两个月是传统消费旺季，但是由于前两年增养扩产规模较大，生猪产能出现的阶段性过剩，不大可能在短时间内改善，因此他也表达了谨慎的乐观。

（来源：新浪网）

（二）供给中的吉芬商品

供给定律对大多数商品是成立的，但在现实生活中还有一些特例。如股市会出现这样的情况：当股价上涨时，很多人以为它会再涨，不愿意抛售；当股价下跌时，一些人反而急于抛售。

在生产力落后的历史时期，曾出现过这样的情况：在农业生产的收获季节，如果是大丰收年，粮价下跌，农民像往年一样卖出同样多的粮食却不够家里的花销，只好卖出更多的粮食。这种情况的发生是因为商品价格的下跌导致了更多的供给，属于供给定律的例外，这类商品属于供给中的"吉芬商品"。

某些商品的供给量受到条件的限制，无论价格如何变动，这些商品的供给量都不变，如艺术品等。

需要说明的是，当某种商品的供给能力发生大幅变化时，如新的电子产品刚上市，价格较高，随着生产技术的普及，供给能力增强，就会出现价格下降反而供给量增大的情况。这种情况之所以会产生，是因为供给量本身的变化导致了供需矛盾发生重大变化，根本原因在于"供给"而不是"价格"。这种情况并不是供给定律的例外，这种商品的供给与价格也并不呈反方向变化，而是在新的供给能力下形成了新的供给曲线。

 扩展阅读

鼠盟式的价格联盟

单元三　均衡价格理论及其应用

 案例引入

情人节的玫瑰花

在某购物中心的花市上，一束玫瑰花的价格为 20 元左右，那么，情人节当天，一束玫瑰花要多少钱呢？一位做了多年鲜花生意的花店老板李先生讲述，由于情人节临近，大部分鲜花的价格均会出现不同程度上涨。以玫瑰花为例，与几天前相比，每束 20 枝的玫瑰零售价从 20 元左右涨至 30 元左右，包装再精美些，并配有小礼物的，可以涨到 99 元；每束 20 枝的康乃馨零售价从 15 元涨至 19 元；而百合花的价格基本没有变。李先生说，若在情人节前赶上全国性的雨雪灾或降温的影响，鲜花不易保存，鲜花的价格还会涨，有时甚至涨 3~4 倍；若赶上天气回暖，大量鲜花涌入市场，情人节的鲜花价格涨幅就不太大。

 知识学习

一、均衡价格及其形成

（一）均衡价格

均衡本是物理学中的概念，原指一物体同时受到方向相反的两个外力的作用，当两种力量相等时，该物体由于受力相等而处于静止状态，这就是均衡。市场中，商品的供给和需求如同两股力量，买方是促使商品价格上升的力量，卖方是促使商品价格下降的力量。这两种相反的力量相互作用，促使需求量和供给量相等，产生均衡状态。经济学中，均衡指在一定条件下，经济事物中的有关变量，相互作用，所达到的一种相对静止状态。均衡价格是指商品的市场需求量和市场供给量相等时的价格，均衡点上的价格和相应的供求量分别被称为均衡价格和均衡数量。请阅读案例 2-5，体会均衡价格的形成。

案例 2-5　　　　　　　　先有鸡还是先有蛋？

当然，有一个问题还不能说清：究竟是先产生需求再产生供给呢，还是先产生供给再

产生需求?这有点像问"先有鸡还是先有蛋"。有时候是需求带动供给,很多的新产品就是在人们强烈的需求下产生的;也有时候是供给诱导需求,比如新潮的时装,常常是提供之后,才吸引了人们的视线,引发了人们的需求。但在某一种商品的价格决定中,供给与需求就像一把剪刀的两个刀片,不分彼此共同决定一种商品的价格;同时价格又像一只无形的手在市场经济中自发地调节需求,调节供给,结果使市场达到了均衡——社会资源配置合理。许多东西在经济学家眼里都成了产品,都可以从供给和需求的角度来进行分析。需求是提供产品的动力,供给是满足需求的前提。比如要兴办教育,是因为存在大量的对教育有需求的人,而有了教育的供给,才能满足人们对教育的需求。

(二)均衡价格的形成

均衡价格是在市场上供给与需求相互作用下最终形成的。如图 2-7 所示,需求曲线 D 与供给曲线 S 相交于均衡点 E,其中 P_0 代表均衡价格,Q_0 代表均衡数量。当某种商品在市场上的供求关系失衡时,市场会呈现两种状态:供大于求的过剩状态与供小于求的短缺状态。如图 2-8 和图 2-9 所示,当市场价格为 P_1,高于均衡价格 P_0 时,此时需求曲线对应的需求量为 Q_1,供给曲线对应的供给量为 Q_2,可以看出 Q_2 大于 Q_1,市场会出现过剩现象;而当市场价格为 P_2,低于均衡价格 P_0 时,此时需求曲线对应的需求量为 Q_4,供给曲线对应的供给量为 Q_3,可以看出 Q_4 大于 Q_3,市场会出现短缺现象。

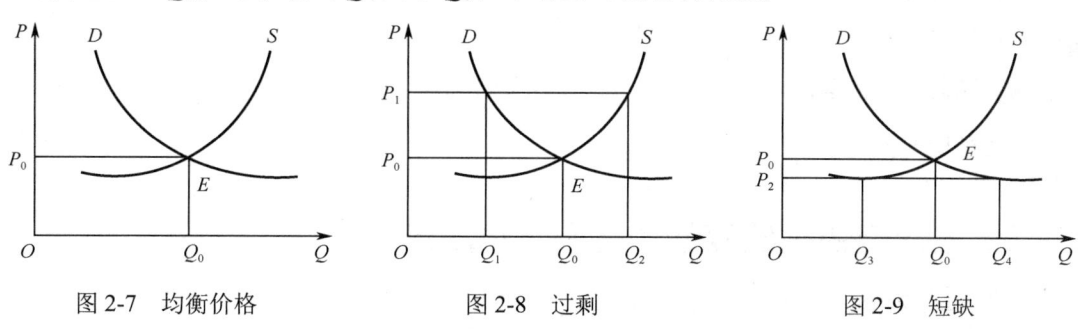

图 2-7 均衡价格　　　　图 2-8 过剩　　　　图 2-9 短缺

在市场机制的作用下,这种非均衡状态会逐渐得以调整。若商品价格高于均衡价格,生产者受利润驱使会增加供给量,但这同时也会减少消费者的购买意愿,导致需求量下降,从而使得商品供给量超过需求量,形成供大于求的过剩状态。这种过剩状态会形成一种促使价格下降的力量,进而使生产者减少供给,最终促使市场回归供求均衡状态。相反,若商品价格低于均衡价格,生产者会减少供给量,但这同时会刺激消费者的购买意愿,导致需求量上升,从而使得商品需求量超过供给量,形成供小于求的短缺状态。这种短缺状态会形成一种促使价格上升的力量,进而激励生产者增加供给,同样实现市场供求均衡。

真正的生产过剩是指生产超出消费需求而产生的商品过剩问题,相对的生产过剩是由于生产结构不合理或价格等因素造成的过剩。请阅读案例 2-6,体会生产过剩的形成。

案例 2-6　　　　　　　　为什么生产煤的人没有煤烧

——相对过剩与供需平衡

在一个寒冷的夜晚,一个穿着单薄的小女孩蜷缩在屋子的角落里,问她的妈妈,天气这么冷,为什么不生火?母亲叹息着告诉她说家里没有煤,他的父亲失业了,他们没有钱买煤。小女孩又问，爸爸为什么会失业呢？母亲告诉她说因为她的父亲是一名矿工，他们生产的煤太多了，所以失业了。

这是发生在20世纪30年代初一个美国煤矿工人家的场景。与此同时，在密西西比河畔，农场主们正把一桶桶的牛奶倒入河水，把一车车的生猪倒进河中，仅1933年一年，就有640万头生猪被活活扔到河里淹死，有5万多亩棉花被点火烧光。同样，在英国、法国、丹麦、荷兰，整箱的桔子、整船的鱼、整袋的咖啡豆被倒进大海，无数的奶牛、绵羊被宰杀……

这是一种非常奇怪的现象，对于小女孩来说，既然爸爸努力工作生产了很多煤，为什么他还会失业呢？既然已经生产了那么多煤，那自己家里为什么就没有煤来生火呢？对于她来说这是一个非常难理解的问题。广大百姓缺吃缺穿、冷冻挨饿，而资本家却将大桶大桶的牛奶倒掉，将生猪淹死。难道真的是生产"过剩"，东西太多了吗？

其实这不是真正的"过剩"，真正的生产过剩是指生产超出了消费需求产生的产品过剩问题，而这其实是一种相对的生产过剩，是由于生产结构不合理或价格等因素造成的过剩。

对于资本家来说，他们追求的是高额利润，生产大量产品是为了获得更多利润。但很多时候，大多数人都无钱购买这些产品，产品就相对有能力购买的人来说产生"过剩"，广大劳动者依旧需要但无法购买这些产品。资本家追求的是高额利润，"过剩"产品必须被毁掉，才能保证产品高价，保持高额利润。

课堂练习——简答题

什么是均衡价格？

二、需求与供给的变动对均衡价格的影响

（一）供给不变，需求变动对均衡价格的影响

在商品供给保持不变的情况下，若需求增加，需求曲线将向右上方移动，均衡价格上升，均衡数量相应增加；反之，若需求减少，需求曲线则会向左下方移动，均衡价格下降，均衡数量相应减少。如图2-10所示，当供给曲线S维持不变时，若需求增加，需求曲线D_1将移动至D_2的位置，均衡点由E_1移至E_2，均衡价格从P_1上升至P_2，均衡数量则由Q_1增加至Q_2；若需求减少，需求曲线D_1将移动至D_3的位置，均衡点由E_1移至E_3，均衡价格从P_1下降至P_3，均衡数量则由Q_1减少至Q_3。

（二）需求不变，供给变动对均衡价格的影响

当某种商品的需求保持不变时，若供给增加，供给曲线会向右下方移动，导致均衡价格下降，均衡数量相应增加；反之，若供给减少，供给曲线则会向左上方移动，均衡价格随之上升，均衡数量相应减少。如图2-11所示，在需求曲线D维持不变的情况下，当供给增加时，供给曲线从S_1移动至S_2，均衡价格从P_1下降到P_2，均衡数量则从Q_1上升至Q_2；而当供给减少时，供给曲线从S_1移动至S_3，均衡价格从P_1上升到P_3，均衡数量则从Q_1下降至Q_3。

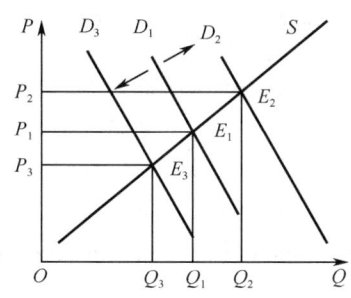 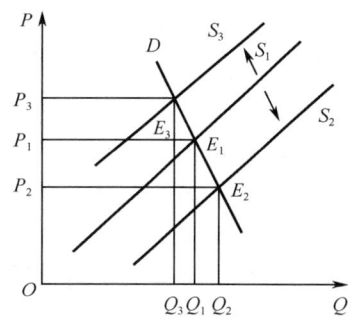

图 2-10　需求变动与均衡价格变动　　　图 2-11　供给的变动和均衡价格的变动

通过以上分析，我们可以总结出经济学中的供求定理。一方面，需求与均衡价格、均衡数量呈同方向变动关系。当需求增加时，商品的市场需求压力上升，进而推动均衡价格上升，并刺激生产者增加供给，导致均衡数量增加；反之，当需求减少时，均衡价格会下降，均衡数量也会相应减少。另一方面，供给与均衡价格呈反方向变动关系，而与均衡数量则呈同方向变动关系。当供给增加时，市场上的商品供应过剩，导致均衡价格下降，但同时吸引了更多的消费者购买，因此均衡数量会增加；反之，当供给减少时，均衡价格会上升，但由于供应不足，均衡数量会减少。

课堂练习——简答题

什么是供求定理？举例说明其在现实生活中的应用。

三、均衡价格在社会生活中的应用

市场经济就是通过价格机制进行资源配置的经济体制。但是，价格调节是在市场上自发进行的，带有一定的盲目性。在现实生活中，由供求所决定的价格不一定对经济最有利。如农产品过剩时，其价格大幅度下降，会抑制农业生产；再如某些生活必需品严重短缺时会大幅度涨价，这使很多低收入人群无法维持生计。因此，政府需要采取必要的经济手段进行调节，以影响供求关系的调整和均衡价格的形成，这些手段中最常见的就是支持价格和限制价格。

（一）支持价格

支持价格，又称最低限价，是指政府为了扶植某一行业的生产而规定的该行业产品的最低价格。世界上很多国家为了支持农产品，都采用支持价格，其作用是稳定农业生产，调整农业结构，扩大农业投资等。

支持价格对经济发展具有重要的稳定作用，包括稳定生产，减少经济危机的冲击；调节产业结构，更加适应市场发展等。但是，如果支持价格是远低于均衡价格的最高价格，长期实行则会造成严重的商品供不应求；如果支持价格高于均衡价格的最低价格，长期实行则会造成严重的商品供过于求。这两种情况都会对市场正常供求关系的实现造成不利的影响。请阅读案例 2-7，体会支持价格在保护农产品中发挥的作用。

案例 2-7   各国农产品支持价格的做法

自 20 世纪 30 年代起，美国政府通过一系列法案和政策，如《农业调整法》等，逐步建立了对农产品的价格支持体系。其中，无追索权贷款计划是一个重要组成部分。根据该计划，政府按照农产品的生产成本和产品利润制定目标价格，农场主可以根据这个价格向政府申请贷款。如果市场价格高于目标价格，农场主可以按市场价格销售农产品，并用销售所得偿还贷款；如果市场价格低于目标价格，政府则会提供差额补贴，帮助农场主弥补损失。近年来，美国政府根据市场情况和农场主需求，不断调整和优化这一政策。通过实施贷款差额支付等措施，政府为农场主提供了有力的价格支持，有效稳定了农产品市场，保障了农场主的收入。

欧盟的农产品价格形成机制也呈现出其独特性。与单一的计划价格形成机制或自由市场价格形成机制不同，欧盟主要采用了目标价格管理制度。这一制度在欧共体时期就已经开始实施，并在欧盟时期得到了进一步的完善和发展。欧盟通过设定农产品的目标价格，以及上下限价格，来调控市场价格波动。当市场价格低于下限价格时，欧盟会启动干预机制，购买农产品以支撑价格；当市场价格高于上限价格时，欧盟则会采取措施限制价格上涨。这种价格管理政策旨在维护农产品市场的稳定，保障农民的利益，同时也促进了欧洲农业的发展。

（二）限制价格

限制价格，又称最高限价，是政府为限制某些生活必需品的价格上涨而规定的最高价格。限制价格政策一般在战争或自然灾害等特殊时期使用。但是，也有一些国家对某些生活必需品或劳务实行长期限制价格政策。例如，英国、瑞典等对房租进行限制价格政策。

限制价格有利于社会的安定。但是，从长远角度出发，这一政策也会造成其他后果：不利于刺激生产，造成产品短缺；不利于抑制需求，造成资源浪费；致使社会风尚败坏，黑市交易频繁等。

（三）价格机制在社会生活中的应用

价格机制也称为市场机制，通过价格调节社会经济生活，在社会生活中发挥导向和制约的作用。请阅读案例 2-8，体会价格机制在门票价格形成中发挥的作用。

案例 2-8   歌手数量与门票价格

要了解价格如何调节经济，首先要了解价格是如何决定的。有一种说法认为价格最终是由包含在商品中的劳动量决定的，但这种说法往往无法解释某些现实现象。例如，一个美声唱法歌手要经历长期训练，而且唱歌时付出的劳动也多；一个通俗歌手唱歌付出的劳动相对较少。但在市场上美声唱法演唱会的门票一般比通俗唱法演唱会的门票低。劳动量的多少无法解释这种价格差，引起这种价格差的主要原因是需求：美声唱法受众较少，需求较为有限；而通俗唱法受众较大，需求较大。可见，决定价格的关键不是商品（或劳务）中所包含的劳动量，而是对这种商品（或劳务）的供求。

扩展阅读

价格机制调节经济的条件、作用及缺陷

模块三 弹性理论及其应用

学习目标

【知识目标】

掌握需求价格弹性的定义及其重要性。

了解需求价格弹性的计算方法和应用场景。

掌握需求价格弹性的不同类型及经济含义。

理解影响需求价格弹性的关键因素。

掌握恩格尔定律和恩格尔系数的概念及其在经济分析中的应用。

掌握供给价格弹性的定义及其在市场分析中的作用。

了解供给价格弹性的计算方法和实际应用。

掌握供给价格弹性的不同类型及其对市场的影响。

理解影响供给价格弹性的主要因素。

【能力目标】

能够应用需求价格弹性理论分析实际经济问题,例如,薄利多销策略和旅游产品定价策略。

能够应用供给价格弹性理论分析特定商品的市场行为,如煤炭供给价格弹性和易腐商品的销售策略。

【素质目标】

利用弹性理论深入分析经济学问题,提升分析和解决问题的能力。

通过分析我国居民恩格尔系数的变化,理解改革开放以来的经济社会发展成就,增强国家自信。

单元一 需求价格弹性及其应用

案例引入

双十一与需求价格弹性:网购营销新策略

2009年,阿里巴巴洞察到消费者对于价格变动的敏感程度,决定以"双十一"购物节为契机,利用价格策略刺激网络渠道的购物消费。当年的11月11日,淘宝以光棍节的名义展开了第一届购物狂欢节,通过联合27家品牌店铺,推出为期1天的五折促销活动。这一策略成功地引发了消费者的购买热潮，成交额突破 5000 万。

在接下来的几年中，阿里巴巴不断精心策划每一年的"双十一"购物节活动。他们发现，对于价格弹性较大的商品，降低价格能够显著吸引更多的消费者；而对于价格弹性较小的商品，保持相对稳定的定价策略则更为有效。因此，他们制定不同的促销策略，从而创下一个又一个的销售记录。

随着"双十一"购物节的影响力逐渐扩大，京东、苏宁等大型电商企业也纷纷加入这场价格大战中。以吸引更多的消费者。这也进一步推动了"双十一"电商热度的持续上涨。2016 年，我国网购人数达到 4.8 亿人，每个购物者的年消费约为 11000 元人民币，网络经济得到了迅速的发展。2022 年"双十一"全网总交易额达到 11154 亿元，2023 年"双十一"总交易额达到 11385 亿元。

知识学习

一、需求价格弹性的定义和计算

弹性是相对数之间的相互关系，即百分数变动的比率，或者说一个量变动 1%，引起另一个量变动百分之多少（程度）的概念。弹性系数表示弹性的大小，计算公式如下：

$$\text{弹性系数} = \text{因变量变动百分比} / \text{自变量变动百分比} \quad (3\text{-}1)$$

经济学上的弹性概念是由阿尔弗雷德·马歇尔提出的，是指一个变量相对于另一个变量发生的一定比例的改变的属性。需求价格弹性，又称需求弹性，是指需求量变动对价格变动的反应程度。需求价格弹性值可以是正的，也可以是负的。两个变量的变动方向，若同方向变动，则为正；若反方向变动，则为负。在实际运用中，为了方便，一般都取其绝对值。如果某商品的需求弹性大，那就意味着其绝对值大。需求弹性系数一般用 E_d 表示，其计算公式如下：

$$E_d = (\triangle Q/Q)/(\triangle P/P) \quad (3\text{-}2)$$

式中，Q 表示需求量，$\triangle Q$ 表示需求量的变化量，$\triangle Q/Q$ 也就是需求量的变动，P 表示价格，$\triangle P$ 表示价格的变化量，$\triangle P/P$ 也就是价格的变动。

例如，某种商品的价格变动为 1%，需求量变动为 5%。那么根据公式 3-2，这种商品的需求弹性为 5。

二、需求价格弹性的种类

在实际生活中，不同商品的需求量对价格变动的反应程度不同。有的商品价格变动一点，引起很大的需求量变动，那么这种商品的需求弹性就大；而有的商品价格变动很大，需求量却没有明显变化，那么这种商品的需求弹性就小。根据商品的需求弹性系数大小，可以把需求弹性分为以下五类。

（一）需求价格无弹性

需求价格无弹性商品的需求量不因价格变动而变动，需求价格弹性为 0，需求曲线是一条垂直线,如图 3-1 中的 D_1。例如,高血压病人对降压药的需求,糖尿病人对胰岛素的需求,以及急救药品等都属于这种情况。

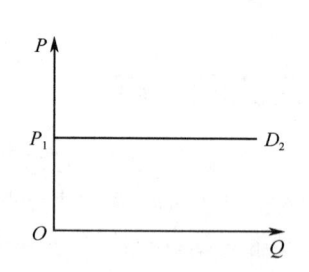

(二)需求价格完全弹性

需求价格完全弹性商品是当价格为既定时,需求量是无限的,需求曲线是一条平行于横轴的直线,如图 3-2 中的 D_2。例如,银行以一固定的价格收购黄金,无论多少黄金都是这个价格,并且需求是无限的。

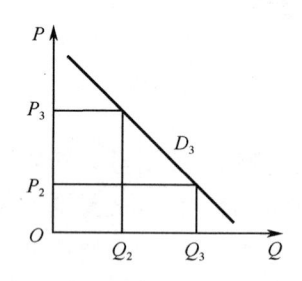

(三)需求价格单位弹性

需求价格单位弹性商品的需求量变动比率与价格变动比率相同,需求价格弹性为 1,需求曲线是一条从左上到右下的 45°倾斜的直线,如图 3-3 中的 D_3。这种商品在现实生活中并不多见。

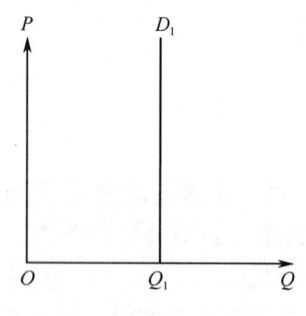

图 3-1　需求价格无弹性　　　　图 3-2　需求价格完全弹性　　　　图 3-3　需求价格单位弹性

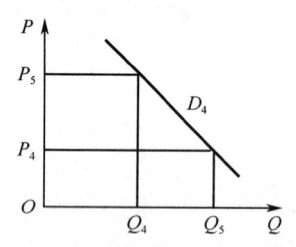

(四)需求价格缺乏弹性

需求价格缺乏弹性商品的需求量变动比率小于价格变动比率,需求价格弹性小于 1,如图 3-4 中的 D_4,为一条陡峭的直线且斜率较大。例如,生活必需品需求价格缺乏弹性。

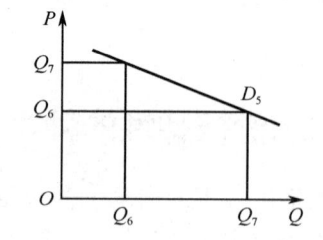

(五)需求价格富有弹性

需求价格富有弹性商品的需求量变动比率大于价格变动比率,需求价格弹性大于 1,如图 3-5 中的 D_5,为一条较为平缓的直线,且斜率较小。例如,奢侈品需求价格富有弹性。

图 3-4　需求价格缺乏弹性　　　　图 3-5　需求价格富有弹性

三、影响需求价格弹性的因素

第一,商品的价格水平。一般来说,价格水平越高,需求弹性越大,反之亦然。

第二，商品对消费者的必要程度。如必需品和奢侈品，一般来说，必需品弹性小，奢侈品弹性大。

第三，商品的可替代性。一般来说，可替代的物品越多，性质越接近，弹性越大，反之亦然。

第四，购买商品的支出在人们收入中所占的比重。一般来说，比重越大，弹性就越大，反之亦然。

第五，商品用途的广泛性。一般来说，一种商品的用途越广泛，弹性越大，反之亦然。

第六，时间长短。一般来说，使用时间长的耐用消费品需求弹性大，反之亦然；商品使用时间越长弹性越大，反之亦然。这是因为时间越长，消费者越有时间改变自己的习惯而去使用替代品。

课堂练习——简答题

影响需求价格弹性的因素有哪些？

四、需求弹性和总收益

总收益，又称总收入，是厂商出售商品所得的全部收入，就是销售量与价格的乘积，总收益的计算公式如下：

$$总收益 = 价格 \times 销售量 \quad (3-3)$$

若商品的需求价格富有弹性，商品的价格下降时，需求量增加的比率大于价格下降的比率，销售者的总收益会增加，反之亦然。

若商品的需求价格缺乏弹性，当该商品价格下降时，需求量增加的比率小于价格下降的比率，销售者的总收益会减少，反之亦然。

五、恩格尔定律和恩格尔系数

1857年，著名德国统计学家恩斯特·恩格尔根据长期的统计数据阐明了一个定律：随着家庭和个人收入增加，收入中用于食品方面的支出比例将逐渐减小，这一定律被称为恩格尔定律，反映这一定律的系数被称为恩格尔系数，计算公式如下：

$$恩格尔系数(\%) = 食品支出总额 \div 家庭或个人消费支出总额 \times 100\% \quad (3-4)$$

恩格尔定律揭示了居民收入和食品支出之间的相关关系，用食品支出占消费总支出的比例来说明经济发展、收入增加对生活消费的影响程度。在收入水平较低时，食品消费在消费支出中必然占有重要地位。随着收入的增加，在食物需求基本满足的情况下，消费的重心才会开始向其他方面转移。因此，一个国家或家庭生活越贫困，恩格尔系数就越大；反之，生活越富裕，恩格尔系数就越小。

国际上常常用恩格尔系数来衡量一个国家或地区人民生活水平的状况。根据联合国粮农组织提出的标准，恩格尔系数在59%以上为贫困，50%~59%为温饱，40%~50%为小康，30%~40%为富裕，低于30%为最富裕。请阅读案例3-1，了解各国的恩格尔系数情况。

案例 3-1　　　　　　　　各国恩格尔系数比较

根据国家统计局发布的数据，2023年第一季度我国的恩格尔系数为31.6%，比上年同期下降1个百分点，与过去几十年相比有了显著的变化。

在20世纪80年代，中国的恩格尔系数曾高达57%，意味着居民的大部分收入都被用于购买食物。后来随着经济的快速增长，人民收入增加，生活水平有了提升，这一数据逐渐下降。

然而，近年来恩格尔系数的下降速度趋于放缓，这可能与居民收入增长放缓、食品价格上涨等因素有关。

2023年美国的恩格尔系数为8.1%，英国为11.3%，德国为13.9%，韩国为16.5%。

与中国相比，这4个国家的恩格尔系数显著较低。

美国的8.1%尤其引人注目，反映了美国居民在食品消费上的支出比例极低。

英国、德国和韩国的情况也类似，低恩格尔系数，表示较高的可支配收入和多元化的消费模式。

经济发展与消费结构的关系

六、需求价格弹性在社会生活中的应用

（一）"薄利多销"策略的适用性分析

"薄利多销"是一种销售策略，指的是通过降低商品的价格来扩大销售量，从而增加总收益。然而，并非所有商品都适用于这种策略，尤其是那些需求弹性较低的商品。需求弹性较低意味着消费者对价格的变动不敏感，即使价格发生显著变化，需求量也不会有明显的增减。对于这类商品，降价并不能带来销售量的显著增加，因此"薄利多销"策略往往不适用。

以生活必需品为例，如粮食、食盐等，其需求弹性通常较低。这是因为无论价格如何变动，消费者都需要购买这些商品以满足基本生活需求。因此，即使商家降低这些商品的价格，销售量的增加也可能有限，无法实现"多销"的效果。

再举一个具体的例子，假设某个地区的粮食价格由于丰收而下降，但由于粮食是生活必需，消费者对其需求量的增加并不会像对非必需品那样显著。因此，即使商家采取了降价策略，也可能无法实现销售量的大幅增加，反而可能因为降价而降低了总收益。

综上所述，根据需求弹性理论，对于需求弹性较低的商品，采用"薄利多销"策略往往并不适用。因为降价并不能带来销售量的显著增加，反而可能降低总收益。因此，在制定销售策略时，商家需要充分考虑商品的需求弹性，选择适合的策略以实现最大收益。

（二）旅游产品定价解析

需求弹性理论对景区定价的影响较大，旅游企业一般会根据景区实际情况，对价格做出适度调整，制定最优的定价策略，获取更大的经济效益。请阅读案例3-2，体会需求价格

弹性理论在景区门票定价中发挥的作用。

案例 3-2　　　　需求价格弹性理论在某景区门票定价中的应用

根据游客对各景区不同的需求价格弹性，可以得到以下三种门票定价策略及相应的价格调整范围。第一，当景区旅游需求价格富有弹性时，景区门票适度降低将引起需求量提高。此时，旅游企业应该采取"薄利多销"的定价策略，通过降低价格来刺激需求，增大利润，这类产品多属于观光类旅游产品。第二，当景区旅游需求价格缺乏弹性时，景区门票价格适度提高将引起需求量小幅度减少。此时旅游企业可以采取"厚利限销"的定价策略，多为商务旅游景点、遗址类等。第三，当景区需求价格具有单位弹性时，景区门票价格增加或降低一个百分点将引起销售量同比增加或降低，在不考虑其他因素的影响下，由价格变化引起的总收益的变化将完全被销量引起的总收益的变化中和。此时，景区门票价格可以不进行调整。各景区可根据自身发展特点、当地环境等因素进行分析，结合需求价格弹性理论，采用符合自身实际情况的定价策略。

例如，某景区的门票由两部分构成，景区门票和观光车。景区门票价格分淡季和旺季，淡季时每人60元，旺季每人70元，观光车都是每人50元。该景区不强制购票，游客有两种选择方案。第一种是购买景区门票和观光车票，走观光车专用车道；第二种是徒步游览，只购买景区门票，不购买观光车票。在旅游旺季时，因为游客数量较多，景区拥挤，选择第一种方案的游客较多，景区门票价格就会提高；淡季时大部分游客会选择第二种方案，景区门票价格也会下降。

扩展阅读

为何有些东西的价格对需求没什么影响？

单元二　供给价格弹性及其应用

案例引入

口罩背后的经济风云

自2020年起，口罩市场犹如过山车般经历了大起大落。原本不起眼的口罩，因突如其来的原因而身价暴涨，部分药店的口罩价格扶摇直上，令人咋舌。我国一直保持着对价格违法行为的严厉打击，国家市场监督管理总局发布的《价格违法行为行政处罚规定》，对于哄抬价格、推动商品价格过快、过高上涨等价格违法行为，有着明确的处罚措施。情节严重的，不仅会被处以高额罚款，还可能面临停业整顿，甚至被追究刑事责任。尽管如此，一些商家在面对巨大的利益诱惑时，仍然选择铤而走险，囤积居奇，哄抬价格。

在这场口罩风暴中，老李的无纺布厂就是一个缩影。老李原本专注于无纺布业务，但看到口罩市场的巨大需求，他决定转产。起初，他凭借敏锐的嗅觉和果断的决策，赚得盆满钵满。尝到甜头后，他进一步扩大生产规模，增加投资，希望在这个市场中分得更多羹。

然而，好景不长。随着全国生产的逐步恢复，口罩市场迅速饱和，价格暴跌。老李的口罩顿时成了滞销品，他不得不面对巨大的库存压力和资金压力。为了支付工人的工资和维持生产，他不得不低价出售库存，甚至变卖了自己的车辆。最后，他不仅血本无归，还欠下了一屁股的债务。

知识学习

一、供给价格弹性的定义和计算

供给价格弹性，又称供给弹性，表示以价格为自变量，以供给量为因变量的弹性关系，用供给量变动百分比除以价格变动百分比来计算。供给弹性系数一般用 E_s 表示，计算公式如下：

$$E_s = 供给量变动百分比 \div 价格变动百分比 \times 100\% \quad (3\text{-}5)$$

二、供给价格弹性的种类

各种商品的供给价格弹性不同，一般可以分为以下五种类型，如图 3-6 所示。

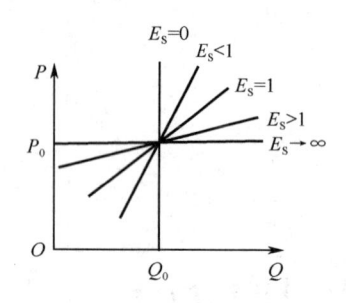

图 3-6 供给价格弹性的分类

（一）供给价格无弹性

供给价格无弹性商品的供给量不因价格的变动而变动，供给价格弹性为 0（$E_s = 0$），供给曲线是一条垂直线，如艺术品等。

（二）供给价格完全弹性

供给价格完全弹性商品是当价格为既定时，供给量是无限的，供给价格弹性趋于无限（$E_s \to \infty$），供给曲线是一条平行于横轴的曲线。

（三）供给价格单位弹性

供给价格单位弹性商品的供给量变动比率与价格变动比率相同，供给价格弹性为 1（$E_s = 1$），供给曲线是一条与横轴成 45°，且向右上方倾斜的直线。

（四）供给价格缺乏弹性

供给价格缺乏弹性商品的供给量变动比率小于价格变动比率，供给价格弹性小于 1

($E_S<1$)。

（五）供给价格富有弹性

供给价格富有弹性商品的供给量变动比率大于价格变动比率，供给价格弹性大于 1（$E_S>1$）。

三、影响供给价格弹性的因素

（一）生产的难易程度

一般来说，容易生产的产品，当价格变动时，产量的变动速度快，供给弹性大，反之亦然。

（二）生产规模和规模变化的难易程度

一般来说，生产规模大的资本密集型企业，因受设计和专业化设备等因素的制约，其生产规模变动较难，调整的时间长，因此产品的供给弹性小，反之亦然。

（三）时间的长短

当商品价格发生变化时，厂商对产量的调整需要一定的时间。若在短期内，厂商的生产设备、工艺等无法改变（增加或减少），如果厂商要根据商品的价格增幅及时地增加产量，或根据产品的价格降幅及时缩减产量，都存在不同程度的困难，即供给弹性比较小。若在长期中，生产规模的扩大与缩小，甚至转产都可以实现，即供给量可以对价格变动做出反应，供给弹性也就比较大。因此，时间越短，供给弹性越小，反之亦然。

（四）生产成本的变化

一般而言，在其他条件保持恒定的前提下，若生产成本随着产量的增长仅呈现轻微上升的趋势，那么产品的供给弹性便会相对较大；反之，则供给弹性会相对较小。若生产者具备充裕的备用生产能力，能够确保原材料的稳定供应，并轻松实现从其他产品生产线转向该产品的生产，同时有效避免因工人超时工作而导致的高额工资支出，那么厂商的生产成本将不易受到产量变化的影响，进而使得产品的供给价格弹性增大；反之，供给价格弹性则会相应减小。

课堂练习——简答题

影响供给价格弹性的因素有哪些？

四、供给价格弹性在社会生活中的应用

供给价格弹性在社会生活中的应用同样尤为广泛，小到商品的售卖，各类商品的价格波动，大到关系国计民生。可以说，供给价格弹性与人们的生活息息相关。

（一）煤炭与供给价格弹性

中国并非煤炭资源匮乏的国家。数据显示，2021年我国煤炭储量高达2078.85亿吨，这一数字足以使我国在全球煤炭储量排名中位居前列。然而，尽管资源丰富，我国仍时常面临"煤炭缺乏"的困境。究其原因，主要在于煤炭供给价格弹性不足。这一因素导致煤炭市场在面对需求波动时，难以迅速调整供给量和价格，从而引发了煤炭供应紧张的现象。为深入理解供给弹性在中国煤炭保供稳价中的作用，请详细阅读案例3-3。

案例3-3　　　　　增强供给弹性是中国煤炭保供稳价的关键

与油、气相比，中国煤炭资源总体并不短缺，之所以产生周期性"煤荒"，主要制约来自产能释放、运销体制、贸易、煤电联动等方面，煤炭供给侧难以根据需求侧的变化及时进行适应性调整。

一、煤炭新增产能释放难，难以及时响应需求变化

"十三五"期间，煤炭行业供给侧结构性改革使得煤炭产能进一步向大型煤矿集中。2021年，全国原煤产量超过3000万吨的煤炭企业20家，原煤产量26.56亿吨，占全国产量的65.3%；其中，前五大煤炭企业产量超过16亿吨，占比超过40%。这些煤炭企业设备先进、安全度高、产能调节能力强，但相关行业管理体制要求按月均衡生产，限制了这些大型煤炭企业在市场供需偏紧时产能的灵活释放能力。

二、煤炭流通的体制成本偏高

煤炭流通的体制成本偏高，成为煤炭供给弹性提升的一个重要掣肘。中国煤炭分布是"西多东少、北多南少"，但经济发达的东南沿海区域，特别是长三角和珠三角地区，恰恰是煤炭需求的主要区域。"保供"意味着要大规模地北煤南送、西煤东送，运输成本高成为制约"稳价"的突出因素。西煤东送的运输成本甚至远远超过印尼、澳大利亚进口的煤炭，占到港煤炭价格的50%以上。

三、煤炭贸易的调节能力有待进一步增强

作为补充的煤炭贸易，是否能及时响应需求变化，也是增强煤炭供给弹性的重要考虑因素，特别是一定量的煤炭进口有利于保障中国长三角、珠三角的煤炭供应能力。2021年，中国进口煤炭3.2亿吨，占全国煤炭消费量的7%，延续了2015年以来的增长态势，进口规模与2013年高位基本持平，广东、江苏、上海、浙江四地的煤炭进口量超过全国进口量的一半。

（来源：中国煤炭工业协会）

（二）易腐商品的售卖与供给价格弹性

有些商品，尤其是一些食品，由于具有易腐的特点，必须在一定的时间内被销售出去，否则，销售者会蒙受经济损失。那么，对于这类商品的销售者来说，应该如何定价，才能既保证全部数量的商品能在规定的时间内卖完，又能使自己获得尽可能多的收入呢？请阅读案例3-4，体会易腐商品的售卖与供给价格弹性的关系。

案例 3-4　　　　　　　　　　　　　　**活虾的最优定价**

夏天的活虾要求在当天被卖掉。如果活虾的销售者能够准确地知道市场上的消费者一天内在各个价格水平对其活虾的需求数量，或者说，如果能准确地了解市场一天内对活虾的需求曲线，那么，销售者就可以根据这一需求曲线及准备出售的全部活虾的数量，来决定能使其获得最大收入的最优价格。图 3-7 表示的是某活虾销售者的活虾的需求曲线。从图中可以了解一天内在每个价格水平上的活虾需求数量，或者说，可以了解一天内在每个活虾销量上消费者所愿意支付的最高价格。

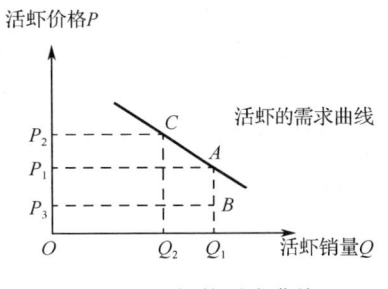

图 3-7　活虾的需求曲线

假定销售者在一天内需要卖掉的活虾数量为 Q_1，则他应该根据需求曲线将价格定在 P_1 的水平。这样，他就能使活虾以消费者所愿意支付的最高价格全部卖掉，从而得到他所能得到的最大收入。

这是因为，根据活虾的需求曲线，如果价格定得过高为 P_2，销售者将有 Q_1 与 Q_2 之差数量的活虾卖不出去。此外，由于活虾的需求一般是富有弹性的，销售者还会因定价过高导致的销售量大幅度减少而使总收入减少。总收入的减少量相当于图中矩形 OP_1AQ_1 和 OP_2CQ_2 的面积之差。相反，如果价格定得过低为 P_3，销售者虽然能卖掉全部活虾，但总收入却因单位价格过低而减少，减少量相当于图中的矩形 P_3P_1AB 的面积。由此可见，对于准备出售的活虾量 Q_1 而言，唯有 P_1 是能给销售者带来最大收入的最优价格。

（三）金价与供给价格弹性

近年来，黄金市场持续受到投资者的关注，其价格不断攀升，不仅凸显了黄金作为避险资产的地位，也反映了市场对黄金需求的持续增长。统计数据显示，过去五年内，金价指数的年均增长率稳定保持在一定水平之上。在全球经济不确定性增加的时期，投资者对黄金的需求显著增长，金价也呈现出相应的上涨态势。这种需求的增长主要源于投资者对黄金作为稳定投资工具的认可，以及消费者对黄金饰品和收藏品的热衷。

然而，与需求的持续增长相比，黄金的供给增长相对缓慢。这主要受到资源分布不均、开采成本上升以及环保法规的严格限制等因素的影响。更为关键的是，黄金市场的供给价格弹性较低。这意味着即使金价上涨，由于开采和生产过程的复杂性和长期性，供给量无法迅速增加以满足市场需求。这种供需失衡的状况进一步推高了金价，并增加了市场的波动性。

供给价格弹性的不足对金价市场产生了深远的影响。由于供给无法迅速响应需求的变化，金价往往呈现出较大的波动性。当需求增加时，由于供给不足，金价会迅速上涨；而当需求减少时，供给的过剩又会导致金价下跌。这种波动性增加了投资者的风险和不确定性，使得投资者在参与金价市场时需要更加谨慎和理性。

此外，全球经济形势和政策变化也对金价产生了重要影响。地缘政治紧张局势、通货膨胀压力及货币政策调整等因素都可能引发市场对黄金的抢购热潮，从而推动金价上涨。然而，由于供给价格弹性的限制，这种上涨往往难以持续，市场很快会出现回调。

综上所述，金价市场的升温现状既体现了黄金作为避险资产的独特价值，也反映了市

实用经济学

场对黄金需求的持续增长。然而，供给价格弹性的不足使得金价市场呈现出较大的波动性和不确定性。因此，投资者在参与金价市场时，需要充分了解市场情况和风险，并密切关注全球经济形势和政策变化，以制定合理的投资策略。同时，投资者还应关注供给价格弹性的变化，以便更好地把握市场趋势和机会。

扩展阅读

菜好不光在盐

模块四 消费者行为理论及其应用

学习目标

【知识目标】

了解消费者行为理论的基本概念和理论框架。

掌握基数效用论和序数效用论的分析方法及其在消费者决策中的应用。

理解消费者行为如何影响市场营销策略和企业经营决策。

【能力目标】

能够运用消费者行为理论分析消费者的需求、偏好和行为特征。

能够应用边际效用分析法、无差异曲线分析法和预算线分析法来解析消费者的购买行为。

能够根据消费者行为理论对企业的产品开发、定价和促销策略进行解读和评估。

【素质目标】

培养敏锐的市场洞察力,及时发现并把握市场机会。

增强经济学思维能力,分析消费行为,解决实际经济学问题。

激发创新意识,将消费者行为理论应用于日常生活和决策中。

单元一 效用理论及其应用

案例引入

你幸福吗?

记者:同学,你觉得自己幸福吗?

某在读大学生:幸福啊。

记者:你觉得幸福是什么呢?

某在读大学生:每天该学习的时候认真学习,该玩的时候尽情地玩就是幸福。

记者:最近几年当中,有什么遗憾的事情吗?

某在读大学生:高考分数比预期低了十来分,没有考入心仪的大学。

记者:最想要什么?

某在读大学生：最想要在大学谈一场轰轰烈烈的恋爱。

记者：这十年最好的事儿是什么？

某在读大学生：最好的事儿是我长大了，而且我家人都很健康。

通过这则新闻简讯，该大学生的幸福感跃然纸上。诺贝尔经济学奖得主保罗·萨缪尔森提出了"幸福方程式"，即个人幸福＝效用÷欲望。在一定条件下，欲望是一个确定的量，那么何谓幸福的最大化？其实就是效用的最大化！效用理论是消费者行为理论的核心。

知识学习

消费者行为理论描述了人们如何做出消费决策。在日常生活中，有广泛的适用性。它可以解释一个人如何在大米与馒头之间、工作与闲暇之间、消费与储蓄之间进行合理而正确的选择。每个人都是消费者，每次走进商店时都要进行决定，比如买什么、买多少，那么影响消费者做出消费决策的因素有哪些呢？

一、效用概述

效用（Utility），是经济学中最常用的概念之一。效用是指消费者从消费一种产品或服务中得到的满足程度和幸福程度的抽象衡量，效用的大小取决于消费者的主观心理评价，由消费者欲望的强度决定。经济学家用效用来解释有理性的消费者如何把他们有限的资源分配在能给他们带来最大满足的商品上。

（一）效用的主观性

效用是一种主观的心理感受。例如，一个馒头对于饥饿的人来说具有很大的效用，甚至可以说是救命稻草，然而对于酒足饭饱的人来说却是效用甚微，甚至可能是负效用，因此效用是个人的一种主观心理感受。请阅读案例4-1，体会效用的主观性。

案例4-1　　　　　　世界上什么东西最好吃？

有一天，兔子和猫争论，世界上最好吃的东西是什么？兔子首先发言："世界上萝卜最好吃。萝卜又脆又甜，超级爽口，我做梦都想每天能吃到萝卜。"

猫反驳道："世界上最好吃的东西是鱼。鱼肉松软鲜嫩，吃起来香极了！"兔子和猫争论不休、相持不下，跑去请森林大法官猴子评理。

猴子听了，不由得大笑起来："瞧你们这两个傻瓜，连这点儿常识都不懂！世界上最好吃的东西是桃子呀，桃子不但美味可口，而且长得又粉又圆，多可爱啊。我最大的愿望就是每天都有桃子吃。"

兔子和猫听了，全都直摇头。那么，世界上到底什么东西最好吃？

课堂练习——简答题

假如李某和好朋友相约一起吃晚饭，朋友想去吃比萨，朋友觉得西餐让人感到快乐；李某却想去吃火锅，他觉得麻辣火锅会让人汗流浃背，超级适合今天寒冷的天气。那么，产生分歧的原因是什么呢，李某应该如何处理这样的分歧呢？

（二）效用的相对性

效用是相对的，同一物品的效用会因人物、时间、地点的差异而有所不同。例如，同一瓶冰镇汽水，在炎热天气里，会给人们带来正效用，但是在寒冷天气里，会给人们带来负效用。请阅读案例 4-2，体会效用的相对性。

案例 4-2　　　　　　　　　地主与长工

从前，某地闹起了水灾，土地和房屋都被洪水吞没了。人们纷纷爬上了山顶和大树，想要逃避这场灾难。

在一棵大树上，地主和长工聚集到一起。地主紧紧地抱着一盒金子，警惕地注视着长工的一举一动，害怕长工会趁机把金子抢走。长工则提着一篮玉米面饼，呆呆地看着滔滔大水。除了这篮面饼，长工已一无所有了。

几天过去了，四处仍旧是白茫茫一片。长工饿了就吃几口饼，地主饿了却只有看着金子发呆。地主舍不得用金子去换饼，长工也不愿白白地把饼送给地主。

又几天过去了，大水渐渐退走了。长工高兴地爬到树下，地主却静静地躺着，永远留在了大树上。

（三）效用经常受经济条件的制约

大多数人都想提高自己的消费水平，比如去更好的餐厅吃饭、住更豪华的房子、开更昂贵的车。但是人们的实际消费往往比他们想要的少，是因为消费受到经济条件的制约，商品的效用只对能够对该商品有支付能力的人来说才能体现其价值。请阅读案例 4-3，体会效用与经济条件之间的关系。

案例 4-3　　　　　　　　　最佳购买决定

过年了，假如张某带 800 元去逛商场，准备购买一件羽绒服。张某看上了一件某品牌的羽绒服，这件羽绒服虽然张某很喜欢，但价格是 1000 元，超出了张某的预算。也就是说，这件羽绒服给张某带来的效用虽然大，但超出了张某的支付能力。张某跟店家说他的预算只有 800 元，于是售货员给张某推荐了另外一件价格为 799 元的羽绒服，但张某并不喜欢。经过货比三家，在充分选择的基础上张某终于选到了满意的羽绒服，也恰好是 800 元。张某逛商场在挑选自己满意的服装时，在对一种商品要决定"买不买"时，会把效用与价格进行比较。当张某对自己购买的服装最满意时，也就是花钱最少，得到的效用最大。

课堂练习——简答题

根据效用的特征，结合实际举出三个体现效用理论的小例子。

二、基数效用论与序数效用论

消费者行为理论要研究效用最大化的实现，即要研究如何度量效用大小。针对这一问题，西方经济学家先后提出了基数效用论和序数效用论。一些经济学家认为效用大小可以用具体数字进行计量,即基数效用论;而另外一些经济学家则认为效用大小不能准确量化,只能以顺序进行比较,即序数效用论。

(一)基数效用论

19世纪至20世纪初期,西方经济学家普遍赞同并使用基数效用理论,他们认为,效用如同长度、重量等概念一样,可以具体衡量并加总求和,表示效用大小的计量单位被称为效用单位。例如,某个消费者在早餐时吃了两根油条,他认为获得了7个单位的效用,他又喝了一碗豆浆,认为获得了5个单位的效用。那么该消费者在这顿早餐中获得的两种商品的总的满足程度就是12(7+5)个效用单位。

基数效用论采用边际效用分析法分析消费者均衡问题。

(二)序数效用论

到了20世纪30年代,序数效用的概念为大多数西方经济学家所使用。支持序数效用论的人认为:效用是一个类似于香、臭、美、丑的概念,效用的大小是无法具体衡量的,更不能加总求和,效用之间的比较只能通过顺序或等级来表示。例如,消费者消费了橘子、苹果和菠萝,他从中得到的效用无法衡量,也无法加总求和,更不能用基数来表示,但他可以比较消费这些商品中所得到的效用。如果他认为消费菠萝所带来的效用大于消费橘子所带来的效用,消费橘子的效用又大于消费苹果所带来的效用,那么就得出这样的结论:菠萝的效用第一,橘子的效用第二,苹果的效用第三。通过序数效用论,能够解释生活中消费者的喜好评价,即第一喜欢的是什么,第二喜欢的是什么,第三喜欢的是什么等类似的问题。

序数效用论采用无差异曲线的方法分析消费者均衡问题。

三、效用理论在社会生活中的应用

效用理论在社会生活中的应用相当广泛,本环节以以下几个领域为例,分析效用理论的应用。

(一)效用理论之饥饿营销

饥饿营销是指商品供应者有意调低产量,以期达到调控供求关系、制造供不应求的"假象"、维持商品较高售价和利润率的营销策略。也就是说商家采用大量广告促销宣传,勾起顾客购买欲,然后采取饥饿营销手段,让用户苦苦等待,更加提高用户购买欲,有利于产品提价销售,或者为将来的大量销售奠定客户基础。

以小米公司的"红米"手机营销为例,首先其在社交媒体上发布优惠信息和产品功能,以亲民的价格和优秀的性价比吸引大量粉丝。再通过各大社交平台展开广告投放和内容营销,吸引用户关注,增加品牌曝光度和用户互动。最后推出闪购、秒杀等活动,让消费者感受到商品的稀缺性和紧迫性,从而最大限度地刺激用户的购买欲望。这个号称史上最疯狂预约的活动仅仅持续5分钟,就以"全部售罄"告终。可以说,饥饿营销为小米公司的销售业绩立下了汗马功劳。

西方经济学的"效用理论"为"饥饿营销"奠定了理论基础。效用不同于物品的使用价值，使用价值是物品固有的属性，由其物理或化学性质决定。而效用则是消费者的满足感，是一个心理概念，具有主观性。在特定的时间、地点、环境中某种产品或服务满足了消费者的特定需求和满足感，这种产品或服务的价值就会被极度放大，成为消费者追求的目标。

从幸福公式中可以看出，一旦消费者的欲望被拉动提升，为了保持一定的幸福水平，消费者必须从产品或服务中获得更高的效用，为满足欲望的消费也就应运而生。这时，在市场上，卖方即享有一定的主动权。何时、何地为消费者提供产品或服务，无论是价格还是数量，卖方在应用效用理论时拥有更大的话语权。

（二）效用理论之打折消费

在生活中，你可能听到身边热衷于"买买买"的朋友抱怨："昨天某商场狂打折，我买了一大堆东西，回家仔细一看，很多都用不到。"无疑，朋友中了"打折"的圈套。打折是用极低的价格诱导消费者去买可能暂时不需要的东西，这是供需关系中一种强大的障眼法。

那么现在来思考一下，琳琅满目的商品打折促销真的让消费者拣到便宜了吗？

有这么一个例子，IBM公司曾经推出过低档激光打印机和高档打印机。据说这两个系列的打印机几乎完全相同，唯一不同的就是：便宜产品里被人为加入了一块芯片，使它的速度变慢。是不是有些离谱？可这种手段却被许多商家采用。换句话说，打折券的真正诡秘之处在于，其迎合了消费者"占便宜"的心理，而不是真正降低了商品价格。商家靠这种手段"欺骗"消费者的行为，可以说是花样繁多。

课堂练习——讨论题

每年的双十一，你可能陷入了商家的哪些"坑"？消费这些商品时，你获得满足了吗？请用效用的理论来思考并讨论这个问题。

扩展阅读

效用理论视域下低龄老年人力资源开发研究

单元二 基数效用论及其应用

案例引入

水和钻石的价值悖论

亚当·斯密在《国富论》中提出了一个有关"水与钻石"的著名悖论。众所周知，水是生命的源泉，一方面，对人们生活方方面面的作用极大，因此理论上应该具有很高的价值。另一方面，钻石对生命来说并不是必需的，因此人们应该认为钻石的价值比水低。但是，现实中即便水能够提供更多的效用，还是比钻石便宜得多。这是为什么呢？

知识学习

一、总效用和边际效用

（一）总效用

总效用（Total Utility，TU）是指消费一定数量的某种物品得到的总的满足程度。总效用的大小取决于个人的消费水平，消费的物品与劳动数量越多，总效用越大。

函数形式可表示为：

$$TU = f(x) \quad (4-1)$$

（二）边际效用

在微观经济学中，边际效用（Marginal Utility，MU）又称边际效应，是指每新增或减少一个单位的产品或服务，对产品或服务的收益增加或减少的效用。

（三）总效用和边际效用的关系

可以用生活中的例子来说明总效用与边际效用之间的关系。例如，一个消费者在喝水的过程中获得了一系列的总效用和边际效用，如表4-1所示。

表4-1 效用表

饮用水量（杯）	总效用/TU	边际效用/MU
0	0	/
1	10	10
2	15	5
3	15	0
4	10	-5
5	0	-10

可以看出，当消费者非常渴的时候，喝第一杯水的感觉非常美好，带来的效用最大，有10个单位，边际效用也是10个单位；喝第二杯水的效用也比较大，有5个效用单位，使总效用增加到15个效用单位。这时候消费者已经没有口渴的感觉了；此时再让他喝下第三杯水，总效用不再增加，边际效用为0；如果再喝下第四杯水，那么就会使消费者感到很难受，产生了负效用，总效用也相对减少。如果喝下第五杯水，消费者甚至非常难受，边际效用为-10，总效用又回到了0。因此，可以得出以下结论。

第一，当边际效用大于零时，总效用增加；
第二，当边际效用等于零时，总效用最大；
第三，当边际效用小于零时，总效用减少。

（四）边际效用递减规律

边际效用递减规律（Diminishing Marginal Utility，DMU）是指在一定时间内，在其他商品的消费数量保持不变的条件下，随着消费者对某种商品消费量的增加，消费者从该商品连续增加的每个消费单位中所得到的效用增量（边际效用）是递减的。边际效用递减的原因如下。

第一，生理或心理的原因。效用是消费者的心理感受，消费某种物品实际上就是提供一种刺激，使人有一种满足的感受。消费某种物品时，开始的刺激一定很大，从而人的满足程度就高，边际效用也大。但不断消费同一种物品，即同一种刺激不断反复时，人的满足程度必然减少。或者说，随着消费数量的增加，效用不断累积，新增加的消费所带来的效用增加越来越微不足道。19世纪的心理学家韦伯和费克纳通过心理实验验证了这一现象，并命名为"韦伯—费克纳边际影响递减规律"，这一规律也可以用来解释边际效用递减规律。

第二，物品本身用途的多样性。设想每种物品都有几种用途，且可按重要性分成等级。消费者随着获得该物品数量的增加，会将其逐渐用到不重要的用途上，这本身就说明边际效用是递减的。比如水，按重要程度递减的顺序，分别有饮用、洗浴、洗衣、浇花等多种用途。水很少时，一般被用作最重要的用途如饮用。随着得到的水的量的增加，会被逐步用到洗浴、洗衣、浇花等相对越来越不重要的用途上，这说明水的边际效用是递减的。请阅读案例4-4，体会互联网与边际效用的关系。

案例4-4　　　　　　　　　互联网的吸引力

如今处于网络发达的时代，几乎每个人的生活都离不开互联网。那么，是什么使得互联网紧紧抓住了人们的生活呢？是信息。互联网上的信息的传播是非常快速的，能让我们很快地了解各种各样的新鲜事，因此互联网逐渐占据了生活中的很长时间。但我们从互联网上了解的信息中，第一手的信息是最有价值的，而不断重复的和不重要的信息我们则会视为垃圾。这也正说明边际效用递减规律对同一物品是有效的，不适合不同物品的消费情况。

因而，这也解释了为什么现代人往往手机不离手。正是因为当一个App带来的边际效用越来越小时，人们就会更换其他的App继续使用，此时新的App带来的边际效用又是极大的。人们对各种娱乐如音乐、影视、购物等App应接不暇，不知不觉中手机就不离手了。

二、基数效用论与消费者均衡

消费者在特定条件下（如喜好、商品价格和收入等既定），把有限的收入分配到各商品的购买中，达到总效用最大。在这种情形下，消费者货币分配比例达到最佳，即分配比例的任何变动都会使总效用减少，此时，消费者不再改变各种商品的消费数量，被称为消费者均衡（Consumer Equilibrium）。消费者均衡是消费者行为理论的核心。

基数效用理论认为，在消费者收入与商品价格既定时，总效用最大受支付能力的制约。如果消费者将其收入（R）全部用于支出，那么购买的各种消费品的数量还必须符合一个条件，即预算支出等于收入总额（$P_a Q_a + P_b Q_b + P_c Q_c + \cdots\cdots P_n Q_n = R$，其中$P$表示商品价格，

Q 表示商品数量）。当消费者的支出既等于预算支出，又使每一种支出所得到的各种商品边际效用达到最佳时，该消费者在其收入许可的条件下，已得到最大的满足，再也不能从改变消费品构成与数量中得到更多的效用，也就是消费者均衡。

三、消费者剩余

消费者剩余（Consumer Surplus）是指消费者消费一定数量的某种商品愿意支付的最高价格与这些商品的实际市场价格之间的差额。阿尔费雷德·马歇尔从边际效用价值论演绎出消费者剩余的概念，消费者剩余是衡量消费者福利的重要指标，被广泛地作为一种分析工具来应用。

在自愿交易的条件下，消费者选择最优的消费数量可以使得自身的情况得到改善。借助于之前推导的消费者需求曲线，可以很好地说明，如何度量经济交换得到的好处。

需求曲线不仅表示价格与商品的需求量之间的关系，也可以理解为在购买特定数量时消费者愿意支付的最高价格。但对消费者而言，市场价格是给定的，因此在其支付意愿与实际支付之间存在一个差值，这就构成了一种"心理剩余"。消费者为得到一定数量的某种商品愿意支付的数额与实际必须支付的数额之间的差被称为消费者剩余。

消费者剩余可以用需求曲线下方、市场均衡时的价格线上方和坐标轴围成的三角形的面积表示，如图 4-1 所示。

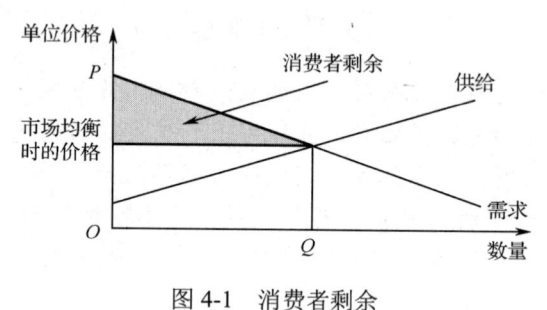

图 4-1 消费者剩余

请阅读案例 4-5，体会生活中的消费者剩余。

案例 4-5　　　　　　　　买西红柿的"讲究"

消费者剩余的概念在日常生活中可能不知不觉地被不法商贩利用。例如，当消费者进入农贸市场时，他想买一斤西红柿，走到摊位面前，看见这个摊位的西红柿又大又新鲜。他情不自禁地说："这个西红柿真好，我特别想吃！"卖西红柿的商贩可能心想：这个人看中了我的西红柿，我可以贵一些卖给他。

其实，当消费者表现出很想买的样子时，表明他具有比较多的消费者剩余。因此，当这个消费者问："西红柿多少钱一斤？"商贩回答："两块五一斤。"本来西红柿只卖一块五一斤，由于这个消费者表现出有较多的消费者剩余，所以商贩故意提高了价格。当把价格提高以后，这个消费者还觉得挺划算，就把西红柿买下来了。

课堂练习——简答题

请列举一个生活中体现消费者剩余的例子。

四、基数效用论在社会生活中的应用

基数效用论主要包括边际效用原理、消费者剩余原理等相关内容，那么在社会生活中，基数效用的原理又是如何应用的呢？下面来举例说明。

（一）边际效用原理在社会生活中的应用

1. 消费决策

边际效用原理可以帮助人们做出理性的消费决策。根据边际效用递减的规律，当某种产品或服务的边际效用逐渐减少时，人们可以在满足基本需求后更加谨慎地选择购买其他产品或服务，以避免过度消费。

2. 生产决策

边际效用原理也可以应用于生产决策中。企业可以通过比较每单位生产的边际成本和边际收益，来确定最优的生产规模和资源配置。当边际成本超过边际收益时，企业可以停止生产或减少生产规模，以提高效率和盈利能力。

3. 制定公共政策

边际效用原理可以指导公共政策的制定。政府可以通过比较每单位投入的边际效益和边际成本，来决定是否实施某项政策或项目。例如，评估一项基础设施建设项目的边际效益和边际成本，以确定其是否值得投资。

4. 分配资源

边际效用原理也可以应用于资源的分配。在有限的资源下，通过比较每单位资源分配的边际效用，可以优化资源的分配，使得社会获得较大的总体效益。例如，在医疗资源有限的情况下，可以根据每个患者获得的边际效用来决定资源的分配顺序。

边际效用原理在社会生活中有广泛的应用，可以帮助人们做出更加理性和有效的决策，优化资源分配，提高整体效益。

（二）消费者剩余原理在社会生活中的应用

消费者剩余原理在市场经济中起到了促进资源配置的作用。根据消费者剩余原理，若消费者愿意支付的价格高于市场价格，这意味着消费者对产品或服务的需求强烈。当市场上出现供给不足的情况时，消费者剩余的存在可以促使生产者增加产量，以满足消费者的需求，从而调整资源配置，以求实现供需平衡。

消费者剩余原理促进了产品或服务质量的提升。消费者剩余的存在使得消费者能够选择更具性价比的产品或服务，从而促使生产者提高产品质量、降低价格。在竞争激烈的市场环境下，生产者为了吸引更多消费者，不断提升产品的附加价值，以获得更高的消费者剩余。这种竞争机制可以使消费者能够享受到更好的产品或服务。

消费者剩余原理在评估政府公共政策制定中发挥了重要作用。政府通过税收、补贴等手段影响市场价格，以提高社会福利。消费者剩余的概念提供了一种评估政策效果的指标，政府可以通过分析消费者剩余的变化来评估政策的成效。如果政策使得消费者剩余增加，说明政策对消费者有利；反之，如果消费者剩余减少，则需要重新评估政策的合理性。

消费者剩余原理在市场营销中具有重要意义。企业通过了解消费者的需求和偏好，提供符合其期望的产品或服务，从而获得更高的消费者剩余。

实用经济学

消费者剩余原理在社会生活中有着广泛的应用，促进了资源配置的合理性，提高了产品或服务质量，影响了政府公共政策的制定，也为企业提供了市场营销的理论基础。对于消费者来说，了解和运用消费者剩余原理，可以使其在购买行为中获得更多的利益，提高生活品质。

扩展阅读

"有一种叫云南的生活"的经济学解读

单元三　序数效用论及其应用

案例引入

你选对了吗？

每天人们都要就如何支配有限的金钱和时间作出无数个抉择。早餐应该喝豆浆还是牛奶，读书应选择哪本书，用车是换新还是修整现在的旧车？当人们平衡各种需求和欲望时，就作出了决定自己生活方式的选择。

人们在不断做出选择的过程中，可能没办法计算每项选择的效用大小，但可以清楚地知道自己的喜好和需求，从而做出最有利于自己的选择，即实现效用的最大化。

知识学习

一、无差异曲线

无差异曲线（Indifference Curve）表示能给消费者带来同等程度满足的两种商品的不同数量组合的点的轨迹。因为同一条无差异曲线上的每一个点所代表的商品组合所提供的总效用是相等的，所以无差异曲线也叫作等效用线。

如图 4-2 所示，曲线 U 就是某消费者的无差异曲线。X、Y 代表两种不同的商品，曲线上每一点都代表两种商品的数量组合，而每一种组合所产生的总效用都一样，即消费者总满足程度一样。例如，消费者从组合 A 点获得满足感与组合 B 点获得的满足感是一样的，是无差别的。

图 4-2　某消费者的无差异曲线

（一）无差异曲线的特征

1．无差异曲线是一条向右下方倾斜的曲线，斜率是负值

无差异曲线是向下的，表明为实现同样的满足程度，增加一种商品的消费，必须减少另一种商品的消费。假定每个商品都被限定为量多比量少好，那么无差异曲线一定向右下方倾斜，就是说，其斜率一定为负值。只是在特殊情况下，例如，当某种商品为中性物品或令人讨厌的物品时，无差异曲线才表现为水平或垂直，甚至向右上方倾斜。

2．消费者的偏好是无限的，在同一个坐标平面上可以有无数条无差异曲线

在每种商品都不被限定为量多比量少好的前提下，无差异曲线图中位置越高或距离原点越远的无差异曲线，代表消费者的满足程度越高。由于通常假定效用函数是连续的，所以在同一个坐标平面上的任何两条无差异曲线之间，可以有无数条无差异曲线。同一条曲线代表相同的效用，不同的曲线代表不同的效用。换句话说，较高无差异曲线上所有商品组合的效用高于较低的无差异曲线上所有商品组合的效用。

3．任何两条无差异曲线不能相交

两条无差异曲线如果相交，就会产生矛盾。只要消费者的偏好是可传递的，无差异曲线就不可能相交。

4．无差异曲线通常是凸向原点的

无差异曲线的斜率的绝对值是递减的，因此曲线的偏向是凸向原点的，这是边际替代率递减规律所决定的。消费者的无差异曲线类似于生产者的等产量曲线。

（二）无差异曲线的两种特殊情况

1．完全替代品的无差异曲线是斜率为负的常数

完全替代品是指两种商品之间的替代比率固定不变。在完全替代情况下，两种商品之间的边际替代率是一个常数，相应的无差异曲线是一条斜率不变的直线，如图 4-3 所示。例如，海盐和井盐。

2．完全互补品的无差异曲线斜率不存在

完全互补品指两种商品必须按照固定的比例同时被使用。因此，在完全互补的情况下，相应的无差异曲线为直角形状，如图 4-4 所示。例如，左脚的鞋和右脚的鞋，牙膏和牙刷。

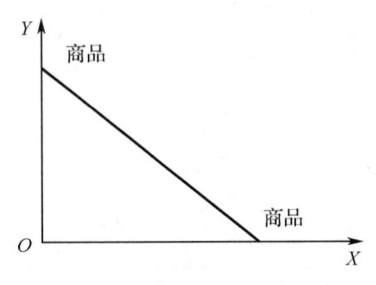

图 4-3　完全替代品的无差异曲线 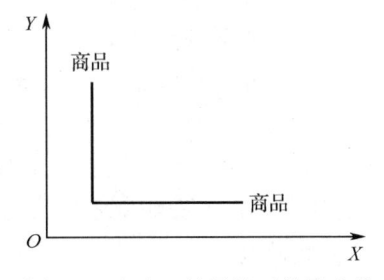　　　图 4-4　完全互补品的无差异曲线

二、边际替代率

两种商品之间的替代程度可以用商品的边际替代率来衡量。一种商品对另外一种商品的边际替代率（Marginal Rate of Substitution，MRS）的定义为，在效用满足程度保持不变

的条件下，消费者增加一单位一种商品的消费数量所需放弃的另一种商品的消费数量的比率。

边际替代率递减规律是指在维持效用水平不变的前提下，随着一种商品消费数量的连续增加，消费者为得到每单位的这种商品所愿意放弃的另一种商品的消费数量是递减的。

边际替代率递减的原因是随着一种商品的消费数量的逐步增加，消费者想要获得更多这种商品的愿望就会递减，为了多获得一单位这种商品而愿意放弃的另一种商品的数量就会越来越少。

三、预算线

预算线（Budget Line）是指在既定价格水平下，消费者用给定的收入可能购买的各种商品组合点的轨迹，又称预算约束或消费可能线、价格线。表示在消费者的收入和商品的价格给定的条件下，消费者的全部收入所能购买到的两种商品的各种组合。如图4-5所示，横轴表示 X 商品的购买量，纵轴表示 Y 商品的购买量。预算线 AB 将平面坐标图划分为三个区域。在预算线 AB 以外的区域，如点 C，这些点所代表的购买商品 X 和 Y 的组合超出了消费者的全部收入范围，因此无法实现。而预算线 AB 以内的区域，如点 D，则代表消费者的全部收入购买该点商品组合后仍有余额。唯有位于预算线 AB 上的点，才能准确反映消费者的全部收入恰好能够购买到的商品组合。

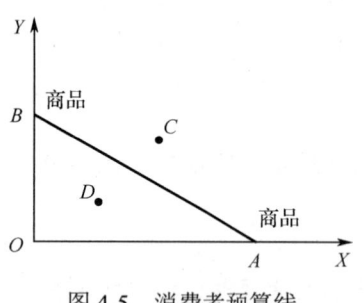

图4-5 消费者预算线

如果以 I 表示消费者的全部收入，P_X、P_Y 表示 X 商品和 Y 商品的价格，Q_X、Q_Y 表示 X 商品和 Y 商品的数量，预算线的方程如下：

$$P_X Q_X + P_Y Q_Y = I \tag{4-2}$$

（一）预算线的变动

1. 预算线的平行移动

在消费者收入 I 变化、商品价格 P 不变的情况下，如图4-6所示，收入减少，消费可能性线 L_0 向左下方平行移动至 L_1 位置；收入增加，消费可能性线 L_0 向右上方平行移动至 L_2 位置。

在消费者收入 I 不变、两种商品的价格 P 同比例变动的情况下，商品价格上升，消费可能性线向左下方平行移动；商品价格下降，消费可能性线向右上方平行移动。

2. 预算线的旋转

在消费者收入 I 不变、其中一种商品价格变化的情况下，预算线发生旋转，如图4-7所示，X_0、X_1、X_2 代表当 X 商品价格发生变化时 X 商品的购买量，在图4-7（a）中，当 X 商品价格不变时预算线为 X_0Y_0，当 X 商品价格上升时，预算线向左下方旋转至 Y_0X_1 位置，当 X 商品价格下降时，预算线向右上方旋转至 Y_0X_2 位置。在图4-7（b）中，Y_0、Y_1、Y_2 代表当 Y 商品价格发生变化时 Y 商品的购买量，当 Y 商品价格不变时预算线为 X_0Y_0，当 Y 商品价格上升时，预算线向左下方

图4-6 预算线的平移

旋转至 X_0Y_1 位置，当 Y 商品价格下降时，预算线向右上方旋转至 X_0Y_2 位置。

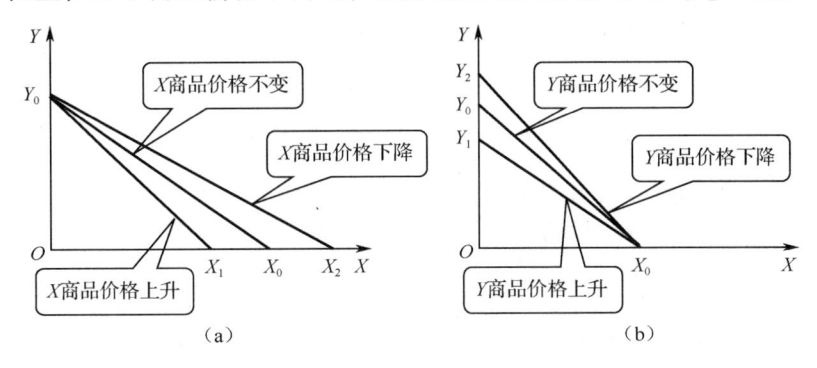

图 4-7 预算线的旋转

请阅读案例 4-6，体会预算线在生活中的应用。

案例 4-6　　每个消费者都懂预算线

有的时候，消费者会觉得某些商品变得便宜了，购买力增加了。实际上是消费者的收入相对增加了，比以前更富裕了，可以买到更多商品。

比如猪肉价格下降 50%，在收入水平和消费支出不变的情况下，消费者可以用同样的钱数买到更多的猪肉，从而改善生活水平。

又比如，两种可替代的商品——豆奶和牛奶，若豆奶的价格下降，放弃牛奶，可以得到更多的豆奶。这种替代效应使消费者选择更多的豆奶和更少的牛奶。

人们可以通过无差异曲线和预算线的变动特点，解释生活当中的消费者行为变化趋势。所以说，每个消费者都懂经济学，每个消费者都在使用预算线原理。

四、序数效用论与消费者均衡

序数效用论提出，在假定消费者收入恒定且完全用于消费，同时商品 X 和 Y 的价格保持不变的前提下，消费者可能消费两种商品的各种组合将完全由其收入决定。在平面坐标图上，为了选择能获得最大满足的商品组合，可以将无差异曲线与预算线置于同一坐标系中，如图 4-8 所示。通过无差异曲线与预算线的切点 E，可以确定消费者应选择的商品组合。在此切点所示的商品组合中，消费者能够取得最大满足，其中 M、N 两点分别代表消费者购买商品 X 和 Y 的数量。一旦消费者达到这一均衡点，其消费品构成将保持稳定，也就是消费者均衡状态。

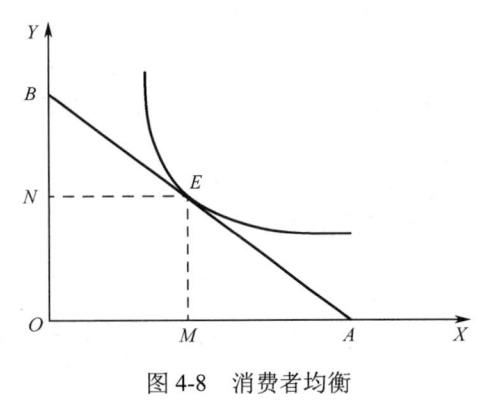

图 4-8 消费者均衡

五、序数效用论在社会生活中的应用

序数效用论作为一种经济学理论，并非直接针对养老模式本身，但其无差异曲线的概念和分析方法却可以为理解和分析养老模式的选择提供有力工具。随着社会老龄化的不断加剧，养老问题成为了人们关注的焦点。请阅读案例4-7，探讨序数效用论在养老模式选择中的应用。

案例4-7　　　　选择"养儿防老"还是"储蓄养老"更靠谱呢？

养儿防老是指为了将来的老年生活，要依靠自己的子女或其他后代的支持和照顾。传统观念中，子女会承担照料父母的责任，所以人们在年轻时会生儿育女，培养后代，以便将来能够依赖子女的经济支持和照顾。然而，随着社会变迁和家庭结构的改变，养儿防老的观念逐渐被挑战。现代社会中，越来越多的家庭选择独立养老，即通过自己的努力和储蓄来保障自己的老年生活。储蓄养老是指个人或家庭通过积累财富和资产，为将来的养老生活做准备，这种方式包括定期存款、投资理财、购买保险等。通过储蓄养老，个人可以更加独立地面对老年生活，并减轻对子女的经济负担。

现代社会中，储蓄养老的观念逐渐被提倡和重视。政府和不同组织也推出了各种养老金制度和计划，以鼓励个人积极储蓄和规划自己的养老。储蓄养老的优势在于个人可以更加自主地掌握自己的财务状况和生活方式，减少了对他人的依赖。目前这两种养老模式均普遍存在，且一定程度上存在着替代和互补的关系。

为了对这两种养老模式进行经济学分析，可以使用无差异曲线来分析老年人晚年生活的养老效用。

基于子女赡养能力的差异、子女赡养意愿的差异和储蓄资产收益的差异对组合养老选择模型进行动态拓展，使用实地调查研究数据实证分析我国目前养老模式的现状和回报率，得出以下主要结论：（1）总体来看，我国目前养儿防老和储蓄养老两种养老模式并存，而且两种养老模式具有替代性，正从养儿防老模式向储蓄养老模式过渡；（2）由于我国农村人口所占比例较大，中西部地区经济发展水平不均等，养儿防老仍旧是一种比较重要的养老模式，物质层面的养老资金从子女赡养资金向自有储蓄资金转化，精神层面的关怀和照顾从子女照顾为主向自我照料为主转化；（3）虽然我国目前养儿防老和储蓄养老两种养老模式并存，但养老模式的地区差异比较明显。东部地区大部分养老资金均来自自我储蓄，西部地区老年人的养老对子女的依赖性相对较大。东部地区储蓄养老的选择较多，西部养儿防老的模式选择较多。

（来源：统计与决策，有删减）

扩展阅读

以全国统一大市场筑牢市场经济根基

模块五 生产者行为理论及其应用

学习目标

【知识目标】

掌握生产者行为理论的基本概念。

理解生产者的决策过程,包括生产要素的配置和生产成本的构成。

认识生产者行为对市场供给、产业结构和经济增长的影响。

【能力目标】

能够应用生产者行为理论分析生产者的生产决策、生产效率和市场竞争力。

设计并实施与生产者行为规律相符合的生产管理策略。

利用生产函数理论分析企业的生产力特征及其发展趋势,并制定最优生产决策方案。

【素质目标】

培养深入分析和解决生产者行为相关问题的能力。

提升对最优生产要素组合的分析能力,运用生产理论解决实际经济问题。

发展对企业生产规模适度问题的洞察力,结合规模经济理论进行分析。

单元一 生产者行为理论及其应用

案例引入

咖啡香里的经济学

在一个充满活力的大学城里,有一家名叫"晨曦咖啡"的小店。这家店的老板李明,是一位充满热情的创业者,他用自己的智慧和努力,将这家小店经营得有声有色。

晨曦咖啡的每一天都是从一杯杯香浓的咖啡开始的。李明每天都会早早起床,精心挑选咖啡豆、研磨、冲泡,然后迎接第一批走进店内的顾客。他热爱自己的工作,更爱看到顾客们满意的笑容。

然而,作为一位微观经济学方面的爱好者,李明深知经营咖啡店不仅仅是热爱和勤奋那么简单。他需要用生产者行为理论来指导自己的经营决策,以实现利润最大化。

首先,李明开始观察顾客的需求。他发现,学生们在早晨和下午的课间休息时,对咖啡的需求特别大。于是，他决定在这两个时段增加咖啡的供应量，确保每位顾客都能及时喝到香浓的咖啡。并且，李明也密切关注咖啡豆的价格变动。当他发现市场上的咖啡豆价格出现波动时，他会及时调整采购策略，确保成本控制在合理范围内。同时，李明还注意着竞争对手的动态。他看到附近的另一家咖啡店推出了新的咖啡品种，吸引了不少顾客。于是，他也开始研发新的咖啡配方，希望用独特的口味吸引更多的顾客。

就这样，在李明的精心经营下，晨曦咖啡的生意越来越红火。顾客们喜欢这里的咖啡，更喜欢这里温馨的氛围。而李明也通过实践生产者行为理论，成功地将自己的小店打造成一家备受欢迎的咖啡店。

生产者行为理论，作为微观经济学体系中的核心构成部分，深入剖析了企业在复杂多变的市场环境中如何科学、合理地进行生产决策，以及如何精准地确定产量和价格，以期实现利润最大化的终极目标。

知识学习

一、厂商概述

在经济学中，生产者（Producer）是指厂商或企业，是能做出统一生产决定的单个经济单位。厂商一般分为三种基本组织形式。

（一）个人企业

个人企业中，企业家通常兼具所有者与经营者的角色，其利润动机明确且强烈，决策过程自由、灵活。然而，由于个人企业的资金规模相对有限，这在一定程度上制约了其生产规模的扩大和进一步发展。同时，个人企业的管理相对简单，但资金短缺也增加了其破产的风险。

（二）合伙制企业

合伙制企业是由两人或多人共同出资经营的组织形式。相较于个人企业，合伙制企业资金基础更为雄厚，规模得以扩大，管理亦趋规范。分工和专业化程度的提升有助于增强企业经营效率。然而，多人参与管理和决策可能导致意见分歧，进而影响企业的协调性和稳定性。此外，尽管资金和规模有所提升，但与大型企业相比仍显有限，这在一定程度上限制了生产的进一步发展。同时，合伙人之间的契约关系可能因利益分配等问题不够稳固。

（三）公司制企业

公司制企业是按照公司法规定建立和运营的法人组织，是现代企业制度的典范。公司由股东共同拥有，其经营权则由董事会监督下的总经理行使。在资本市场中，公司制企业凭借其良好的信誉和融资能力，通过发行债券和股票等方式筹集资金，为企业的持续发展提供了有力保障。然而，公司制企业也面临着复杂的法律和规范要求，需建立完善的公司治理结构，以确保企业的稳健运营和股东权益的保障。

1. 有限责任公司

有限责任公司，是由不超过五十名股东共同出资组建的经济组织。在此类公司中，股东以其所认缴的出资额为限，对公司承担有限责任；而公司则以其全部资产对其债务承担责任。其显著优势在于设立与解散程序相对简便，内部管理机构设置灵活，且无须向社会公众披露财务状况。然而，其不足之处在于无法公开发行股票，筹集资金的范围与规模通常较为有限，因此更适宜于中小企业的发展。

2. 股份有限公司

股份有限公司，是一种通过发行等额股份筹集资本的企业组织形式。在此类公司中，全部注册资本由等额股份构成，股东以其所持有的股份为限对公司承担有限责任。公司的核心特征在于其资本被划分为等额股份，并且其设立与解散过程需遵循严格的法律程序。此外，股份有限公司的组织机构设置严密，筹资规模庞大，且必须向公众披露其经营状况。因此，此类公司更适宜于大、中型企业的运营与发展。

二、厂商的本质和目标

（一）厂商的本质

厂商的本质是生产商品或提供服务的实体或组织，通过将资源（如原材料、劳动力、设备等）转化为有价值的产品或服务来满足消费者的需求。厂商的本质还包括以下几个方面。

1. 追求利润

厂商的主要目标之一是实现盈利，通过销售产品或提供服务获得利润。为了追求利润最大化，厂商需要在成本、定价、市场份额等方面做出决策。

2. 组织与管理

厂商需要建立一套有效的组织结构和管理体系，包括生产计划、供应链管理、人力资源管理、财务管理等，以确保生产和经营活动的顺利进行。

3. 市场竞争

厂商面临激烈的市场竞争，需要不断提高产品质量、降低成本、创新产品、拓展市场等，以保持竞争优势。

4. 社会责任

作为社会经济活动的参与者，厂商承担着一定的社会责任，包括遵守法律法规、保护环境、履行员工权益、回馈社会等。

（二）厂商的目标

厂商的目标是企业各项活动所要达到的总体效果。经济学假设的企业经营目标是追求最大化的利润，长期中追求企业价值最大化。

在现实经营环境中，短期内企业可能以市场份额最大化、企业成长速度最大化、销售收入最大化或社会影响力最大化等作为其主要目标。然而，从长期视角来看，企业若未能将利润最大化作为其最终经营目标，则可能面临被市场淘汰的风险。这是因为利润是企业持续经营和发展的基础，其不仅能够为企业提供资金支持，还有助于企业在市场竞争中保持稳健的态势。因此，尽管短期内企业可能追求多元化的目标，但长期来看，利润最大化仍是其不可或缺的核心目标。

微观经济理论分析采用单一的静态目标假设。利润动机是具有普遍意义、核心地位和持久支配企业行为的力量，这种简化假设具有合理性。基于该假设对企业产出、价格、竞争策略等各种行为所进行的理论研究，可以充分揭示企业行为的本质，该假设构成经济学理论体系的基础假设。请阅读案例5-1，分析厂商的目标。

案例5-1　　　　　从双十一红包剖析厂商的目标

2023年天猫双十一红包活动玩法营销攻略

每年的天猫双十一，超级红包是重头戏。2023年的超级红包可以说比往年都有提升，无论是数量还是金额，从当年10月21日开始到11月11日为止，消费者每天可以领取三次红包，其中10月21日到11月3日领取的红包，必须在11月3日之前使用，过期失效。11月4日开始领取的红包，使用时间为11月11日，过期失效，也就是说，双十一超级红包是全周期可以领取，但是使用分为两个周期。

10月23日到11月10日期间，消费者还可以参与天天开彩蛋玩法，每天8点开奖，有各种各样的奖励，不只是红包，还有优惠券等。

预售玩法

说完了超级红包，2023年天猫主打的是预售玩法，从10月20日12点开始，预售预热开启，消费者收藏商品解锁隐藏权益。10月21日到31日预售商品付定金，每单都可以开奖，买的越多开奖越多，11月1日到3日进行尾款支付。

11月4日到10日是第二波预售付定金的时候，在11月11日当天付尾款，即可参与4999元锦鲤大奖的抽取。

课堂练习——简答题

在案例5-1中，厂商不惜花重金发红包，展开双十一的营销活动，厂商举办此类红包派发活动的原因是什么？进行成本高昂的营销活动，是否违背经济学假设的利润最大化目标？

三、生产要素与生产函数

（一）生产要素

1. 生产要素的定义

生产要素是指在社会生产经营活动中所必需的各种社会资源，是维持国民经济运行及市场主体生产经营过程中不可或缺的基本要素。根据国务院发布的《关于构建更加完善的要素市场化配置体制机制的意见》，生产要素目前主要涵盖土地、劳动、资本、技术和数据五大类。本书从经济学视角出发，将生产要素分为劳动、土地、资本和企业家才能。

一般而言，生产要素至少包括人的要素和物的要素及其结合方式。劳动者和生产资料之所以被视为物质资料生产的最基本要素，是因为其在生产过程中始终不可或缺，前者构成了生产的人身条件，后者则是生产的物质条件。

劳动者与生产资料的结合，是社会劳动生产得以进行的先决条件。在生产过程中，劳动者运用劳动资料进行劳动，促使劳动对象发生预期变化。当生产过程结束，劳动和劳动对象融为一体，劳动得以物化，劳动对象被加工成满足人们需求的产品。从结果的角度看，劳动资料和劳动对象表现为生产资料，而劳动本身则体现为生产劳动。

随着生产条件及其结合方式的变化，社会经济发展呈现出不同的结构和阶段。在社会经济发展的历史进程中，生产要素的内涵不断丰富，新的生产要素如现代科学、技术、管理、信息和资源等逐渐融入生产过程，并在现代化大生产中发挥重要作用。因此，生产要素的结构也在发生变化，且随着生产力的提升，这些新要素的作用愈发显著。

尽管生产要素包括劳动、资本、土地和企业家才能四大类，但长期以来，经济学家过于强调劳动在价值创造和财富生产中的作用，而对其他生产要素的作用及其对国民收入的贡献相对忽视。在收入分配问题上，往往只关注劳动参与分配的问题。实际上，按生产要素分配的原则要求我们在重视劳动作用的同时，也要给予资本、技术和管理等生产要素足够的关注，确保其能够合理合法地获得回报。

2. 生产要素需求的特点

企业对生产要素的需求是从消费者对消费品的需求引起或派生的，生产要素的需求具有以下特点：

（1）对生产要素的需求是"引致需求"。

（2）对生产要素的需求，不是对生产要素本身的需求，而是对生产要素使用的需求。

（3）生产要素的需求来自生产者——厂商或企业。

（4）企业对生产要素需求的目的，是用于生产产品，希望从中间接地得到收益。

请阅读案例 5-2，体会生产要素需求的特点。

案例 5-2　　　　　　　　　　地主和长工

从前，有一个地主非常贪婪，对待雇工非常苛刻。张三去给地主打长工，地主说："我们事先有约，如果你主动离开，我不仅不会支付你工钱，还会对你进行严厉的惩罚。同样，如果我无故辞退你，你可以对我进行同样的惩罚。"张三答应了。

一天，地主对张三说："今天，你把我的 100 亩地从头到尾耕一遍。"张三拿起锄头，从地的这一端到另一端锄了一条线，就坐下休息了。地主见了大怒，说："这就是你耕的地吗？"张三说："我按照你的要求从头到尾耕了一次。瞧，那条线不就是吗？"地主很生气，但又不敢无故辞退他。

又有一天，地主和地主婆要去岳父家，让张三提前几天去通知，准备好酒菜和床铺。张三赶到地主的岳父家，说："我家老爷和太太马上就到。他们得了一种怪病，医生说只能吃有虫的面食，睡在地上。"地主夫妇到了，岳父用生虫的面招待他们，还让他们睡在地上。

事后，地主知道是张三捣的鬼，决定赶走张三。他对张三说："只要你愿意自动离开，不追究我之前的约定，我给你 100 块大洋。"张三答应了，他拿了这笔钱，开起了小店，过上了无忧无虑的生活。

课堂练习——简答题

从案例 5-2 中，体现了生产要素的哪些特点？

3. 决定生产要素需求的因素

生产者对一种生产要素需求的大小，决定因素包括以下几个方面。

（1）生产要素的边际生产力。边际生产力是表示某种单位数量的生产要素所能生产的产品数量的大小。

（2）生产产品价格的高低。

（3）生产要素本身价格的高低。

（4）技术因素的影响。

（5）时间因素对要素需求产生的影响，例如在短期与长期内的要素需求弹性不同。

（二）生产函数

生产在经济学中是一个具有普遍意义的概念，经济学意义上的生产除了包含制造一台机床或是纺织一匹布等传统上的意义，还包含其他各种各样的经济活动，如经营一家商店或公司，提供客运服务、法律服务、剧团演出等。这些活动都涉及为个人或经济实体提供产品或服务，并得到其认可。因此，生产并不仅限于物质产品的生产，还包括金融、贸易运输等各类服务性的活动。

1. 生产函数的定义

生产函数（Production Function）是指在特定技术条件下，各种生产要素的投入量与所能生产的最大产品数量之间函数关系的工具。该函数反映了厂商在生产过程中所面临的技术约束。其一般形式可以表示为：

$$Q = f(L, K, N, E) \tag{5-1}$$

其中，Q 表示产量，L 表示投入的劳动，K 表示资本，N 表示土地，E 表示企业家才能。由于土地通常被视为固定要素，难以在短期内调整；企业家才能作为一种特殊的生产要素难以准确估算。因此在实际应用中，生产函数往往简化为仅包含劳动和资本的形式，即：

$$Q = f(L, K) \tag{5-2}$$

通过简化生产函数，我们可以更直观地分析劳动和资本这两种生产要素对产量的影响。

2. 生产函数的分类

生产函数主要分为两种类型：一种可变投入生产函数和多种可变投入生产函数。

（1）一种可变投入生产函数。

一种可变投入生产函数主要探究在特定产品、技术条件恒定及固定投入（通常为资本）确定的情况下，即一种可变动投入（通常为劳动）与可能生产的最大产量之间的关系。这通常被称为短期生产函数，侧重于分析短期内生产要素变动对产量的影响。

（2）多种可变投入生产函数。

在考察时间跨度较长的情况下，可能存在两种或两种以上的投入均可变动，甚至所有投入均可变动，这种生产函数通常被称为长期生产函数。关注的是长期内生产要素变动对产量的影响。

短期、长期的划分标准主要基于生产者能否调整所有要素的投入量。不同产品的生产，厂商短期、长期的划分会有所不同。例如，纺织厂调整所有要素投入可能需要一年时间，而豆腐坊可能仅需三个月。因此，对于豆腐坊而言，三个月可视为长期，对于纺织厂则是短期。

因此，短期、长期的区分标准如下：短期指的是生产者无法及时调整所有生产要素的数量，至少有一种生产要素的数量是固定的时间周期。而长期则是指生产者能够调整全部生产要素数量的时间周期。

在微观经济学中，一种可变投入生产函数主要用于研究短期生产理论，而两种或多种可变投入生产函数则用于研究长期生产理论。

3. 其他常见的生产函数

（1）固定替代比例生产函数。

固定替代比例生产函数指的是在每一产量水平上，任何两种要素之间的替代比例都是固定的。这种函数的通常形式为：

$$Q = aL + bK \tag{5-3}$$

其中 Q 代表产量，L 和 K 分别代表劳动和资本，常数 a 和 b 均大于 0。

（2）固定投入比例生产函数。

固定投入比例生产函数则强调在每一个产量水平上，任何一对要素投入量之间的比例都是固定的。这种函数的通常形式为：

$$Q = \min\{cL, dK\} \tag{5-4}$$

其中 Q 代表产量，L 和 K 分别代表劳动和资本，常数 c 和 d 均大于 0，分别代表生产每一单位产品所需的固定劳动投入量和资本投入量。

（3）柯布—道格拉斯生产函数。

柯布—道格拉斯生产函数是由数学家柯布（C.W.Cobb）和经济学家道格拉斯（Paul H. Douglas）在 20 世纪 30 年代共同提出的。该函数因其简洁的形式及所蕴含的经济学特性，被视为一种极具实用价值的生产函数，在经济理论的分析与应用中具有重要意义。

该生产函数的常见形式为：

$$Y = A(t) \times L^\alpha \times K^\beta \times \mu \tag{5-5}$$

其中，Y 代表工业总产值，$A(t)$ 代表随时间变化的综合技术水平，L 代表投入的劳动力，计量单位可以是人或万人，K 代表投入的资本，通常指固定资产净值，单位可以是万元或亿元，但必须与劳动力数量的单位相对应。α 是劳动力产出的弹性系数，β 是资本产出的弹性系数，μ 表示随机干扰项的影响，且 $\mu \leq 1$。

四、生产者行为理论在社会生活中的应用

（一）从生产目标看生产者理论在社会生活中的应用

生产者理论是研究生产者决策行为的理论。假设生产者以利润最大化为目标，考虑在技术条件约束下如何选择最优的生产计划来实现目标。

人们将一只水桶能装多少水取决于其最短的那块木板，这一规律总结为"木桶定律"或"木桶理论"。在经济学中，木桶定律是指一个经济系统的稳定性和发展水平取决于其最薄弱的环节，就像木桶定律中最短的那块木板一样。木桶定律强调了整体系统的健康与弱点之间的关系。

木桶定律意味着一个经济系统的增长或发展受到最薄弱环节的限制。如果一个经济系统中存在一个或多个薄弱环节，那么这些环节将成为整个系统的瓶颈，限制了整体的增长潜力。例如，一个国家的经济可能在许多方面都表现出强劲增长，但如果基础设施建设滞后，那么这个国家的经济增长还是会受到限制。同样，一个公司可能在市场上取得巨大成功，但如果其供应链管理不善，那么这个公司的发展也会受到限制。

木桶定律还可以用来解释经济危机或衰退的原因。当一个经济系统中的一个或多个关键环节崩溃或受到严重影响时，整个经济系统可能受到冲击，并引发连锁反应。这种连锁反应可能导致整个经济系统的崩溃或衰退。

因此，经济学家们强调了在发展经济时要关注整个系统的健康状况，寻找并解决潜在的薄弱环节。只有通过加强和改善这些薄弱环节，经济系统才能实现持续的稳定和增长。

（二）从生产要素看生产者理论在社会生活中的应用

1. 从个人层面

创业者：创业者可运用生产者理论，合理策划如何高效利用有限的资源来创建新企业。他们需要深思熟虑如何最大化利润，如何科学分配资源，以及如何提升生产效率等问题。

农民：农民作为生产者理论的直接践行者，需要面对如何在有限的土地、水资源和劳动力条件下，实现农作物产量最大化的问题。他们需要精心规划种植何种作物，如何妥善管理土壤和水资源，以及如何优化农业生产流程等关键问题。

2. 从企业层面

企业管理者：企业管理者需借助生产者理论，有效规划如何高效利用企业资源来生产产品或提供服务。他们需权衡如何最大化利润，如何优化生产流程，以及如何提高生产效率等核心问题。

投资者：投资者可借助生产者理论，科学决策如何有效分配资本以投资不同企业或项目。他们需要谨慎考虑如何最大化投资回报，如何分散投资风险，以及如何捕捉最具潜力的投资机会等关键问题。

3. 从政府层面

政府政策制定者需依据生产者理论，精心策划如何有效配置资源以实现经济增长和社会福利的最大化。他们需全面考虑如何推动企业创新和提升生产效率，如何优化产业结构，以及如何促进就业和提高人民生活水平等战略性问题。

此外，政府中城市规划者也应运用生产者理论，合理规划和建设基础设施，如交通、能源和通信等。他们需深入研究如何满足社会需求，如何优化资源配置，以及如何提升基础设施的质量和效率等关键领域。

扩展阅读

如何理解数据是新型生产要素

单元二　短期生产函数及其应用

案例引入

谁来养活中国？

1994年9月，美国经济学家莱斯特·布朗在《世界观察》刊载一篇题为《谁来养活中国》的文章，在得到众多翔实的数据后，他将自己的理论写成了一本书。

布朗认为，随着中国人口的继续增加及中国人民饮食结构从依赖淀粉类主食转为更多地食用副食品，中国必将出现粮食短缺，进而造成世界性的粮食危机。他推断，"到2030年时，我国人口数量将达到16.3亿左右，如果按照每人每日消耗8两粮食计算，就需要粮食6.51亿吨。可是以当时的工业化形势发展，中国的耕地面积还在日趋减少，因此粮食产量可能下降到2.73亿吨，需要从外国进口 3.78 亿吨"。甚至有西方的学者认为，未来，全球粮食的产量都未必能养活中国。

当然事实证明布朗他们错了，他们忽略了什么呢？

1. 中国人口增速减缓。
2. 科学技术进步对粮食作物产量的影响。

（来源：腾讯网）

知识学习

短期生产函数是指在短期内至少有一种投入要素使用量不能改变的生产函数。在短期内，假设资本数量不变，只有劳动可随产量变化，生产函数可表示为 $Q=f(L)$，其中 Q 代表产量，L 代表劳动，这种生产函数称为短期生产函数。微观经济学通常以一种可变生产要素的生产函数考察短期生产理论，以两种可变生产要素的生产函数考察长期生产理论。

一、总产量、平均产量和边际产量的定义

假定生产某种产品需要两种投入要素：资本 K 和劳动 L，其中 K 为固定投入要素，L 是可变投入要素。产量随着劳动者人数的变化而变化。下面引入总产量、平均产量和边际产量三个概念来说明产量和劳动之间的关系。

总产量（Total Product，TP）是指一定的生产要素投入量所提供的全部产量。如果只考虑劳动和资本两种生产要素，总产量公式可以表示为：

$$\text{TP}=f(L,K) \tag{5-6}$$

假设 K 是确定的，K_0 表示资本量不变，只变化 L，用公式可以表示为：

$$\text{TP}=f(L,K_0) \tag{5-7}$$

平均产量（Average Product，AP）是指平均每单位生产要素所提供的产量。

AP、TP 和 L 三者之间的关系，用公式可以表示为：

$$AP = \frac{TP}{L} \quad (5\text{-}8)$$

边际产量（Marginal Product，MP）是指增加一单位可变要素投入所引起的总产量的增加量。MP 与 ΔTP（增加的产量）和 ΔL（增加的劳动量）三者之间的关系，用公式可以表示为：

$$MP = \frac{\Delta TP}{\Delta L} \quad (5\text{-}9)$$

二、总产量、平均产量和边际产量的关系

我们利用表格来说明总产量、平均产量和边际产量之间的关系。对于生产服装的企业来说，拥有的机器设备和厂房数量在短期内是固定的，也就是固定资本在短期内不变，但是所雇用的操作机器设备的劳动力是可以调整的，工厂的管理人员根据销售情况作出雇用多少工人的决策。表 5-1 给出了某服装公司劳动的投入与产出之间的关系。第一列表示劳动投入量的变化，第二列表示资本固定投入量，第三列表示与不同劳动投入量所对应的总产量，第四列表示与不同劳动投入量所对应的平均产量，第五列表示每增加一单位劳动量后的边际产量。随着劳动投入量的增加，刚开始总产量逐渐增加，当劳动投入量达到 6 个单位时，总产量达到最大值，再增加 1 个单位劳动，总产量没有发生变化。当劳动投入量继续增加时，总产量反而开始减少。

表 5-1　某服装公司生产情况统计表

劳动投入量 L	固定资本投入量 K	总产量 TP	平均产量 AP	边际产量 MP
0	10	0	—	—
1	10	3	3	3
2	10	10	5	7
3	10	24	8	14
4	10	36	9	9
5	10	40	8	6
6	10	42	7	2
7	10	42	6	0
8	10	40	5	-2

利用表 5-1 中的数据可以绘制成图 5-1。在图 5-1 中，横轴表示劳动投入量，纵轴表示总产量。图 5-1（a）中 TP_L 为总产量曲线，可以看出，服装公司的总产量伴随劳动投入量的增加逐渐增加，TP_L 先快速增加，到达拐点 b 以后，增速开始减慢，到达点 d 时总产量到达最大值，过点 d 后总产量递减。图 5-1（b）中的 AP_L 和 MP_L 分别表示平均产量曲线和边际产量曲线。可以看出，服装公司的平均产量先随劳动投入的增加而增加，达到最高点 c′后不断下降。而边际产量从几何意义上看即为总产量曲线上相对应的某点的斜率。根据总产量曲线的特点，在总产量到达拐点之前，其切线的斜率为正且递增，过拐点之后，切线的斜率虽为正但呈递减，达最高点之后，切线的斜率即为负。与总产量相对应的边际产

量开始有短暂的快速上升，到达点 b' 后不断下降，过了点 d' 后边际产量变为负数。

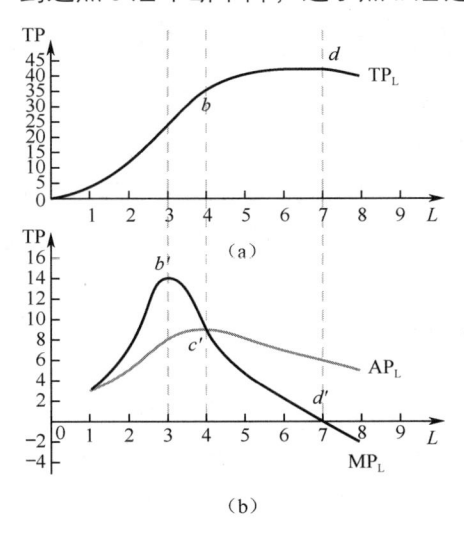

图 5-1　一种可变要素的投入与产量之间的关系

综上所述，我们可以对三个曲线相互间的关系归纳如下：

（1）当 TP_L 上升时，MP 为正值；TP_L 下降时，MP 为负值；当 TP_L 到最高点时，MP = 0。

（2）当 MP > AP 时，AP_L 上升；MP < AP 时，AP_L 下降，当 MP_L 通过 AP_L 的最高点，此时 MP = AP。

三、边际报酬递减规律

随着可变投入使用量的增长，边际产量将呈现下降趋势，并可能降至负值。例如，某服装公司的边际产量在第 4 个工人之后开始递减，直至第 7 个工人的边际产量降至 0，当每日雇用人数超过阈值（8 个工人）时，因工作场所限制，劳动者间的相互作用会降低生产效率。继续增加劳动力投入，将会导致总产量下降，边际产量转为负值。

随着劳动力投入的增加，每增加一单位劳动力所带来的总产量增量将逐渐减小，这种连续下降的现象被称为边际报酬递减规律。具体定义是，在其他条件保持不变的情况下，某一生产要素的投入量持续增加至一定数量后，即边际产量将呈递减趋势。

一般而言，边际报酬递减规律并非源自经济学中的特定理论或原理，而是基于对实际生产和技术情况的观察所得出的经验性总结，反映了生产过程中的一种纯技术关系。此规律仅在以下条件下成立：

（1）生产技术水平保持不变。

（2）除一种投入要素可变外，其他投入要素均保持不变。

（3）可变生产要素的投入量须超过某一特定阈值。

这意味着投入要素之间并非完全可替代。以农业生产为例，当第一单位的劳动力与一定量的农业机械和耕地结合时，起初可能显著提高总产量。然而，随着劳动力投入的增加，超过某一临界点后，后续单位劳动力投入所生产的农产品产量将少于前一单位劳动力投入所生产的产量。因此，边际报酬递减规律在农业生产或某些劳动密集型产业中尤为显著。

四、短期生产函数在社会生活中的应用

短期生产函数在社会生活的各个领域有着广泛的应用，对于政府和企业的决策制定、资源配置优化和生产效率提升均具有重要意义。在企业生产决策方面，制造业公司可以利用短期生产函数确定最佳的生产组合，从而实现利润最大化。通过深入剖析劳动力、资本和原材料等生产要素的投入量与产出量之间的关系，公司能够找到最为有效的生产方式。在农业生产规划中，农场主可以利用短期生产函数来决策不同作物的最佳种植数量。通过综合考虑作物的种植成本、预期收益和市场需求，农场主能够制定出合理的种植计划，以实现利润最大化。在医疗资源配置上，医院可以借助短期生产函数来评估医疗资源的利用效率。通过分析医疗服务的产出量与医疗资源的投入量之间的关系，医院能够优化资源配置，进而提升医疗服务的质量。此外，政府也可以利用短期生产函数来评估不同经济政策对经济和就业的影响，从而制定有效的经济政策，促进经济增长和就业增加。

请阅读案例5-3，体会短期生产函数的应用。

案例5-3　　　　　　　　精工机械厂的效率革新

在繁华的工业城市A市，精工机械厂的厂长王刚正面临着提高生产效率的挑战。随着市场竞争的加剧，他意识到只有提高生产效率，才能在市场中立于不败之地。王刚开始深入研究生产数据，发现随着工人数量的增加，产量确实有所上升。但是，他也注意到，当工人数量增加到一定程度后，产量增加的速度却开始放缓。同时，废品率也开始上升，给企业带来了不小的损失。

为了解决这个问题，王刚决定引入短期生产函数的概念。他根据历史数据，绘制了工人数量与产量、废品率之间的曲线图。他发现随着工人数量的增加，产量先增加后减少；而废品率则一直呈现上升趋势。王刚意识到，单纯依靠增加工人数量来提高产量并不是长久之计。他开始考虑引入自动化设备和机器人来替代部分人力工作。他计算了引入这些设备所需的投资及未来可能带来的收益，发现这是一个可行的方案。

于是，王刚开始逐步引入自动化设备和机器人。经过一段时间的调试和优化，这些设备开始在生产线上发挥重要作用。这样不仅提高了生产效率，降低了废品率，还减轻了工人的劳动强度。看着生产线上忙碌的机器人和满意的工人，王刚心中充满了信心。他知道，精工机械厂在未来的市场竞争中一定能够脱颖而出。

扩展阅读

眼镜行业的暴利

单元三　长期生产函数及其应用

案例引入

疯狂的"五谷道场"

方便面，这一速食食品中的经典之作，以其便捷的制作和美味的口感，成为了现代人们生活中不可或缺的一部分。然而，在方便面市场的历史长河中，有一个品牌曾经辉煌一时，成为了行业中的翘楚，就是五谷道场。

五谷道场最引人注目的，无疑是那句"非油炸、更健康"的广告语。这一独特的市场定位，让五谷道场在竞争激烈的方便面市场中脱颖而出。2006年，国内的方便面市场进入瓶颈期，发展开始放缓。然而，五谷道场却凭借其独特的产品定位和营销策略，一路高歌猛进，丝毫不受市场整体放缓的影响。短短6个月，五谷道场的销售额就直飙3亿元。在2005年到2007年这短短的三年间，五谷道场的销售额更是一度高达15亿元！

在董事长王中旺的带领下，五谷道场的发展十分顺利。于是，他决定乘胜追击，进击中低端市场，将旗下的一些中低端产品打造成热销产品。为了实现这一目标，王中旺大手一挥，投资近20亿元，打算在全国范围内建设30多条生产线。然而，这一疯狂的扩张行为并没有为五谷道场带来预期的收益，反而让公司陷入了资金链断裂的困境。尽管产能得到了提高，但销售方面却出现了问题，导致大量库存积压。最终，资金链彻底断裂，五谷道场也因此负债累累。

2008年，五谷道场因负债超过10亿元，无法支付员工工资，员工纷纷罢工，库存堆积如山，而被欠款的经销商也纷纷上门讨债。五谷道场陷入了前所未有的危机之中。

知识学习

在微观经济学中，一种可变投入的生产函数通常用来考察短期生产理论，两种或两种以上可变投入的生产函数用来考察长期生产理论。

一、生产要素的最优组合

生产要素最优组合是在要素价格不变时，在两种或两种以上可变生产要素的生产中，即长期中，生产者在其成本既定时使产量最大化或产量既定时使成本最小化时，需要使用的各种生产要素最优数量的组合。

（一）等产量曲线

等产量曲线（Isoquant Curve）是在技术水平不变的条件下生产一种商品时，在一定产量下的两种生产要素投入量的各种不同组合的轨迹，在这条曲线上的各点代表投入要素的各种组合比例，其中的每一种组合比例所能生产的产量都是相等的。如图5-2所示，L 表示可变要素劳动的投入量，K 表示可变要素资本的投入量，Q 表示产量，两种可变生产要素的长期生产函数为：

$$Q = f(L, K) \tag{5-10}$$

（二）等成本曲线

等成本曲线（Isocost Curve）是在给定总成本下，描绘生产者所能购买到的两种生产要素（如劳动和资本）数量最大组合的图形表示。在投入品价格固定的情况下，等成本曲线呈一条直线，其斜率反映了不同投入品之间的相对价格，如图 5-3 所示。在此图中，L 代表劳动的投入量，K 代表资本的投入量，AB 为等成本曲线。若以 C 表示总成本，P_L 表示劳动的价格，P_K 表示资本的价格，则等成本曲线的数学表达式可以写为：

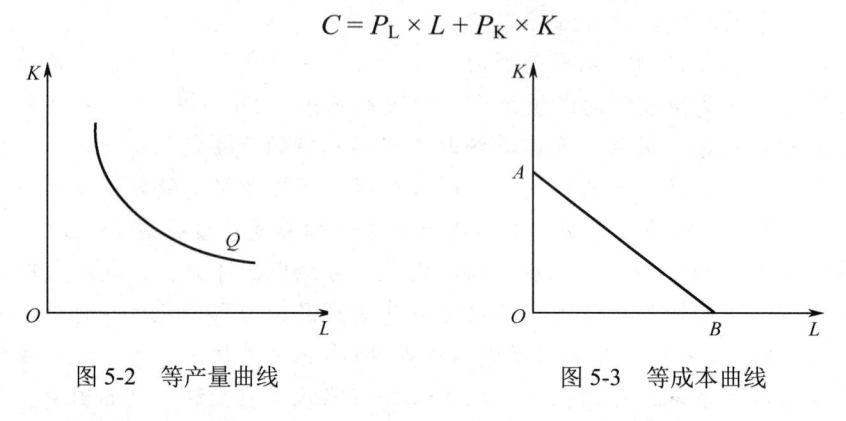

$$C = P_L \times L + P_K \times K \tag{5-11}$$

图 5-2　等产量曲线

图 5-3　等成本曲线

假设每名工人每天的成本为 100 元，那么当厂商决定减少使用一名工人时，相应地可以在资本投入（如机器的租金）上增加 100 元的支出，以维持总成本不变。

（三）生产要素的最优组合曲线

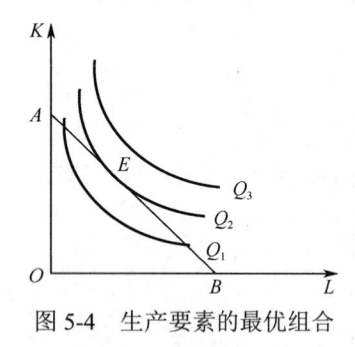

生产要素的最优组合，又称生产者均衡，发生在等产量线与等成本线的切点上。在此切点，生产者实现了成本最小化与产量最大化的均衡，即在给定成本下实现最大产量或在给定产量下实现最低成本。如图 5-4 所示，Q_1、Q_2、Q_3 为三条等产量曲线，其产量大小的顺序为 $Q_3 > Q_2 > Q_1$，AB 为等成本曲线，与 Q_2 相切于点 E。在切点 E 处，实现了生产要素的最优组合。观察可知，切点 E 上的产量 Q_2 高于 Q_1，且 E、A、B 三点所代表的生产组合具有相同的成本。因此，E 点处的产量是在既定成本下能够达到的最大产量。

图 5-4　生产要素的最优组合

（四）生产扩展线

如果生产者的成本增加，则等成本线向右上方平行移动，不同的等成本线与不同的等产量线相切，形成不同的生产要素最优组合点，将这些点连起来，就是生产扩展线，如图 5-5 所示。

当生产者沿着这条线扩大生产时，可以始终实现生产要素的最优组合，从而使生产规模沿着最有利的方向扩大。请阅读

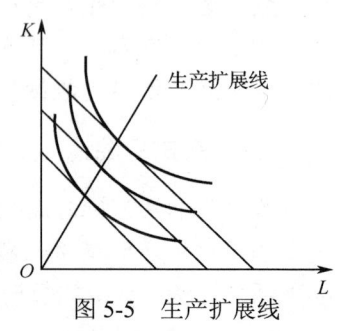

图 5-5　生产扩展线

案例 5-4，体会生产要素的最优组合。

案例 5-4　　　　　长平之战与生产要素的最优组合

长平之战，作为战国末期最为惨烈的一次大战，发生在实力雄厚的秦国与赵国之间。战争的结果以秦国的胜利告终，赵军四十万人被俘坑杀，秦国也付出了十五万人的代价。这场战役不仅导致赵国的迅速衰败，更为秦国统一天下扫清了障碍。

秦国之所以能在长平之战中取得胜利，关键在于其实现了生产要素的最优组合。以下是对秦国生产要素最优组合的分析。

人力资源：秦国通过严格的征兵制度，确保充足的兵力供应。这些士兵经过训练，形成战斗力强大的军队，为秦国的胜利奠定坚实的基础。

军事技术：秦国在军事技术上不断创新，采用新型战争装备，如车兵、弩弓等，使得秦军在战场上具备明显的优势。这些技术的运用，与秦军士兵的素质相辅相成，共同推动秦军的胜利。

经济资源：秦国凭借丰富的经济资源，为战争提供充足的军费和物资保障。这使得秦军能够在战场上持续作战，无须担心后勤供应问题。

指挥与战略：秦国拥有出色的指挥官和战略家，如白起等。他们根据战场形势，制定合理的战略和战术，确保秦军能够充分发挥自身优势，击败敌军。

长平之战的胜利，充分展示了生产要素最佳搭配的重要性。在现代市场经济和生产经营活动中，也应注重生产要素的最佳搭配。例如，在企业管理中，企业家需要根据市场需求和企业实际情况，合理配置人力资源、技术资源、经济资源和战略资源，以实现企业的最大利润和竞争优势。

二、规模报酬与适度规模

（一）规模报酬

规模报酬（Returns to Scale）是指在其他条件不变的情况下，企业内部各种生产要素按相同比例变化时所带来的产量变化。规模报酬分析企业的生产规模变化与其所引起的产量变化之间的关系，企业只有在长期内才能变动各种生产要素，进而变动生产规模，因此企业的规模报酬分析属于长期生产理论问题。

规模报酬变化可以分为规模报酬递增、规模报酬不变和规模报酬递减三种情况。

假设一座月产量化肥 10 万吨的工厂所使用的资本为 10 个单位，劳动为 5 个单位。现在将企业的生产规模扩大一倍，即使用 20 个单位的资本，10 个单位的劳动，这种生产规模的变化所带来的收益变化可能有如下三种情形：

（1）产量增加的比例大于生产要素增加的比例，即产量为 20 万吨以上，这种情形叫作规模收益递增。

（2）产量增加的比例小于生产要素增加的比例，即产量小于 20 万吨，这种情形被称为规模收益递减。

（3）产量增加的比例等于生产要素增加的比例，即产量为 20 万吨，这种情形被称为规模收益不变。

规模报酬变化的原因是内在经济或内在不经济。内在经济是指一个企业在生产规模扩大时，由自身内部所引起的产量增加。比如说使用更加先进的机器设备，提高管理效率，实行专业化的生产，对副产品进行综合利用，在生产要素的购买与产品销售方面政策更加有利，或者技术创新能力的提高等。内在不经济是指一个企业由于本身生产规模扩大而引起的产量或收益的减少。内在不经济的原因主要是管理效率降低，或者是生产要素价格与销售费用增加等。

（二）适度规模

从规模报酬变化规律不难看出，厂商的规模既不是越小越好，也不是越大越好，即存在适度规模。在适度规模上，厂商既获得了扩大规模带来的效率增加的全部好处，又避免了继续扩大规模带来的效率下降所造成的损失。

对于不同行业的厂商而言，适度规模的大小是不同的，无统一标准。适度规模大的优势在于生产效率高，单位成本低，形成规模经济；适度规模小的优势则是能灵活适应市场需求的变化。在确定适度规模时，应考虑以下三个主要因素。

第一，行业的技术特点。一般而言，投资量大、所用设备复杂先进的行业适度规模大，如机械、汽车制造、造船等；投资少、所用设备比较简单的行业适度规模小，如食品、五金制造、养殖、加工服务等。

第二，市场条件。一般来说，生产市场需求量大且标准化程度高的厂商适度规模大，如冶金、钢铁、石油化工等；生产市场需求量小且标准化程度低的厂商适度规模小，如服装、餐饮等。

第三，自然资源状况。自然资源丰裕的产品，所在厂商适度规模相对较大，反之则较小。如采矿企业的规模受制于矿产储藏量，水电企业的规模受制于水资源的丰富程度。

影响厂商适度规模的因素还有很多，如交通运输条件、能源供给、宏观政策、经济发展水平、市场差异等。同一行业内的厂商，各自的适度规模也存在差异。值得注意的是，许多行业厂商的适度规模随着技术进步有扩大的趋势。关于适度规模发展，请阅读案例5-5，体会企业规模发展战略。

案例5-5　　　　　　格兰仕的适度规模发展战略

在全球化的市场中，企业规模的确定并非单纯追求大或小，而是需要找到一个"适度规模"的平衡点。格兰仕，作为家电行业的佼佼者，正是通过不断探索和实践，找到了适合自身发展的适度规模。

格兰仕的成功并非偶然，在国内市场及全球市场具有稳健表现，每天有超过10万台微波炉、每年有超过5000万台全品类健康家电从格兰仕的生产线发出，这些惊人的数字不仅展示了格兰仕的生产能力，更证明了其适度规模发展战略的成效。此外，格兰仕还注重与全球主流零售渠道的合作，确保产品能够迅速、高效地进入市场。在全球150多个国家和地区成功注册了自主商标，这进一步增强了其在全球市场的影响力。

值得注意的是，2023年1月至11月，格兰仕微波炉、烤箱、冰箱等家电频频"爆单"，不仅在欧美发达国家市场和"一带一路"沿线地区都迎来了两位数以上的逆势高增长，通过自主品牌的强力拉动，格兰仕在北美TOP5零售渠道销售成绩喜人，自主品牌冰箱更是实现了100%以上的高增长。这些数据进一步证明了格兰仕适度规模发展战略的正确性。

适度规模是企业发展的关键因素之一。格兰仕通过不断探索和实践，找到了适合自身发展的适度规模，实现了企业的稳健发展和市场的领先地位。这种战略不仅为企业带来了丰厚的回报，更为整个行业树立了典范。

课堂练习——简答题

李某有一个农场，种植了水果和蔬菜，他通过出售这些产品获利。秋天，李某兴奋地说："今年春天，我雇用了一个工人帮我干活，使得农产品的产量翻了一番还多。明年春天，我想，我应该再雇两三个帮手，我的产量将增加三四倍还多。"

（1）如果所有生产过程最终都表现出可变投入的边际产量递减，李某通过雇用更多的工人来使得产量增加，这一推论有可能实现吗？

（2）李某雇用更多的工人以后，所得到的农产品产量会始终大于所投入劳动量增加的比例吗，为什么？

（3）在长期中，如果李某想继续雇用更多的工人，并使这些人引起的生产增加的比例增大，他该怎么做？

（4）在长期中，李某能无限制地扩大他的生产规模，并保持平均总成本最低吗？

三、长期生产函数在社会生活中的应用

长期生产函数是经济学领域中的核心概念之一，刻画了在长期内，生产要素与产出之间的动态关系。长期生产函数在现实生活中的应用广泛而深远。在生产决策层面，企业可以依据长期生产函数来优化生产要素的组合配置，以最大化产出或利润。通过深入分析长期生产函数，企业能够精准地确定最优生产规模及生产要素的使用量，进而显著提升生产效率。在技术改良方面，长期生产函数为研究者提供了分析技术进步对生产效率影响的工具。借由长期生产函数，可以深入理解技术进步如何改变生产要素的组合和产出水平，进而推动经济持续增长。在投资决策领域，长期生产函数可辅助投资者评估不同投资项目的潜在收益与风险。通过分析长期生产函数，投资者能够预测未来的产出趋势，从而做出更为明智的投资决策。此外，在政策制定层面，政府可以借助长期生产函数来制定经济政策，旨在促进经济增长和社会发展。

在长期生产过程中，生产经营者通常致力于追求规模经济，以规避规模不经济的负面效应。深入探索规模经济的本质，研究实现最佳经济效益的合理规模及其制约因素，并理解不同经济规模间的相互关系与配比，对于揭示经济规模结构的发展趋势、确立构建最佳规模结构的主要原则和对策，具有举足轻重的意义。请阅读案例5-6，对规模经济进行深入的理解与分析。

案例5-6　　　　　　　　　　规模经济

电厂是规模经济的经典案例，其通过增加实物资本投资来扩大产能，以满足更广泛的消费者需求。随着产能的提升，电厂的单位成本相应下降，这是规模经济的直接体现。此外，大型商超通过利用其强大的批量采购能力从供应商处获取显著折扣，进而降低成本和产品售价，也充分展示了规模经济的优势；同时，大型商超运用最新技术监控销售点终端交易，实时收集市场信息，并基于消费者购买习惯进行快速响应，有效降低分销和存储成本，进一步实现规模经济。

然而，正如《红楼梦》中王熙凤所言："大有大的难处。"随着企业规模的扩大，管理效率可能下降，管理成本可能增加。大型企业亦可能滋生官僚主义，出现灵活性降低，难以迅速适应市场多变需求的现象。因此，并非所有企业都适合盲目追求大规模。当企业规模过度扩张导致成本增加、效益递减时，即出现了内在不经济，规模收益随之递减。对于这类企业而言，在扩大企业规模和产量的同时，注重降低建厂成本、生产成本和营销成本，精简人员，提高管理效率，显得尤为重要。

对于轻工、服务等行业的企业而言，规模并非决定性的因素。在这些行业，设备和技术的重要性相对较低，而适应市场变化的能力则更为关键。因此，这些企业不应盲目追求规模，而应注重灵活性和市场适应性。例如，香港某家皮鞋作坊，规模不大，由父子俩共同经营，厂店合一，其手工定做的皮鞋因其精致和舒适而深受消费者喜爱，知名度和价格远超世界知名品牌。类似这样的鞋厂在全球范围内还有很多，凭借小而美的经营策略，在市场中占据了一席之地。

在当前全球市场中，中小企业占据了主导地位，数量超过现有企业的三分之二，提供了90%以上的就业机会，并创造了世界60%以上的产值。中小企业还是企业技术创新的重要发力点。这些中小企业主要集中在零售服务、批发业等领域，为世界经济的发展做出了巨大贡献。

扩展阅读

山东青岛：2023年前十月市属企业规模效益稳步增长

模块六 成本理论和收益理论及其应用

学习目标

【知识目标】

了解成本与收益理论的基本概念和核心原理。

掌握成本与收益的不同类型及其计量方法。

理解成本与收益之间的相互作用,包括边际成本、固定成本、变动成本等概念。

【能力目标】

能够依据成本与收益理论分析企业的成本结构和盈利模式。

通过成本与收益理论评估企业投资项目的可行性和效益。

解读企业资源配置问题,利用成本与收益理论进行决策分析。

【素质目标】

培养学生的逻辑思维和问题解决能力,准确理解成本与收益的关系。

提高数据分析能力,有效运用成本与收益理论进行经营管理决策。

激发创新意识,结合成本与收益理论提出创新的经营策略,并具备将其付诸实践的能力。

单元一 成本理论及其应用

案例引入

餐馆开业成本

假设某餐馆决定开设一家新分店。以下是该餐馆主要成本的项目。

固定成本:包括租金、装修费用、设备购置费用等。这些成本在短期内不会因产量的变化而发生变化,无论餐馆每天接待多少客人,这些成本都需要支付。

变动成本:包括食材采购成本、员工工资、水电费等。这些成本与餐馆的销量相关,随着销量的增加或减少而相应增加或减少。

机会成本:是指由于选择某项经济活动而放弃其他可行的选择所造成的成本。例如,餐馆选择在某个地点开设分店,就意味着放弃了在其他地点开设分店的机会成本。

隐性成本：指不以货币形式出现的成本，例如经营者自身投入的劳动和时间。餐馆经营者可能需要花费大量的时间来管理餐馆，并放弃其他活动，这是一种隐性成本。

通过计算以上成本项目，餐馆可以确定每份菜品的成本，并根据市场需求和竞争情况制定售价。同时，餐馆还需要考虑经济规模和效益，以确保收入能够覆盖所有成本并获得利润。经济学中的成本理论可以帮助餐馆管理者做出明智的决策，优化资源配置，提高经营效益。

知识学习

一、成本概述

成本（Cost）是商品经济的价值范畴，是商品价值的组成部分。人们要进行生产经营活动或达到一定的目的，就必须耗费一定的资源。在这一过程中，所费资源的货币表现及对象化称之为成本。根据不同的划分方式，主要可以分为以下几种常见的类型。

（一）显性成本

显性成本（Explicit Cost）是指厂商在生产要素市场上购买或租用所需要的生产要素的实际支出，即企业支付其他经济资源所有者的货币额。例如，支付的生产费用、工资费用、市场营销费用等，因此是有形的成本。显性成本的特征是，生产要素来自外部，涉及直接的货币支付。

（二）隐性成本

隐性成本（Implicit Cost）是厂商本身所拥有的且被用于企业生产过程的那些生产要素的总价格，是一种隐藏于企业总成本之中，但在财务审计明细之外的成本。例如，为了进行生产，一个厂商除雇用一定数量的工人、从银行取得一定数量的贷款和租用一定数量的土地外（这些均属于显性本支出），还动用了自己的资金和土地，并亲自管理企业，这些即为隐性成本。隐性成本的特征是，厂商自有生产要素，不涉及直接的货币支付。

请阅读案例6-1，体会显性成本和隐性成本的区别。

案例6-1　　　　　　　　　一间门面房的成本核算

张某有一间门面房，开了一家小饭店。一年下来，算账的结果是挣了18万元人民币，张某很高兴。但是用经济学成本理论分析后，恐怕就没那么高兴了。因为，张某并没有考虑到隐性成本。假定门面房出租，按市场价一年的租金是12万元。假定张某原来有工作，年收入是4万元。那么，这16万元就是张某自己经营的隐性成本。从经济学的角度来看，这都属于成本的部分，是张某提供自有生产要素房子和劳动后应得到的正常报酬，而这在会计账目上没有作为成本项目计入。这样算的结果是张某一年没有挣18万元，而是只挣了2万元。如果再加上自己经营需要2万元的流动资金，那么这2万元流动资金的银行存款利息也是隐性成本。

这样一算，张某还会很开心吗？因此，假如有一间门面房，是自己经营还是出租，是一个值得思考的经济学问题。

（三）机会成本

机会成本（Opportunity Cost）是指当把一定的经济资源用于生产某种产品时放弃的生产另一种产品的最大收益。对厂商来说，利用一定的时间或资源生产一种商品时，失去利用这些资源生产其他最佳替代品的机会就是机会成本。

课堂练习——单选题

假定某机器原来生产 A 产品，利润收入为 200 元，现在改为生产 B 产品，所花的人工材料费为 1000 元，则生产 B 产品的机会成本是（　　）。

A. 1000 元　　　　B. 200 元　　　　C. 1200 元　　　　D. 1500 元

在实际生活中，有些机会成本有如下特点。

第一，机会是可选择的项目。机会成本所指的机会必须是决策者可选择的项目，若不是决策者可选择的项目便不属于决策者的机会。例如，某农民只会养猪和养鸡，那么养牛就不是该农民的机会。

第二，机会成本是有收益的。放弃的机会中收益最高的项目才是机会成本，机会成本不是放弃项目的收益总和。例如，某农民只能在养猪、养鸡和养牛中择一从事，若三者的收益关系为：养牛>养猪>养鸡，则养猪和养鸡的机会成本皆为养牛，而养牛的机会成本仅为养猪。

第三，机会成本与资源稀缺有关。在稀缺的资源中选择一个项目意味着放弃其他项目。一项选择的机会成本，也就是所放弃的物品或劳务的价值。机会成本是指在资源有限条件下，当把一定资源用于某种产品生产时所放弃的用于其他可能得到的最大收益。

关于机会成本的实际应用，请阅读案例 6-2。

案例 6-2　　　　　　　　两个工作机会

假设李红毕业后收到了两个工作机会：一个是在一家大公司工作，年薪为 10 万元；另一个是在一家初创公司工作，年薪为 8 万元，但提供了更多的职业发展机会。

如果李红选择在大公司工作，她将失去在初创公司发展的机会。这意味着她的机会成本是 8 万元，因为她放弃了在初创公司的职业发展机会。

相反，如果李红选择在初创公司工作，她将失去在大公司工作的机会。这意味着她的机会成本是 10 万元，因为她放弃了在大公司的高薪机会。

通过比较机会成本，李红可以决定选择哪个工作。如果她更看重职业发展，那么她应该选择在初创公司工作，因为机会成本更低，反之亦然。

（四）沉没成本

沉没成本（Sunk Cost）是一种过去支付的成本，无论目前的决策是什么，该成本都不会变化。在制定当下决策时必须忽略沉没成本，因为其属于已经放弃的事项。例如，某人花了 70 元买了一张电影票，但他怀疑这部电影是否值 70 元，他看了一会儿，发现他的担心果然应验了，这部电影简直是场灾难，非常无聊！那么，此时他是否应该离开电影院呢？

有的人会说，这么贵的电影票，一定要看完，否则太浪费钱了。事实上，在做决定的时候应该忽略买电影票所花的70元，因为这70元是沉没成本，无论去留，这钱已经花出去了，无法再收回。

课堂练习——简答题

请举出一个有关沉没成本的例子。

二、成本函数

（一）成本函数的形式

成本函数（Cost Function）表示在一定的时间内，在技术水平和要素价格不变的条件下，某种产品的成本与其产量之间的依存关系。C 表示成本，Q 为产量，成本函数的表达式为：

$$C = f(Q) \tag{6-1}$$

（二）短期成本函数和长期成本函数

短期成本函数，是指在企业运营过程中，当至少有一种投入要素的数量固定不变时，产量与成本间关联性的数学表达。长期成本函数，则描述了在企业所有投入要素均可自由调整变动的情况下，产量与成本之间关系的数学表达。

需要注意的是，长期与短期的界定并非基于时间的长短，而是依据生产要素是否具备调整的可能性来进行划分的。

在短期经营框架内，成本通常区分为可变成本（VC）和固定成本（FC）。然而，在长期视角中，由于所有投入要素均可变动，两者不再严格区分，所有成本均被视为可变成本。

三、短期成本分析

短期成本是厂商在短期内不改变其生产规模，即设备、厂房等固定资产投入量，只改变原材料、燃料、劳动等投入量来调整生产时发生的费用。短期成本可分为短期固定成本和短期可变成本。

（一）短期固定成本

短期固定成本（Short-run Total Fixed Cost，STFC）是指短期内与产量无关的成本。固定成本是指厂商在短期内必须支付的不能调整的生产要素的费用。这种成本不随产量的变动而变动，在短期内是固定不变的，主要包括厂房费用、设备的折旧费用及管理人员的工资。

（二）短期可变成本

短期可变成本（Short-run Total of Variable Cost，STVC）是指短期内随产量变化而变化的成本。可变成本是指厂商在短期内必须支付的可以调整的生产要素的费用。这种成本随产量的变动而变动，主要包括原材料费用、燃料的支出及生产工人的工资。

（三）短期总成本

短期总成本（Short-run Total Cost，STC）是指在短期内投入的所有生产要素的成本。短期总成本是短期固定成本与短期可变成本之和。

（四）短期固定成本、短期可变成本之间和短期总成本的关系

短期固定成本、短期可变成本和短期总成本三者之间的关系，如图 6-1 所示。

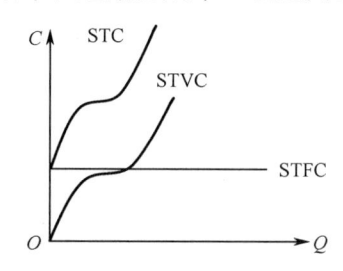

图 6-1　短期固定成本、短期可变成本和短期总成本之间的关系

在图 6-1 中，横坐标轴代表产量，纵坐标轴代表成本，STFC 为短期固定成本曲线，与横轴平行，不随产量的变动而变动，是固定数值。STVC 为短期可变成本曲线，从原点出发，没有产量时就没有短期可变成本，产量增加短期可变成本也随之增加，曲线向右上方倾斜。特别注意的是，该曲线最初比较陡峭，这时短期可变成本的增加率大于产量的增加率；然后较为平坦，这时短期可变成本的增加率小于产量的增加率；最后又比较陡峭，这时短期可变成本的增加率又大于产量的增加率。STC 为短期总成本曲线，不从原点出发，而从短期固定成本出发，表示没有产量时也不为零，短期总成本最小也等于短期固定成本，该曲线向右上方倾斜，表示短期总成本随产量的增加而增加，形状与 STVC 曲线相似，说明短期总成本与短期可变成本变动规律相同。STC 曲线与 STVC 曲线之间的距离也可以表示短期固定成本。

可以看出，在产量开始增加时，由于固定生产要素与可变生产要素的效率未得到充分发挥，可变成本的增长率要大于产量的增长率。随着产量的增加，固定生产要素与可变生产要素的效率得到充分发挥，可变成本的增长率小于产量的增长率。最后，由于边际收益递减规律，可变成本的增长率又大于产量的增长率。

（五）短期边际成本

短期边际成本（Short-run Marginal Cost，SMC）是指在短期内，厂商每增加一单位产量所引起的短期总成本的增加量。以 ΔQ 表示增加的产量；以 ΔSTC 表示短期总成本的增加量，则短期边际成本的计算公式如下：

$$\text{SMC} = \frac{\Delta \text{STC}}{\Delta Q} \qquad (6\text{-}2)$$

短期边际成本的变动规律是：开始时，边际成本随产量的增加而减少，当产量增加到一定程度时，就随产量的增加而增加。可见，短期边际成本曲线是一条先下降而后上升的"U"形曲线。

四、长期成本分析

长期成本是厂商在长期内根据所要达到的产量,调整全部生产要素的投入量所发生的费用。长期成本没有可变成本与固定成本之分,但可分为长期总成本、长期平均成本和长期边际成本。

(一)长期总成本

长期总成本(Long-run Total Cost,LTC)是指在长期内,在各种要素数量和生产规模都能变动的情况下,如果每一产出水平都是在最优生产规模并以最低成本来生产,那么,由此而支付的总成本便是长期总成本。

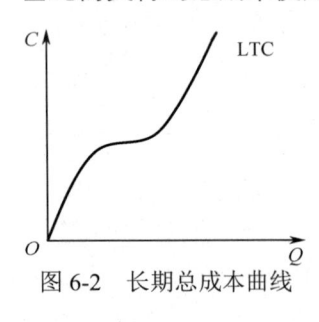

图 6-2 长期总成本曲线

LTC 曲线自原点出发,呈向右上方倾斜的趋势,如图 6-2 所示。横坐标轴 Q 代表产量,纵坐标轴 C 代表成本。当产量为零时,长期总成本相应地也为零。随着产量的逐步增加,长期总成本亦随之递增。

LTC 曲线的斜率变化呈现出特定的模式,起初以递增速度上升,随后斜率增速逐渐减缓,并在经过某一拐点后,再次以递增的速度增加。LTC 曲线的这种形状主要由规模经济因素所决定。在生产初期,企业需要投入大量生产要素,但由于产量较少,这些生产要素的利用率相对较低,导致 LTC 曲线在初期较为陡峭。随着产量的增加,生产要素的利用率逐渐提高,此时成本增加的速度逐渐低于产量增加的速度,表现出规模报酬递增的特点。然而,当产量达到一定程度后,由于规模报酬递减,成本增加的速度再次超过产量增加的速度。

综上所述,LTC 曲线的特征是由规模报酬的变化所决定的,反映了企业在长期内根据生产规模调整生产要素投入以实现最低成本的过程。

(二)长期平均成本

长期平均成本(Long-run Average Cost,LAC)是指在长期内生产每一单位产品所需的平均成本,其数值等于长期总成本除以产量,计算公式如下:

$$LAC = \frac{LTC}{Q} \tag{6-3}$$

在长期内,厂商会根据预期的产量目标调整其生产规模,以实现平均成本的最低化。如果在每个短期生产过程中,厂商都能实现平均成本的最低化,那么长期平均成本也将达到最低水平。如图 6-3 所示,将短期平均成本曲线 SAC_1、SAC_2、SAC_3 的最低点连接起来,即可得到长期平均成本曲线 LAC。

(三)长期边际成本

长期边际成本(Long-run Marginal Cost,LMC)曲线是描述长期边际成本与产量之间关系的曲线。如图 6-4 所示,LMC 曲线通常呈现先下降后上升的"U"形形态。相较 SMC 曲线,LMC 曲线更为平缓,并会穿过 LAC 曲线的最低点 E。

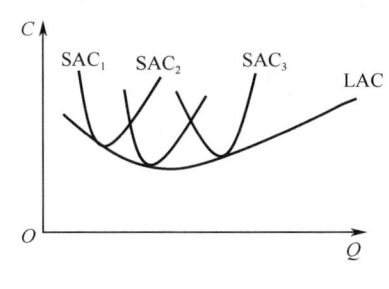

图 6-3　长期平均成本曲线

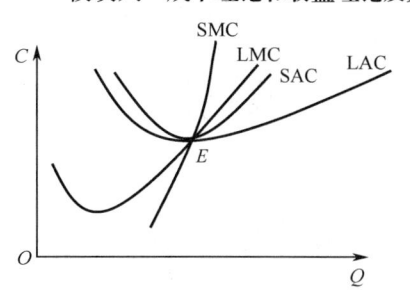

图 6-4　长期边际成本曲线

五、成本理论在社会生活中的应用

成本是劳动消耗和物质消耗的货币反映，只有生产符合社会需要的商品并实现销售，才能使这一劳动消耗得到社会的承认，使商品的价值和使用价值得以实现。因此，成本理论被应用于个人、企业乃至社会生活的各个领域，和我们的工作、生活密不可分。

请阅读案例 6-3，分析成本理论在实际生活中的应用。

案例 6-3　　　　亏本买卖也得做——固定成本和可变成本

有一家新开业不久的超市，店址不在繁华商业区，附近也无大的居民区，由于刚开业更是没有固定的客户群。然而就是这样一家超市，却以"亏本生意"打开了经营局面。

该超市开业后的第一招就是广发传单，宣称优惠大酬宾，烤鸡翅一元一个。这样的价格远远低于烤鸡翅的市场价格，对于消费者来说具有很大的吸引力，前来购买的消费者还主动为该超市当起了义务宣传员，一传十，十传百，超市便在市民中树立了物美价廉的口碑。

也许有人担心，这样下去真的亏本了怎么办？其实，烤鸡翅是限量销售，每人只能买两个，即使每个鸡翅亏几元钱，但是和每天络绎不绝的顾客相比，这样"廉价广告"是不是很划算呢？

此外，大部分顾客的想法是，这里的鸡翅便宜，其他东西也可能比别处便宜，带动了其他商品的销售。因此，这家超市虽然在烤鸡翅上做了"亏本生意"，但从整体上看，却获得了较大利润，超市的生意日渐红火也就不足为奇了。

该超市由做"亏本生意"入手，进而赢得顾客、赢得市场的经验告诉我们：做生意，一要掌握顾客心理，善于"投其所好"；二要根据市场行情，适时调整货源；三要坚持诚信原则，切忌自欺欺人。虽然人们常说亏本的买卖没人做，但撞上亏本的生意时不得不从亏本中寻求突破，虽然这家超市处于偏僻地段，但不能坐以待毙，必须寻求一个切实可行的方法转变局面。

弄清了固定成本与可变成本，我们就不难理解为什么亏本的生意也有人做。如果选择关门歇业，就意味着每月要损失房租。如果继续营业，在收回可变成本之后，还有部分盈利，可以抵消部分的固定成本损失。而且若慢慢积累了老客户，生意还会扭亏为盈。因此，在做与不做之间，继续做是更明智的选择。

单元二　收益理论及其应用

案例引入

鸡鸣狗盗

——成本与收益分析

孟尝君是著名的战国四公子之一。他招纳各类人做门客，并且一视同仁，于是各国的人才都慕名前来归附于他，号称门客三千。后来，他到秦国时被秦昭王软禁，靠着一位善于钻狗洞偷盗和一位擅长模仿鸡叫的门客，才得以成功逃出秦国。

后世批评孟尝君招纳的门客有些是鸡鸣狗盗之徒，这种批评可能有些道理。但不可否认的是，孟尝君在生命受到威胁的紧急情况下，正是这些鸡鸣狗盗之人帮助他战胜困难，挽救了他的性命。他只付出了供养那两个门客所需要的衣食和金钱，就成功地从秦国逃出，并保住了性命。

从成本收益分析的角度来看，孟尝君只付出了一点成本，就获得了对他来说最重要的收益，实在是大赚了一笔。在现代社会中，企业的经营者一定要重视成本收益分析。

知识学习

一、收益概述

（一）收益的概念

在当代经济学中，收益是一个核心概念，代表了一个企业或个体通过经济活动所获得的报酬。从历史角度来看，收益的概念起源于经济学早期，并随着经济学理论的发展而逐渐丰富和完善。

最早的收益概念可以追溯到古典经济学家亚当·斯密的著作《国富论》。他将收益定义为"那部分不侵蚀资本的可予消费的数额"，即财富的增加部分。这个定义强调了收益是资本投入后所得到的额外回报，而不仅仅是资本的维持或恢复。

随后，经济学家们对收益概念进行了进一步的探讨和发展。艾尔弗雷德·马歇尔等古典经济学家将收益的概念引入企业层面，并提出了区分实体资本和增值收益的思想。他认为收益是实体资本所形成的增值额，即企业在运营过程中通过有效运用资本和资源所获得的额外价值。

20世纪初，美国著名经济学家欧文·费雪对收益的概念进行了更为深入的分析。他提出了三种不同形态的收益：精神收益、实际收益和货币收益。精神收益指的是个体或企业从经济活动中获得的精神上的满足和享受；实际收益是指物质财富的增加，即企业或个体通过经济活动所获得的实物或服务的增加；货币收益则是指经济资源货币价值的增加，即企业通过销售产品或服务所获得的货币收入。

然而，这些收益概念主要侧重于理论层面的探讨，在实际应用中，收益通常被理解为企业在一定时期内通过销售产品或提供服务所获得的总收入。这一定义强调了收益与销售量、价格等因素的关联，并体现了企业在市场上的竞争力和盈利能力。

在现代经济学中，收益概念得到了进一步的细化和发展。经济学家们提出了多种计算收益的方法和指标，如会计收益、经济收益等。会计收益是指企业在一定会计期间内通过销售产品或服务所获得的收入减去相关成本费用后的净额，反映了企业在经营活动中所获得的净回报。经济收益则是指企业在一定时期内通过有效运用资本和资源所获得的全部收益，包括已实现的和潜在的收益。

总之，收益是经济学中的一个核心概念，代表了一个企业或个体通过经济活动所获得的报酬。从历史角度看，收益的概念经历了从古典经济学到现代经济学的演变和发展，并在实际应用中得到了不断的完善和应用。

（二）收益的种类

一般情况下，收益可以分为总收益、平均收益和边际收益。

总收益（Total Revenue，TR）是指某企业销售一定数量的产品或劳务所得到的全部收入。P 代表产品或劳动的单位价格，Q 代表销售的数量，总收益的计算公式如下：

$$\text{TR} = P \times Q \tag{6-4}$$

平均收益（Average Revenue，AR）是指某企业平均销售每一单位产品或劳务所得到的收入。平均收益的计算公式如下：

$$\text{AR} = \frac{\text{TR}}{Q} \tag{6-5}$$

边际收益（Marginal Revenue，MR）是指某企业每增加销售一单位的产品或劳务所带来的收入。以 ΔTR 代表总收益的变化量，ΔQ 代表销售数量的变化量，边际收益的计算公式如下：

$$\text{MR} = \frac{\Delta \text{TR}}{\Delta Q} \tag{6-6}$$

二、利润概述

（一）利润的定义

利润是企业经营活动的核心动力，反映了企业在一定时期内通过生产经营活动所获得的净收益。利润是指企业在生产或销售过程中，所获得的总收入（总收益）与为获取这些收入而发生的总成本之间的差额。以 π 代表利润，TC 代表总成本，利润的计算公式如下：

$$\pi = \text{TR} - \text{TC} \tag{6-7}$$

当 TR 大于 TC 时，π 大于 0，企业处于盈利状态；当 TR 等于 TC 时，π 等于 0，企业达到盈亏平衡点；当 TR 小于 TC 时，π 小于 0，企业面临亏损局面。

（二）利润的种类

1. 经济利润

经济利润是指企业在一定经营期间内，总收益与总成本之间的差额。这一利润形式反映了企业实际的经济表现,是厂商追求的目标。当经济利润达到最大时,即实现了最大的经济效益。经济利润也被称为超额利润,体现了超出正常经营成本所获得的额外收益。

2. 正常利润

正常利润是指厂商作为企业家,对其所提供的企业家才能和管理技能所应获得的报酬。这种利润实际上是一种隐性成本,并非通过市场交易直接产生,而是作为生产要素(企业家才能)的报酬计入成本之中。

3. 会计利润

会计利润是依据会计准则和财务报表所计算的,是指企业在一定会计期间内,通过总收益减去显性成本(会计成本)后得到的利润。会计利润主要基于企业的财务记录和会计处理方法,反映了企业在财务报表层面上的经营成果。

经济利润、正常利润、会计利润三者之间的关系可以用以下公式表示:

$$\begin{aligned}经济利润 &= 总收益 - 总成本 \\ &= 总收益 - (显性成本 + 隐性成本) \\ &= 总收益 - 显性成本 - 隐性成本 \\ &= 会计利润 - 隐性成本 \\ &= 会计利润 - 正常利润 \\ &= 超额利润\end{aligned}$$

以上公式清晰地展示了三者之间的关系,以及其如何共同构成企业的整体利润结构。

三、利润最大化原则

追求利润最大化是企业从事经济活动的核心驱动力。在经济学中,利润最大化的原则是企业决策的基石,其核心在于边际收益与边际成本相等。即:

$$MR = MC \qquad (6-8)$$

那么,为何当边际收益等于边际成本时,企业能够实现利润最大化呢?

当 MR > MC 时,表明企业每增加一单位产量所带来的收益增量超过了相应的成本增量。在此情境下,企业仍有机会通过增加产量来进一步提高利润,因此企业会倾向增加产量以实现利润最大化目标。

当 MR < MC 时,意味着企业每增加一单位产量所带来的收益增量不足以覆盖成本增量。此时,增加产量不仅无法提升利润,反而可能导致利润下降。因此,企业会倾向减少产量以避免进一步亏损。

由此可见,当边际收益大于或小于边际成本时,企业均面临产量调整的需求,这显示出企业尚未实现利润最大化。只有当边际收益等于边际成本时,企业才无须调整产量,表明企业已经充分利用了所有可能获取利润的机会,即实现了利润最大化。

课堂练习——单选题

厂商利润最大化原则是(　　　)
A. 边际收益等于边际成本　　　B. 平均成本等于平均收益　　　C. 收益等于价格

请阅读案例 6-4，理解商场实现利润最大化的策略与方法。

案例 6-4　　　　　　　　商场营业时段的利润策略

众多大型商场在节假日会选择延长营业时间，然而，在非节假日期间却并未采取此举，这是为何？

在常规营业时间内，大型商场若选择延长营业时间，其产生的额外收益往往显著低于所增加的成本。从理论角度来看，每延长一小时的营业时间，商场就需承担这一小时内的所有运营成本，不仅包括水、电等直接的物资消耗，还涵盖因延时工作而需支付给售货员的加班费。这些因营业时间延长而增加的成本被称作边际成本。

不论边际收益是超出还是低于边际成本，商场都需要对营业时间进行相应的调整，这表明在这两种情况下，商场都未能达到利润最大化。唯有当边际收益与边际成本持平时（即 MR＝MC），商场才无须调整其营业时间，因为这意味着商场已经实现了可能的最大利润。

在节假日期间，由于人们拥有更多的休闲时间进行购物和旅游，因此商场的收益会有所提升。相反，在日常工作日期间，由于人们忙于工作，往往没有足够的时间和精力进行购物，即便商场延长营业时间，也不太可能吸引大量新增顾客。在此情况下，增加的销售额往往难以抵消因延长营业时间而产生的额外成本。这正是节假日延长营业时间，而工作日不延长的经济学原理。

课堂练习——简答题

在当今网络经济高度发达的背景下，线上营销是否有必要延长营业时间？例如，直播间是否需要增加直播时长？请阐述你的理由。

四、社会生活中的收益理论

收益理论深入探究了人们在作出决策时成本与利益的权衡机制。在社会生活的广阔领域中，收益理论得到了广泛的应用，特别是在市场营销、公共政策和人力资源管理等领域。以下案例将展示收益理论在这些领域中的实际应用。

首先，市场营销是收益理论应用的重要阵地。在制定营销策略时，公司需精准计算投入与产出的关系。例如，当零售商面临是否举办促销活动的抉择时，必须估算活动的成本及预期的销售增长。若预期销售增长带来的收益超过活动成本，则该活动值得实施。收益理论的应用，使得企业在市场营销活动中的决策更为科学与高效。

其次，收益理论在公共政策领域同样发挥着关键作用。政府在制定政策时，需全面考虑政策的成本及其预期的社会效益。以城市公园建设为例，政府在决策前需衡量建设成本与预期的社会效益，如休闲场所的提供、环境质量的改善等。若预期的社会效益超出建设成本，则公园建设值得推进。通过运用收益理论，政府能更为科学地制定公共政策，优化资源配置。

最后，人力资源管理领域也不乏收益理论的身影。企业在招聘和培训员工时，需评估聘用员工的成本及预期的工作绩效。例如，企业在招聘经理岗位时，需综合权衡招聘成本与该职位所带来的预期效益，如团队效率的提升、业绩的增长等。若预期效益大于招聘成本，则该职位的招聘值得进行。收益理论的应用，有助于企业实现人力资源的科学管理，进而提升组织绩效。

请阅读案例6-5，体会边际收益在社会生活中的应用。

案例6-5　　　　　　　　　载客决策中的边际分析

王勇是北京开往天津的长途汽车的车主兼司机。汽车出站后，还有2个空位，当车开到京津高速公路的收费站时，有一人出40元要求上车前往天津（假设北京到天津的汽车票价为60元），如果允许中途载客，王勇是否应该允许该客人上车呢？

这里的决策就可以应用边际分析方法：王勇如果允许该客人上车，其边际成本（增加一位乘客所增加的成本）几乎为0，而边际收益（增加一位乘客所增加的收益）则为40元，此时，边际收益大于边际成本，所以，王勇可以允许该客人上车，虽然他愿意出的票价比正常票价要低。

但如果出现了另一种情况，车开到京津高速公路的收费站时，有一家三口出180元要求搭车前往天津，按照规定，车不得超员，如超员一人，罚款200元。在这种情况下，王勇则不应该让这一家人上车。因为，虽然这3人出的票价与正常票价相等，但此时边际成本已经上升为200元，林涛可以得到边际收益180元，但边际成本大于边际收益。

应用边际分析方法可以解释社会生活中的大部分厂商行为。不管是延长商店营业时间，收回有缺陷的产品，还是免费提供样品等，只要该行为增加的收入大于增加的成本，厂商就会采取该行动。

扩展阅读

从成本收益视角看生育支持

模块七 市场理论及其应用

学习目标

【知识目标】

了解四种典型市场结构类型的定义及其特征。
掌握完全竞争市场中厂商的需求曲线。
掌握完全竞争厂商的收益曲线及其经济含义。
掌握完全垄断市场中厂商的需求和收益曲线。
掌握完全垄断市场的价格歧视类型。
了解垄断竞争市场中厂商的需求曲线。
了解垄断的经济后果及其对市场的影响。
了解反垄断政策的目的和实施。
了解寡头垄断市场的几种模型及其特点。

【能力目标】

能够分析特定企业所面临的市场结构类型。
能够探讨竞争与垄断之间的联系和区别。
能够阐述不同市场结构的形成条件。
能够通过实例说明价格歧视在现实生活中的应用。
能够举例说明产品差别化在市场中的体现。
能够分析寡头垄断市场结构对市场的具体影响。

【素质目标】

能够合理运用博弈论分析和解决现实经济问题，特别是价格歧视问题。
增强道德素质，深化法治观念和规则意识。
通过学习市场理论，提升专业能力和工作技巧。

单元一 市场结构类型及其特点

案例引入

牛XX集市的大葱

牛××集市是某市一个远近闻名的以农贸批发为主的市场，因为价格便宜，方圆百里的菜贩子、居民都愿意来这批发或购买。张小姐在集市附近上班，听同事聊天知道这里的蔬菜、水果价格低廉，但是张小姐认为比超市省不了几个钱，所以从来没有去买过东西。

有一次张小姐和同事在集市附近办完事后陪同事去买菜，也跟着逛市场。张小姐没想到这里的蔬菜和水果及其他商品不但品种齐全，价格也比外面的超市和菜市场便宜很多。比如今年市场价格比较贵的大葱平均售价 2.5 元/斤，在这里只要 1.5 元/斤。张小姐心里感叹怎么早没来逛逛，可以节省一笔钱，想起一周前在超市买的 10 元的大葱就那么一小捆，赶快又花 10 元买了一大捆，又买了很多其他蔬菜和水果满载而归。回去的路上张小姐不禁和同事感叹，这里的商品真是太便宜了，怪不得吸引这么多人前来购买，同事告诉她牛××集市从早上 5 点开门，一直到下午 5 点人络绎不绝，张小姐暗自决定以后就在这里买菜了。

知识学习

企业的生存与发展深受其所处市场的影响。在市场中，企业通过提供产品或服务来获取资金或其他资源。市场因提供的产品类型、市场主体的性质、消费者的特性及地理因素等标准而有所区分。然而，不论处于何种市场，企业均需根据市场需求来确定产品的数量与价格，以实现利润最大化，这是企业制定竞争策略的核心。

狭义上，市场指的是商品交易的场所或平台。而广义的市场则涵盖了为商品交易而相互关联的厂商和个人群体。市场规模，即市场的大小，主要由购买者的人数决定。市场既可以是物理存在的，如有形的服装市场、粮油市场等；也可以是虚拟的，如电子网络交易市场、电讯融资交易市场等。本模块主要依据市场的竞争状况对市场进行分类。

市场中的行业则是指一群制造或提供同类型产品或服务的厂商的集合，这些厂商共同构成了国民经济中某一特定领域的生产、服务或其他经济活动的组织结构体系。

一、市场结构及其种类

（一）市场结构的定义

市场结构（Market Structure）是指市场在组织和构成上的基本特征，这些特征直接影响企业的行为、活动及市场竞争的激烈程度。市场结构有狭义和广义之分。狭义的市场结构主要关注买方与卖方之间的构成关系。广义的市场结构则涵盖了行业内买方和卖方的数量及其规模分布、产品差异程度及新企业进入行业的难易程度等多方面因素。

（二）市场结构的种类

一般而言，不同行业面临的市场结构和竞争状态各异。在竞争性较强的市场中，价格更为公平；而在垄断性较强的市场中，价格则往往偏高。企业处于不同的市场结构类型，其在市场上的定价权力和策略也截然不同。因此，对于企业决策者而言，准确判断自身所处的市场结构类型，并据此制定合适的定价策略，是至关重要的。在经济学上，区分不同市场结构类型的主要标准包括以下内容。

1. 市场集中度

市场集中度是衡量大型企业对整个市场控制程度的重要指标。随着社会分工和专业化生产的深入，规模经济效应日益显著，大型企业逐渐获得垄断地位，形成对其他企业进入市场的障碍。企业规模越大，数量越少，市场集中度越高，大企业的垄断势力也越强。反之，若企业规模较小且数量众多，市场集中度则较低，市场竞争性增强。因此，市场集中度是判断市场结构类型的重要依据。

例如，中式快餐店数量众多，竞争激烈，市场集中度较低；全国生产计算机的企业数量有限，少数大型企业占据较大市场份额，市场集中度较高，形成一定的垄断格局。

2. 产品差别程度

产品差别主要指的是同种产品在质量、型号、规格、牌号、外观色彩、包装等方面的差异。这些差异使得不同产品能够满足消费者多样化的需求。产品差别不是指不同类别产品之间的差异（如服装和汽车），而是指同类产品中不同型号、规格或特色之间的差异（如高级自行车和普通自行车）。

企业通过研发新产品、提供多样化选择及突出产品特色等方式，吸引不同偏好和需求的消费者。例如，如中国商飞、中航工业等已经成功研制出多款具有自主知识产权的飞机，包括 C919 大型客机、AG600 大型水陆两栖飞机等。这些产品的成功研制和商业化运营，不仅提升了中国航空工业的国际地位，也为国家经济发展做出了重要贡献。

产品差别程度与市场结构密切相关。产品差别越大，企业在市场上的垄断势力越强；反之，产品差别越小，市场竞争性则越强。因此，产品差别程度也是判断市场结构类型的重要标准之一。请阅读案例 7-1，体会产品差异化带来的成功。

案例 7-1　　冰淇淋市场的差异化策略与市场逆袭

在繁华都市的一隅，两家冰淇淋店如同两位商业舞者，在市场的舞台上各自展现其独特的经营艺术。一家是传统冰淇淋店，以其经典的口味和稳健的经营策略，成为市场的资深参与者；另一家则是新兴的创新冰淇淋店，凭借其独特的口味组合和创新的经营理念，迅速崭露头角。

创新冰淇淋店凭借其新颖独特的口味和创意组合，迅速吸引了大量寻求新鲜体验的消费者。他们仿佛被一场味蕾的冒险所吸引，纷纷涌入这家店，享受前所未有的冰淇淋盛宴。而传统冰淇淋店则面临着生意下滑的困境，其经营者开始感受到前所未有的压力和挑战。

面对市场的严峻形势，传统冰淇淋店的经营者并未选择坐以待毙。他深刻认识到，要想在竞争激烈的市场中立足，必须做出改变。于是，他开始对市场进行深入调研，了解消费者的需求和偏好，并精心研发出一系列创新口味和独特组合。同时，他还在店内增设了娱乐设施和活动，以提升消费者的购物体验。

随着时间的推移，传统冰淇淋店逐渐焕发出新的生机与活力。凭借其差异化策略，成功吸引了大量消费者，不仅挽回了流失的顾客，还实现了业务的快速增长。最终成功逆袭，超越了新兴的创新冰淇淋店，成为市场上的领军者。

而新兴的创新冰淇淋店则在激烈的市场竞争中逐渐败下阵来。尽管曾凭借其独特的创意和新颖的口味吸引了大量消费者，但由于缺乏持续的创新和深度，在面对传统冰淇淋店的强劲挑战时显得力不从心。最终无法抵挡市场的冲击，黯然退出了市场。

3. 企业进出行业的难易程度

在特定行业中，企业的进出壁垒是影响市场竞争与垄断程度的关键因素。若行业对企业进入的门槛较低，即进入较为容易，通常表明行业竞争程度较高；反之，若行业进入门槛较高，即进入较为困难，则往往意味着垄断程度较高。企业进入行业的难易程度主要受到以下因素的制约：原材料的控制程度、规模经济效应，以及法律和行政因素的限制。

综合考量市场结构类型的三大主要标准，可以准确地判断市场的垄断和竞争态势，从而划分相应的市场结构类型。通常，市场结构被分为四大类，分别是完全竞争、垄断竞争、完全垄断和寡头垄断。

课堂练习——单选题

下列关于市场结构类型判断依据的说法，正确的是（　　　）。
A. 行业集中度越低，市场越接近垄断
B. 行业集中度越高，市场越接近垄断
C. 产品差别引起垄断，产品差别越大，垄断性越强
D. 一个市场进出的限制越小，竞争的程度越高

二、市场结构的特点

根据上述四种市场结构的类型，不同的市场结构反映不同的市场行为，具有各自的特点，如表 7-1 所示。

表 7-1 市场结构的特点

市场类型	市场结构			
	市场集中率	企业数量	进入限制	产品类型
完全竞争	零	很多	无	标准化
垄断竞争	较低	较多	少	差异化
完全垄断	最高	一个	最多	完全差异化
寡头垄断	高	较少	多	明显差异化

（一）完全竞争市场的特点

完全市场竞争是一种竞争不受任何限制的市场结构，这种市场没有垄断。形成这种市场的条件是企业数量众多，而且每家企业的规模都很小，因此市场集中率低，没有大型企业控制市场。价格由整个市场的供求决定，任何企业都不能通过改变自己的产量而影响市场价格，都只能是价格的接受者。完全竞争市场进入无限制、产品无差别，这种市场上不会出现垄断。其中产品无差别是其最主要的特征，也是与其他市场区别的主要标准。在现实社会中，纯粹的完全竞争市场是不存在的。但农产品市场与完全竞争市场的条件最相近，因此，农产品市场一般被当作完全竞争市场来研究，如鸡蛋、面粉、大米市场。

（二）垄断竞争市场的特点

垄断竞争市场是既有垄断又有竞争，即垄断与竞争相结合的市场。这种市场的市场集

中率较低，进入限制少。完全竞争市场与垄断竞争市场区别的关键是产品差别，即完全竞争市场产品之间无差别，而垄断竞争市场产品之间有差别。产品之间有差别就会引起部分垄断，有差别的产品会在喜爱这种差别的消费者中形成垄断地位，但各种有差别的产品可能也是同一类产品，相互之间有较强的替代性，从而仍存在竞争。例如，服装业、饮食业、服务业等，垄断竞争市场是最普遍的，是现实生活中最广泛存在的市场类型。

（三）完全垄断市场的特点

完全垄断市场是指市场中仅有一家企业掌控着全部或绝大部分市场份额。形成垄断的核心要素在于市场进入壁垒，即其他企业无法轻易进入该市场。这种壁垒源于自然条件和法律因素。以自然垄断为例，如德比尔斯公司，其控制了全球 80% 以上的钻石矿资源，从而形成了自然垄断的局面。而立法垄断则通过法律法规的设定，如铁路运输行业，限制了其他企业的进入。此外，完全垄断市场的另一显著特征是市场上不存在与垄断产品相近的替代品。

这样的市场结构使得垄断企业能够在很大程度上自主决定产品的价格、产量和销售策略，缺乏市场竞争的制约，导致资源配置效率可能不如竞争性市场。然而，在某些特定情况下，如自然垄断的行业中，通过独家经营可能实现规模经济效应，降低运营成本，从而为社会带来更高的经济效益。

（四）寡头垄断市场的特点

寡头垄断市场是整个市场只有几家大企业，这种市场的关键是规模经济，规模大才能实现单位最低成本，大企业在市场上集中程度高，对市场控制力强，可以通过变动产量来影响价格。由于在这种市场上每家企业规模大，需要的资金量巨大，其他企业就很难进入，已进入这个市场的几家企业就会形成寡头，例如银行、汽车、石油、电信等行业。寡头市场上垄断程度高，但不是一家垄断，因此，在几家寡头之间仍存在竞争，而且竞争更为激烈。

课堂练习——思考题

本单元开头的案例中，牛××集市的大葱市场属于什么市场结构？

扩展阅读

大型农产品批发市场里发现新变化　利好政策出台保障供应

单元二　完全竞争市场

案例引入

土豆市场

A市的土豆市场呈现出众多买家和卖家并存的特点，然而，任何单一买家或卖家的交易量均不足以影响市场价格。在相对庞大的市场规模面前，每位买家的购买量极为有限，因此无法基于个人购买量而获得价格优惠。同样地，每位卖家提供的土豆数量对整体市场而言微不足道，因此他们难以通过调整价格来影响市场供需。在此情况下，土豆的价格是由众多买家和卖家的总体需求和供给共同决定的。买卖双方均作为价格的接受者，必须根据市场供求所确定的价格进行交易。

对于种植土豆的农民而言，他们的种植选择主要基于成本收益的比较，包括种植土豆与其他农作物或养殖业的净收益对比。若种植土豆的净收益为正，则会吸引农民继续种植甚至扩大规模；反之，若种植土豆的净收益为负或低于其他产业，长期内农民将倾向于转向其他更为盈利的种植或养殖项目。农民在作出种植选择时享有相对的自由，即进入或退出土豆种植行业的障碍较小。综上所述，土豆市场呈现出较为典型的完全竞争市场特征。

知识学习

一、完全竞争市场的定义和特点

（一）完全竞争市场的定义

完全竞争市场（Perfectly Competitive Market），又称纯粹竞争市场，是指一种市场结构，其中竞争过程完全自由，不受任何形式的阻碍、干扰或外部控制。具体来说，这种市场结构不存在任何形式的垄断现象，包括自然垄断和人为垄断，并且其运作也不受政府非市场因素的直接干预。这样的市场环境确保了价格由供求关系自然决定，反映了资源的有效配置。

（二）完全竞争市场的特点

1. 经济主体数量多

完全竞争市场上有许多经济主体，这些经济主体数量众多，且每一主体规模又很小。所以，任何一个经济主体都无法通过自己的行为（如价格或产量的变动）来影响市场上的供求关系，也无法影响市场价格。每个经济主体都是市场价格的被动接受者。

请阅读案例7-2，体会完全竞争市场的经济主体数量。

案例 7-2　　　　　　　　　面粉的完全竞争市场

2022 年我国面粉产量达到 8498.6 万吨，需求量为 8493.8 万吨。虽然比较前几年需求量下降，但面粉仍然是国人的主要食物原料之一。面粉行业厂商数量众多，同种商品统一售价为每千克 4.9 元，有的厂商成本价以每千克 3.9 元进货，有的厂商以每千克 3.7 元进货，还有的厂商以每千克 5.2 元进货。进货价格低的厂商利润略高，进货价格高的厂商利润略低，还有的进货价格超过统一售价的厂商因为赔钱退出面粉市场，但同时又有新的面粉厂商进入该行业，无论哪一家厂商都不能单独影响售价。

2．产品的同质

市场上的产品是同质的，即不存在产品差别。这里的产品差别，不是指不同产品之间的差别，而是指同种类型产品在功能、质量、包装、品牌或销售条件等方面的差别。例如，各电冰箱厂商所生产的电冰箱在功能、款式、质量、售后服务等方面存在的差别。由于产品的同质，使产品的质量、性能、外形和包装等方面无差别，每一厂商的产品与另一厂商的产品无法区分，各厂商之间的产品可以完全替代，这意味着消费者无论从哪个厂商购买产品都是无所谓的，单个厂商不可能操纵市场。

3．资源完全自由流动

各种资源都可以完全在市场中自由流动而不受任何限制。主要包括：劳动可以毫无障碍地在不同地区、部门、行业、企业之间无障碍流动；任何一个生产要素的所有者都不能垄断要素的投入；新资本可以毫无障碍地进入，原有资本可以毫无障碍地退出。

4．完全信息

市场上的每个买者和卖者都拥有产品和价格方面的充分信息，可做出最优的经济决策，获取最大的经济利益，而且每个买者和卖者都知道既定的市场价格，并且按照这一既定的市场价格进行交易，就排除了由于信息不通畅而可能导致的个别厂商按不同价格进行交易的情况。

课堂练习——单选题

根据完全竞争市场的条件，下列哪个行业最接近完全竞争行业（　　）。
A．自行车行业　　　B．玉米行业　　　C．糖果行业　　　D．服装行业

二、完全竞争市场的需求曲线与收益曲线

（一）完全竞争市场的需求曲线

在完全竞争市场中，市场需求是针对整个行业而非单一厂商而言的。消费者对于整个行业所生产的商品的需求被称为行业所面临的需求，其对应的需求曲线则被称为行业所面临的需求曲线，即市场的需求曲线。该曲线通常表现为一条从左上方至右下方倾斜的曲线。如图 7-1 所示，纵坐标轴 P 代表价格，横坐标轴 Q 代表销售量，D 为完全竞争市场的需求曲线，向下倾斜，S 为完全竞争市场的供给曲线，向上倾斜。曲线 D 与曲线 S 的交点 E 决定了市场的均衡价格为 P_0。

在完全竞争市场中，消费者对于行业中某一特定厂商所生产的商品的需求量，称为该

厂商所面临的需求量。相应地，反映这种需求量的曲线被称为厂商所面临的需求曲线，简称厂商需求曲线。如图7-2所示，图中 d 所代表的曲线即为厂商需求曲线，该曲线是一条从既定的市场均衡价格出发的水平线，与横轴保持平行。在完全竞争市场中，由于商品同质性高且信息完全透明，个别厂商的平均收益（AR）和边际收益（MR）与其所售商品的价格相等。因此，平均收益曲线、边际收益曲线与厂商需求曲线呈现为同一条曲线。

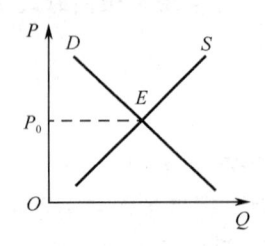

图 7-1 完全竞争市场的需求曲线

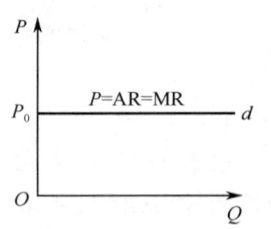

图 7-2 厂商需求曲线

（二）完全竞争市场的收益曲线

完全竞争市场条件下厂商的收益曲线，如图7-3所示。

厂商平均每单位产品的收益等于产品的价格，是从既定价格出发的平行于横轴的一条水平线，如图7-3（a）所示。对于完全竞争厂商来说，产品销售数量的增加不会引起价格的变化，厂商所生产的每一单位产品都是按照市场的均衡价格销售的，即 AR=P，厂商的平均收益曲线就是厂商的需求曲线。同时，完全竞争厂商的需求曲线是一条水平线，厂商每增加一单位产品的销售所带来的总收入就是产品的价格。因此，在完全竞争市场中，厂商的边际收益等于平均收益，也等于产品的市场价格，即 MR=AR=P。

TR 是总收益曲线，厂商的总收益取决于价格和市场上消费者对其产品的需求量。在市场均衡价格 P 不变时，厂商的总收益曲线会随着销售量 Q 的增加而上升，每一销售量上的边际收益值是相应的总收益曲线的斜率，且边际收益是不变的，等于既定的市场价格，因此总收益曲线 TR 是斜率不变的直线，如图7-3（b）所示。

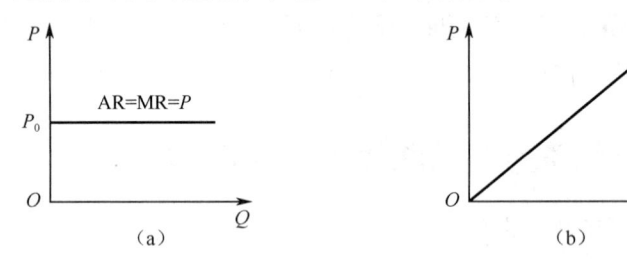

图 7-3 完全竞争厂商的收益曲线

三、完全竞争市场效率评价

完全竞争市场被经济学家视为最理想的市场结构，是研究市场结构理论的基础。在完全竞争市场上，价格充分发挥着"看不见的手"的作用，自发配置资源，调节着整个经济的运行。

完全竞争市场的优越性主要表现在以下两个方面。第一，排除了垄断和限制，生产要素自由流动，生产效率低、成本高的厂商会在竞争中被迫退出市场，生产效率高、成本低的厂商则得以生存，在竞争中实现长期均衡使平均成本处于最低点，因而生产要素的效率得到最有效的发挥，资源得到最优配置；第二，完全竞争使产品价格趋向于生产成本，消费者支付的价格减少，增加了消费者剩余。

完全竞争市场的缺陷主要表现在以下三个方面。第一，单个厂商规模很小，只能获得正常利润，研发能力及发展能力受限；第二，产品无差别，不能更好地满足消费者多样化的需求；第三，信息完全公开，不利于保护技术创新。

课堂练习——单选题

当一个完全竞争市场实现长期均衡时，每个企业（　　　）。
A. 都实现了正常利润　　　　　　B. 利润都为零
C. 市场中没有任何企业再进出　　D. 以上说法都对

扩展阅读

为什么说要"真正形成全国统一大市场"

单元三　完全垄断市场

案例引入

动物王国的"运输垄断"

在动物王国中，数百万个动物共生共存，历经岁月的洗礼，每种动物均根据自身的种族特性，创立了各具特色的公司。其中，猎豹族群凭借其卓越的奔跑速度、高效的运输效率及无可匹敌的威猛气势，成功垄断了动物王国的全部运输业务。无论是长途跋涉的迁徙，还是货物的寄送，甚至是日常的小件快递，动物们都倾向于选择猎豹公司来提供服务。面对市场竞争，猎豹族群还采取了一系列策略，打压了狼狗、羚羊等小型运输公司，最终这些公司都被其兼并。随着时间的推移，猎豹族群发现再无其他运输企业能与之相提并论，至此，它们开始逐步提高运输费用。由于市场上没有其他可替代的选择，动物们不得不接受这一事实，并被迫接受高昂的运输费用。

知识学习

一、完全垄断市场的定义和特点

（一）完全垄断的定义

完全垄断（Perfect Monopoly），又称垄断，是指只有一名卖者或买者的产品市场结构。只有一名卖者的称为卖方完全垄断，只有一名买者的称为买方完全垄断。本书主要讲的是比较常见的卖方完全垄断。

（二）完全垄断的特点

1. 厂商就是行业

市场上只有一家厂商生产和销售产品，垄断厂商独自控制了一个行业的供给。

2. 产品缺乏近似替代品

完全垄断企业的产品不存在任何相近的替代品。否则，其他企业可以生产替代品来代替垄断企业的产品，完全垄断企业就不可能成为市场上唯一的供给者。因此消费者无其他选择。

3. 行业存在进入壁垒

完全垄断市场上存在进入壁垒，其他厂商难以参与生产。垄断厂商之所以能够成为某种产品的唯一供给者，是由于该厂商控制了这种产品的供给，使其他厂商不能进入该市场并生产同种产品。导致垄断的原因一般来自原料资源的独家控制、政府特许权、规模经济的要求等。

4. 厂商独自决定价格

由于垄断企业控制了整个行业的供给，也就控制了整个行业的价格，成为了价格的制定者。完全垄断企业可以有两种经营决策：以较高价格出售较少产量，或者以较低价格出售较多产量。

请阅读案例7-3，了解垄断的特点。

案例7-3　　　　　　　经销商垄断原料被罚3亿

2020年，市场监管总局发布一起重大反垄断案件，对山东康惠医药公司、潍坊普云惠医药公司和潍坊太阳神医药公司滥用市场支配地位实施垄断的原料药企业作出从重处罚，共计罚没3.255亿元。葡萄糖酸钙注射液是国家基本药物、临床必需药品，是常用的低价药，注射用葡萄糖酸钙原料药是生产葡萄糖酸钙注射液的基本原料。

这几家当事公司通过包销、大量购买、要求生产企业不对外销售等方式控制了相关市场，占有90%左右的市场份额。这使得下游制剂生产企业对其具有较高的依赖程度。凭借这样的支配地位，3家公司实施了"以不公平的高价销售商品"和"附加不合理交易条件"的垄断行为。

具体表现为，3家企业控制国内注射用葡萄糖酸钙原料药销售市场后，以不公平的高价对外销售并获得了高额垄断利润。对比历史价格，执法部门发现在当事人垄断市场后，

2017 年注射用葡萄糖酸钙原料药销售价格相比 2014 年上涨了 19 倍至 54.6 倍。

在注射用葡萄糖酸钙原料药等产品经营过程中，三家公司看似没有关联，但实际互不独立。其余两家公司均按照康惠公司的指令开展经营活动，进行相关产品的交易，三家公司作为一个"共同体"实施了上述滥用市场支配地位的行为。

（来源：网易）

在完全垄断市场，整个行业只有垄断者这一个卖者，厂商的需求曲线就是行业的需求线。但完全垄断厂商和完全竞争厂商的重要区别就是完全垄断厂商能影响其产品价格，如果垄断者降低价格，需求量就会增加。

完全垄断厂商的需求曲线 dd 是一条向右下方倾斜的曲线，如图 7-4 所示，反映了需求量与价格之间的反比关系。在此市场中，单位商品的收益即为其单价，即每单位商品的售价构成了厂商的平均收益。因此，平均收益曲线 AR 与需求曲线 dd 完全重合。

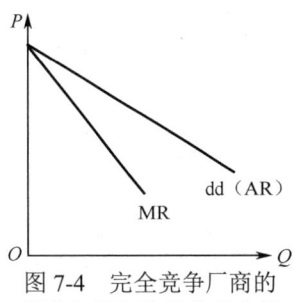

图 7-4 完全竞争厂商的需求曲线和边际收益曲线

由于市场需求曲线的向下倾斜特性，商品的销售价格随销售量的增加而逐渐降低。相应地，平均收益 AR 也随销售量的增加而下降。值得注意的是，边际收益 MR 的下降速度通常快于平均收益，这意味着在增加销售量时，每多售出一单位商品所带来的额外收益会迅速减少。因此，边际收益曲线 MR 呈现出一条比平均收益曲线 AR 位置更低的向右下方倾斜的曲线形态，且不会与需求曲线 dd 重合。

课堂练习——单选题

对完全垄断厂商来说，（　　）。

A. 提高价格一定能增加收益　　B. 降低价格一定能减少收益
C. 提高价格未必能增加收益　　C. 以上都不对

二、完全垄断市场的条件和成因

（一）完全垄断市场形成的条件

完全垄断市场是经济中的一种特殊情形，完全垄断市场形成的条件包括以下几点。
（1）市场上只有一家厂商生产和销售某种商品。
（2）该厂商生产和销售的商品没有其他替代品。
（3）其他任何厂商进入该行业都极为困难或不可能。

（二）完全垄断市场的成因

完全垄断市场形成的原因有以下几种。

1. 自然垄断

某些行业的生产过程具备显著特点，即企业生产的规模经济效应需在庞大的产量范围及高标准的资本设备运作水平下才能充分展现。这种生产规模之宏大，以至于整个行业的产量唯有通过单一企业的生产才能达到如此水平。在此类产品的生产过程中，往往会有一家厂商凭借其雄厚的经济实力及其他优势，率先实现这一生产规模，从而占据整个行业的生产和销售的主导地位，形成自然垄断的现象。

2. 资源垄断

若某产品的制造高度依赖于一种稀缺且独特的资源，且此种资源被某一企业所独占，那么这种独占性将极大地限制其他企业在经济体系中生产该产品的能力，进而确立该企业在相关市场上的垄断地位。以美国铝业公司为例，自19世纪末至20世纪中期，该公司凭借对铝矾土矿产这一关键资源的长期控制，在铝的生产领域占据了显著优势。然而，需要指出的是，尽管美国铝业公司在铝的生产上占据了主导地位，但并非一直是市场上唯一的铝生产商。在市场的演进和行业的发展过程中，其他企业亦通过技术创新、资源获取等策略逐渐进入市场，形成了多元化的竞争格局。

3. 政府许可与授权

政府基于政治考量与经济利益的权衡，时常会授予特定厂商排他性的权利，使其独家销售某一商品或提供特定服务。拥有政府特许权的厂商，在某一市场中将成为产品或服务的唯一供应商。以城市供水、供气、邮电、铁路等公用事业为例，政府出于维护公共利益和确保公共安全的考量，通常采取垄断经营的方式，以确保服务质量和稳定性。通过此举，政府旨在实现资源的合理配置，保障公众的基本生活需求，并维护市场的有序运行。

4. 专利权

一个厂商可能因其独家掌握某种产品所需的技术或生产某种特定商品的权利而成为市场中的垄断者。通常情况下，这种针对某种生产技术或特定产品的独家使用权是通过政府以专利形式授予的。专利法明确赋予了发明者一段时间内制造特定产品或采用某种独特生产技术的专属权利。政府认可这种垄断形式的存在，旨在激励厂商进行创新并承担相关风险。

请阅读案例7-4，了解专利与垄断的关系。

案例7-4　　　　　　　　诺基亚的专利纠纷

由于相关中国企业对诺基亚在中国知识产权许可业务的投诉，根据多个信息渠道获知，目前，国家市场监督管理总局反垄断局正在调查诺基亚等5G专利持有人在许可费方面的反垄断问题，同时向几家拥有5G电信标准必要专利的外国公司发送了调查问卷，以了解5G SEP许可的定价策略及他们关于销售禁令的立场。

此次调查很可能是继高通、爱立信后，国家反垄断监管部门在知识产权许可市场发起的第三期反垄断调查。主要起因可能是和5G专利息息相关，有消息称诺基亚和多家中国智能手机厂商就5G专利许可迟迟不能保持一致意见，并且诺基亚在5G专利收费方面的诉求存在诸多不合理，可能存在费用不合理和禁售胁迫等问题。

对于手机厂商来说，如果不能早点解决专利收费标准的问题，日后将需要花费更多资金在专利费上。而5G话语权却一直落在一些"独霸一方"的电信服务商手上，诺基亚在过去曾经是全球最大的手机品牌厂商，但是随着手机业务的没落，将重心转移到电信设备业务，并整合了阿尔卡特—朗讯和旗下电信设备部门后，在电信服务方面有着不小的存在感，加上在中国通信设备市场的全面倒退，也让其开始动用专利优势来牟利。

过去诺基亚与许多中国手机厂商签署了专利相关协议，但是彼此之间的专利纠纷一直存在。早在2019年就针对当时中国最大的PC厂商联想进行全球范围的专利诉讼，最终联想以签署许可协议和支付许可费达成和解。然而从2021年6月以来，诺基亚已先后对OPPO、vivo等公司发起了全球专利诉讼，诉讼规模惊人，未决诉讼超40起，诉讼地遍及全球 8 个以上国家和地区，且在每一起诉讼中都申请了禁令。

此次诺基亚故技重施，对多家中国手机品牌进行大规模的专利侵权诉讼，更多的目的可能是希望寄托于诉讼向对方施压，逼迫其尽快和诺基亚达成 5G 专利许可。如果通过诉讼及禁令固定其 5G 时代不合理的收费，后续不难想象，包括华为、传音、荣耀等其他国产手机厂商可能也会面临这样同样的问题，高昂不合理的专利费用最终可能损害消费者的利益。

值得庆幸的是，过去中国政府主管部门也在控制知识产权滥用的行为，曾经就针对高通收取不公平的高价专利许可费，且没有正当理由搭售非标准专利许可，并在基带芯片销售中附加不合理条件等条件开出 60.88 亿元高额罚单，并且中国近年来也在大力推动加强标准必要专利国际化建设，力求在 SEP 专利许可方面有更多的话语权。

2023 年 12 月 14 日，重庆市第一中级人民法院就 OPPO 诉诺基亚标准必要专利 SEP 使用费纠纷一案作出一审判决。针对 5G 多模手机的一区许可费为诺基亚公布 5G 许可费的 1/3 左右。这对利润微薄的手机行业来说，少了一笔巨大的成本压力。通信技术行业作为专利密集型的领域，专利大战屡见不鲜，而中国法院作出首个 5G 全球累积费率判决，寻求了更合理的专利收费方案。

（来源：网易）

课堂练习——单选题

完全垄断市场中，如果 A 市场的价格高于 B 市场的价格，则（　　）。
A．A 市场的需求弹性大于 B 市场的需求弹性
B．A 市场的需求弹性小于 B 市场的需求弹性
C．两个市场的需求弹性相等
D．以上都正确

三、完全垄断市场的价格歧视

（一）价格歧视的定义

价格歧视（Price Discrimination），作为经济学中的一个概念，指的是企业在销售相同商品时，对不同的消费者实施不同的定价策略。此处所指的"歧视"并无情感色彩，仅是对一种经济现象的客观描述。在经济学中，任何形式的区别对待均可视为歧视。值得注意的是，实行价格歧视的商品在本质上并无差别，其价格差异并非源于商品质量或生产成本的不同，而是基于对不同消费者具体情况的考量，如购买时间、地点、数量及消费者群体的差异等。请阅读案例 7-5。

案例 7-5　某在线旅游平台被曝价格歧视，不同用户搜索同一酒店价格相差数倍

近日，有消费者反映在使用某知名在线旅游平台预订酒店时，遇到了价格歧视的问题。据该消费者称，他与朋友同时搜索同一城市的某家酒店，却发现价格存在巨大差异。自己账户中显示的价格远高于朋友账户中的价格，甚至相差数倍。

该消费者表示，自己和朋友都是该平台的常客，且历史订单和信用记录都相当良好。然而，这种价格差异让他们感到十分不解和不满。他们怀疑平台根据用户的个人数据或消

费习惯进行了差异化定价。

此事一经曝光，立即引发了社会各界的广泛关注和讨论。许多消费者纷纷表示自己也曾遭遇过类似情况，对在线旅游平台的信任度大打折扣。同时，也有专家指出，这种价格歧视行为不仅损害了消费者的权益，也破坏了市场的公平竞争秩序。

面对舆论压力，该在线旅游平台迅速回应称，将立即对涉嫌价格歧视的行为进行调查和处理。平台表示，他们一直致力于为用户提供公平、透明的服务，对于任何违反公平原则的行为都将严肃处理。同时，平台也向受影响的消费者表示歉意，并承诺将加强内部监管，防止类似事件再次发生。

这起事件再次提醒我们，价格歧视现象在在线旅游领域并非个例。作为消费者，我们应该保持警惕，了解价格歧视的存在和危害。同时，在线旅游平台也应该加强自律和监管，确保市场的公平竞争和消费者的合法权益。

（二）价格歧视的类型

1. 一级价格歧视

一级价格歧视，又称完全价格歧视，是指垄断厂商针对不同消费者，对每一单位产品均力求实现最高可能的价格。由于获取每一消费者确切信息的难度较高，一级价格歧视在实际中极为罕见，其实施以垄断厂商对每位顾客支付意愿的全面了解为前提，完全价格歧视在营销实践中难以施行。

拍卖可视为一种接近于完全价格歧视的实践案例。在多方竞购单一物品的情境中，最终由出价最高者购得，此时中标者的消费者剩余趋近于零或为零。

2. 二级价格歧视

二级价格歧视是指企业根据消费者购买数量的不同而制定差异化的价格策略。在这种情境下，垄断厂商仅获取部分而非全部的消费者剩余。此类价格歧视在日常生活中较为常见，如饮料的"第二杯半价"促销、餐厅消费后提供的优惠券以鼓励下次消费或抵扣现金，以及飞行里程兑换机票等机制。

3. 三级价格歧视

三级价格歧视涉及在不同市场或对不同的消费者群体实施不同的价格策略，从而实现再在不同市场上的利润最大化。其基础在于不同市场上需求弹性的差异，即在需求弹性较小的市场以高价销售，而在需求弹性较大的市场则以低价销售。这种形式的价格歧视也较为普遍，例如电力公司对居民、工业、商业和农业用电实施不同的收费标准，超市为不同会员提供的不同优惠折扣等。

课堂练习——讨论题

现实中有哪些行业属于垄断行业，有何特征？

四、完全垄断市场的效率评价

众多经济学家对完全垄断市场持审慎态度，认为其在带来一定优势的同时，亦伴随着显著的弊端，且后者往往更为突出。

完全垄断市场的优越性主要体现在以下两个方面：第一，有助于形成规模经济，降低生产成本。特别适用于那些投资规模大、周期长且利润率较低的公用事业，此类公用事业由政府完全垄断经营，有助于增加社会福利。第二，垄断厂商因丰厚的利润而具备更强的研发实力与动力，从而推动技术进步与社会发展。

然而，完全垄断市场的缺陷也不容忽视。首先，垄断厂商往往实施价格歧视策略，减少消费者剩余，进而造成社会福利的损失。这一现象还可能加剧社会收入分配不公和贫富扩大。其次，垄断会扼杀竞争，垄断厂商倾向于通过降低产量、提高价格来获取利润，而非通过提高生产效率，这种做法无疑导致社会生产效率的损失。

课堂练习——查阅题

查找近三年来国际上著名的反垄断案资料。

扩展阅读

反垄断法制定的意义

纵观全球市场经济国家的发展历程，我们不难发现一条显著的规律：凡是市场经济协调、有序、快速发展的发达国家，均拥有一套与其国情相契合的、完善的竞争法律制度作为坚实支撑。相比之下，市场经济发展不够顺畅的国家，往往缺乏必要的竞争法律制度，或者现有的竞争法律制度尚待完善。这主要是因为市场经济本质上是一种竞争经济，而市场本身并不具备维护自由、公平竞争的固有机制。随着竞争的日益激烈，众多企业为减少竞争风险与压力，往往采取各种手段，包括不正当竞争、谋求垄断地位，以排除或限制竞争。此类行为对国家的自由、公平和有序的竞争秩序，乃至整个市场经济机制都构成了极大的威胁。

在市场经济国家的法律体系中，反垄断法作为经济法的重要组成部分，始终占据着举足轻重的地位。在美国，反垄断法被誉为自由企业的大宪章，凸显其对于维护市场竞争机制的重要性；在日本，反垄断法是经济法体系的核心内容，为经济的健康发展提供法律保障；在德国，反垄断法则被尊称为经济宪法，足见其对于市场经济秩序的规范作用。由此可见，反垄断法在各国市场经济法律体系中均是不可或缺的。反垄断法作为市场经济国家建立和维护自由、公平、有效竞争秩序的重要法律工具，发挥着举足轻重的作用。

因此，为了构建一个统一、开放、自由、公平且竞争有序的大市场，推动我国经济的协调稳定发展，我国于2007年8月颁布了《中华人民共和国反垄断法》（以下简称《反垄断法》），标志着我国在维护市场公平竞争、促进经济健康发展方面迈出了重要一步。这部法律的出台与进一步修订，不仅是对我国经济体制改革四十多年来所取得巨大成就的展示，更是对构建更加完善的市场经济体制的一次重要立法尝试。

《反垄断法》的颁布，填补了我国竞争法领域的长期空白，进一步完善了企业间的竞争规则，从而健全了我国的竞争法律体系。在民法、行政法、刑法及三大诉讼法等基本法律框架均已构建完成的背景下，《反垄断法》作为经济法体系中不可或缺的重要组成部分，其出台标志着我国社会主义市场经济法律体系的日趋完善，对于维护我国社会主义市场经济的自由、公平、有效竞争秩序具有重要意义。该法有助于实现资源的优化配置，推动经济的高效增长,同时对于巩固、深化和促进经济体制改革和政治体制改革亦具有积极作用。此外,该法还将有力促进我国国民经济的协调、有序和高速发展,为构建更加完善的市场经济体制奠定坚实基础。

随着市场环境的不断变化和经济发展的新要求,《反垄断法》也面临着新的挑战和机遇。为了更好地适应市场发展的需求,我国在随后的年份里对《反垄断法》进行了多次修订和完善。这些修订不仅增强了法律的针对性和可操作性,也进一步提升了我国反垄断工作的水平和效果。

(来源:周昀. 反垄断法新论,有删改)

单元四 垄断竞争市场

案例引入

有差别的产品——《经济学原理》

在美国,经济学教科书犹如繁星点点,数不胜数。而在我国,无论是翻译自国外的佳作,还是国内学者呕心沥血的编著,也如百花争艳般竞相绽放。其中,1998年哈佛大学教授曼昆所著的《经济学原理》一书,一经问世便在美国市场掀起狂潮,初次印刷发行便高达20万册。仅仅一年后,这部作品的中文版也迅速面世,短短半年内便销售了8万册,成为市场上炙手可热的畅销书。

曼昆的《经济学原理》之所以能够在经济学教科书中脱颖而出,其秘诀在于他独树一帜的创作风格。作为美国经济学界的翘楚,曼昆对经济学的前沿动态了如指掌,他的教科书总能精准捕捉经济学的最新脉搏。与其他教科书相比,曼昆的作品更显得别具一格。他摒弃了传统经济学教科书严肃枯燥、追求全面性的老套路,转而以生动的事例、引人入胜的故事和深入浅出的政策分析,将深奥的经济学原理娓娓道来。这样的写法使得原本沉闷的经济学变得鲜活有趣,让读者在轻松愉快的阅读中领悟经济学的真谛。

曼昆的《经济学原理》不仅展现了他深厚的学术功底,更体现了他对读者需求的敏锐洞察。正是凭借这种独特的差别化特色,曼昆的《经济学原理》在竞争激烈的经济学教科书市场中脱颖而出,成为了一部广受欢迎的经典之作。

(来源:刘瑛. 微观经济学基础,有删改)

知识学习

一、垄断竞争市场的定义和特点

(一)垄断竞争市场的定义

垄断竞争,又称不完全竞争,是指市场上垄断势力与竞争并存的一种市场结构。既非完全竞争,亦非完全垄断,而是在这两者之间的一种中间状态。从垄断性或竞争性程度上看，垄断竞争市场既不同于产品高度同质的完全竞争市场，也不同于少数企业主导市场的完全垄断市场。在现实经济中，完全竞争市场与完全垄断市场均属罕见，其存在多为理论上的构想。而寡头垄断市场虽在实际中有所体现，但亦非普遍现象。相反，垄断竞争市场在现实社会经济中占据主导地位，如商品零售市场、餐饮市场、图书市场等，均呈现出典型的垄断竞争特征。

（二）垄断竞争市场的特点

1. 厂商数量众多

在垄断竞争市场中，厂商数量众多，每个厂商都处于一个充满竞争的环境之中，彼此独立行动，互不依存。

2. 市场的进出自由度高

由于厂商的数量众多，单一厂商的进入或退出对行业整体的影响有限，这使得市场进出具有较高的自由度。

3. 产品具有差异性

产品的差异性体现在多个方面，包括价格、外观、性能、质量、颜色、包装等，消费者基于个人想象所产生的差异也是产品差异性的重要组成部分。

请阅读案例7-6，体会电商市场的垄断竞争。

案例7-6　　　　　　　　　京东诉阿里巴巴"二选一"案

京东和阿里巴巴是中国电商领域的两大巨头，为了争夺市场份额和消费者，两者之间存在激烈的竞争。在竞争过程中，阿里巴巴被指要求商家在天猫和其他电商平台之间做出选择，即所谓的"二选一"。这种行为限制了商家的自由选择权，剥夺了消费者的选择权，对市场竞争产生了不良影响。

2015年11月3日，京东集团在其官方微信公众号上发布声明，指责阿里巴巴在"双十一"促销活动中胁迫商家"二选一"，并向国家工商总局实名举报阿里巴巴扰乱电子商务市场秩序。2015年，京东贸易公司、京东叁佰陆拾度公司正式起诉浙江天猫网络有限公司、浙江天猫技术有限公司、阿里巴巴集团控股有限公司，指控其滥用市场支配地位实施"二选一"的垄断行为。

案件一度陷入法院管辖权之争，天猫主张此案应由浙江省高级人民法院审理。经过多次审理和上诉，最终北京市高级人民法院被认定为对此案有管辖权。2020年11月，北京市高级人民法院对该案组织不公开质证。同年12月，国家市场监督管理总局根据举报对阿里巴巴集团控股有限公司立案调查，并在2021年4月对阿里巴巴实施"二选一"等涉嫌垄断行为处以182.28亿元的行政处罚。

2023年12月29日，北京市高级人民法院对京东诉阿里巴巴"二选一"案作出一审判决，认定阿里巴巴滥用市场支配地位实施"二选一"的垄断行为成立，对京东造成严重损害，并判决向京东赔偿10亿元。京东随即发布声明表示感谢法院的公正判决，而阿里巴巴则回应尊重法院判决结果。

该案为电商行业的竞争秩序树立了标杆，对于维护公平的市场竞争秩序、保护消费者权益具有重要意义。电商平台应遵守相关法律法规，不得滥用市场支配地位实施垄断行为，保障商家和消费者的合法权益。同时，商家和消费者也应保持警惕，理性选择购物平台和产品，维护自己的合法权益。

二、垄断竞争厂商需求曲线

在垄断竞争市场中，厂商通常面临两种类型的需求曲线。

首先，主观需求曲线反映了单个厂商调整其产品价格，而其他竞争厂商维持原价时，该厂商的价格与销售量之间的关系。在此情境下，若某厂商降价，而其他竞争者维持原价，该厂商有望吸引大量竞争对手的消费者。因此，主观需求曲线通常较为平坦，显示出较高的需求价格弹性。

其次，客观需求曲线则揭示了当一家厂商调整其产品价格时，若该行业的其他竞争厂商也相应调整价格，该厂商的价格与销售量之间的关系。若某厂商降价，而其他竞争者亦随之降价，则该厂商所赢得的竞争对手的消费者数量将不如预期之多。因此，客观需求曲线通常较为陡峭，显示出较低的需求价格弹性。

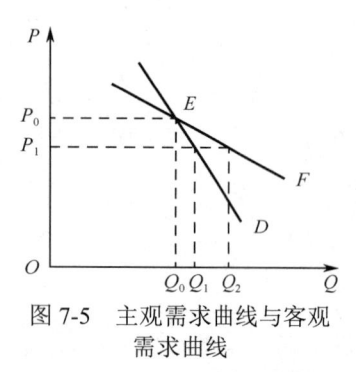

假设某厂商的初始价格水平为 OP_0，对应的销量为 OQ_0，如图 7-5 所示。为了增加销量，厂商决定降低价格至 OP_1，若其他厂商未采取相应降价措施，则该厂商的销量理论上将增至 OQ_2。然而，在实际情况中，其他厂商往往采取价格策略进行应对，导致该厂商实际销量的增加低于预期，实际销量仅增至 OQ_1。对应的曲线 F 就是主观需求曲线，曲线 D 就是客观需求曲线，E 点为主观需求曲线与客观需求曲线的交点。

图 7-5 主观需求曲线与客观需求曲线

课堂练习——单选题

在垄断竞争市场中，不同厂商的产品是（　　）关系。
A. 完全替代的　　B. 完全互补的　　C. 不完全替代　　D. 完全无关的

请阅读案例 7-7，体会垄断竞争厂商需求曲线的特点。

案例 7-7　　A 市糖果市场的需求变迁与厂商策略

A 市以甘蔗种植和糖果生产闻名，其糖果市场长久以来都是繁荣且活跃的。然而，近年来，随着消费者健康意识的提升，糖果市场的需求结构发生了显著的变化。过去，人们追求的是甜度高、口味丰富的糖果，但现在，低糖、健康、营养的糖果逐渐成为新的消费趋势。

这一变化对 A 市的糖果厂商们提出了新的挑战。为了应对市场需求的变迁，一些具有前瞻性的糖果厂商开始积极研发新型糖果产品。致力于开发低糖、营养丰富的糖果，以满足消费者对健康食品的需求。这些新产品凭借独特的口味和健康属性，迅速在市场上获得了消费者的认可，销量也持续增长。这些厂商的需求曲线因此向右上方移动，显示出市场对健康糖果的强烈需求。

与此同时，一些老牌糖果厂商也意识到市场的变化，他们选择对原有产品进行改良。降低了糖果的含糖量，并增加了营养价值，以符合消费者对健康食品的需求。这些老牌糖果厂商利用自己的品牌效应和消费者忠诚度，成功地在市场上维持了稳定的销量。虽然他们的需求曲线并没有像新产品那样出现明显的增长，但通过产品改良，也成功地稳定了市场份额。

除对产品本身进行创新或改良外，还有些糖果厂商还采取了差异化的策略来区分自己的产品。他们通过独特的包装、口味、营销手段等方式来吸引消费者，形成了自己在市场上的特色。

A市的糖果市场在这种需求变迁和厂商策略的变化中，体现了垄断竞争市场的典型特征。每个糖果厂商都面临着一条向下倾斜的需求曲线，并需要不断地创新和改进自己的产品来满足消费者的需求。同时，由于产品差异化和消费者偏好的存在，每个厂商都需要在市场中找到自己的定位，并通过差异化策略来形成自己的竞争优势。这种竞争和创新的氛围使得A市的糖果市场保持了活力，并为消费者提供了更多样化、更高质量的糖果产品。

课堂练习——思考题

垄断竞争与完全竞争有什么共同点？

三、社会生活中的垄断竞争市场

在判断某一市场是否为垄断竞争市场时，观察该行业厂商的广告活动可作为一个重要指标。如果某行业的厂商普遍进行大规模的广告宣传，那么可能意味着该行业具有垄断竞争市场的特征。需要注意的是，并非所有进行广告活动的行业都属于垄断竞争市场，因为某些非垄断竞争行业的厂商也可能出于特定原因进行广告宣传。

例如，在完全垄断市场中，虽然某些公用事业的企业会进行广告活动，但这些广告往往是基于政府公共利益的要求而非市场竞争的考虑。完全垄断厂商已经占据整个市场，无须通过广告来争夺市场份额，缺乏通过广告扩大产量的动力。

在完全竞争市场中，由于产品同质化程度高且厂商众多，单个厂商进行广告活动的成本往往难以得到回报。这是因为广告所带来的利益会被众多厂商共享，而广告成本则由单个厂商独自承担。此外，厂商作为价格的接受者，其销售数量主要受到市场价格水平的制约，因此通常不会通过广告来扩大市场需求。

相比之下，在垄断竞争市场中，广告发挥着至关重要的作用。由于垄断竞争市场的关键特征在于产品之间的差异性，各厂商生产的产品或提供的服务具有不完全替代性。这种不完全替代性使得垄断竞争厂商能够通过广告来扩大市场份额并获取经济利润。广告在垄断竞争市场中的作用主要体现在两个方面：一是通过强调产品间的差异来提高消费者对本厂商产品的认知度和接受度，从而增加市场份额；二是通过塑造品牌形象和改变消费者偏好来培养消费者的忠诚度，进而促进产品销售量的增长。

请阅读案例7-8，以深入理解广告在垄断竞争市场中的重要性和作用机制。

案例7-8　　　　白加黑治疗感冒，黑白分明经典营销案例

1995年，白加黑上市仅180天销售额就突破1.6亿元，在拥挤的感冒药市场上获得了15%的份额，登上了行业第二品牌的地位，堪称奇迹，这一现象被称为"白加黑震撼"，在当时的营销界产生了强烈的反响。感冒药市场同类产品很多，产品的同质化程度较高，而且无论中成药、西药，都难以做出实质性的突破。康泰克、丽珠、三九等知名品牌凭借着强大的广告攻势，才各自占领一块地盘，当时的盖天力研制白加黑这款感冒药，实力并不十分雄厚，竟在短短半年里就后来居上，关键在于其崭新的产品概念。

白加黑是个了不起的创意。看似简单，只是把感冒药分成白片和黑片，并把感冒药中的镇静剂放在黑片中，然而这种巧有心思的改变，不仅在品牌的外观上与竞争品牌形成很大的差别，更重要的是与消费者的生活形态相符合，达到了引发联想的强烈传播效果。在广告公司的协助下，白加黑确定了干脆简练的广告口号：清除感冒，黑白分明；白天服白片，不瞌睡；晚上服黑片，睡得香。产品名称和广告信息都清晰地传达了产品的概念。

（来源：头条）

课堂练习——思考题

垄断竞争企业在长期中能获得经济利润吗，为什么？

扩展阅读

市场监管总局：2022年查办市场垄断案件149件、各类不正当竞争案件7874件

单元五　寡头垄断市场

案例引入

渤海湾中的"寡头垄断"

在渤海湾有座海滨小城，城中有两家非常有名的海鲜餐馆，一家是传承百年的"老渔家"，其历史可追溯至明末，由王氏家族代代相传；另一家是近年崛起的"海云轩"，由季总创立，凭借其敏锐的市场洞察力和独到的经营理念，迅速在业界崭露头角。两者凭借各自的优势，在市场上形成了寡头垄断的局面。

"老渔家"以其地道的海鲜风味和温馨的家庭氛围著称，每一道菜肴都承载着家族的记忆与传承，让人回味无穷。而"海云轩"则注重创新，将传统海鲜与现代烹饪技术巧妙融合，推出了一系列令人耳目一新的菜品，同时提供高端服务，吸引了众多追求新鲜体验的食客。

起初，两家餐馆相安无事，各自发展。但随着时间的推移，来这里游玩的旅客越来越多，为了争夺市场份额，二者的竞争逐渐白热化。从食材的精选到烹饪技艺的切磋，从菜品创新到价格策略，从环境布置到顾客服务，每一个细节都成为了它们较量的战场。这里的居民们虽然享受着更加丰富多样的美食选择，但也开始感受到这份竞争带来的微妙变化。最终，这两家餐馆能否找到平衡点，在保持自身特色的同时，共同推动海滨城市海鲜文化的繁荣与发展，成为了众人关注的焦点。

知识学习

一、寡头垄断市场的定义和特点

（一）寡头垄断市场的定义

寡头垄断市场，指的是在一个特定产品或服务领域中，由少数几家大型企业主导和控制绝大部分市场份额与产量的市场结构。这些大型企业通常具有显著的市场影响力和决策权，其策略选择和市场行为对整体市场的竞争格局和价格机制具有决定性作用。

（二）寡头垄断市场的特点

1. 企业数量有限

寡头垄断市场的显著特征之一是市场中企业数量有限。这些大型企业通常占据较大的市场份额，具有相对的市场优势，能够对市场趋势产生重要影响。

2. 产品同质或异质

在寡头垄断市场中，产品可能展现出同质或异质的特性。同质产品市场中，产品间差异较小，如某些原材料市场；而异质产品市场则存在显著的品牌、性能和设计差异，如汽车、电子产品等市场。

3. 高进出壁垒

进入或退出寡头垄断市场的壁垒通常较高。这些壁垒可能涉及技术、资本、法规等方面的限制，使得新企业难以进入市场，同时也增加了现有企业退出市场的难度。

4. 企业行为相互依赖

在寡头垄断市场中，各企业的市场行为紧密相连、相互影响。由于企业数量有限且市场份额集中，任何一家企业的策略调整都可能引起其他企业的反应，进而影响整个市场的竞争格局。这种相互依赖的关系使得企业在制定策略时必须充分考虑其他企业的可能反应。

综上所述，寡头垄断市场以其企业数量有限、产品同质或异质、高进出壁垒及企业行为相互依赖等特点，在现代经济体系中占据着重要的地位。这种市场结构下的企业行为和市场动态，往往需要借助复杂的分析工具，如博弈论，来进行深入研究。

二、寡头垄断市场的成因

寡头垄断市场的形成并非偶然，而是多种因素共同作用的结果。

首先，规模经济在其中扮演了至关重要的角色。在汽车、石油等行业中，由于固定成本占比较大，只有达到一定的生产规模，企业才能有效降低平均成本。这种成本结构使得中小企业难以涉足这些行业，从而为大型企业主导市场创造了条件。

其次，进入障碍也是寡头垄断市场得以维持的重要因素。市场容量与最佳企业规模的对比关系直接决定了新企业进入市场的难易程度。当市场容量相对较小，而最佳企业规模较大时，即便行业利润丰厚，企业数量也往往受到严格限制。这是因为新企业的进入往往意味着对现有市场格局的强烈冲击，可能引发激烈的市场竞争，导致行业内各方利益受损，甚至可能造成两败俱伤的局面。因此，在这样的市场结构下，寡头企业凭借自身的规模和资源优势，能够稳固其市场地位，进一步巩固和维持寡头垄断的市场格局。

最后，特定资源的稀缺性也对寡头垄断市场的形成起到了推动作用。在寡头行业生产中，某些关键的技术人才、熟练工人及自然资源往往难以获取。这种资源的有限性限制了新企业的进入和发展，使得现有企业能够保持其在市场中的竞争优势。同时，产品的专利权和政府给予的特许权也为寡头垄断市场的形成提供了有力支持。这些独占性的权利使得只有少数企业能够掌握核心技术和资源，进一步巩固其在市场中的主导地位。

三、寡头垄断市场模型

（一）非价格竞争策略

在寡头垄断市场中，企业鲜少将价格竞争作为主导的竞争策略，而是更倾向采用非价格手段来吸引和保留消费者。这些非价格策略包括但不限于广泛的广告宣传、凸显产品独特性的差异化营销、持续不断的产品创新，以及致力提升现有产品性能与质量的努力。

寡头企业之所以极力规避价格竞争，主要源于需求曲线的非连续性及价格黏性所带来的潜在风险。此外，由于这些企业通常拥有较大的经营规模，一旦价格战爆发，双方因实力相当而难以决出胜负，最终很可能导致双方利益受损，陷入双输局面。

因此，非价格竞争策略在寡头垄断市场中显得尤为重要，这不仅能够有效避免价格战带来的负面影响，还能帮助企业塑造独特的品牌形象，提升消费者的忠诚度，从而巩固市场地位并实现可持续发展。

（二）价格领袖机制

寡头垄断市场为规避价格竞争采用的有效策略即为价格领袖机制，又称价格领先。这一机制的核心在于，行业内的一家或几家企业率先制定价格，随后其他企业根据这一价格进行跟随。价格的制定者通常是基于行业内的长期习惯或默契。通常情况下，充当价格领袖的企业类型主要有以下三类。

1. 支配型

支配型企业是指在寡头垄断市场中占据主导地位的企业，这些企业根据利润最大化原则确定产品的售价。其他规模较小的企业则依据这些主导企业所确定的价格来安排各自的产销量。

2. 成本最低型

成本最低型企业是指在生产成本方面具有显著优势的企业。这些企业按照利润最大化原则确定其产销量和价格，其他寡头企业则也按照这一价格水平销售各自的产品。

3. 晴雨表型

晴雨表型企业是寡头市场中的一种特殊存在，凭借卓越的信息获取能力和市场趋势判断力，在行业中享有广泛的认可。这些企业的产品价格变动不仅反映了其自身的经营状况，更传递了重要的市场信息，成为其他企业调整价格策略的重要参考。因此，其他企业通常会密切关注晴雨表型企业的价格动态，并根据其价格变动情况来灵活调整自身产品的价格，以确保与市场保持同步。

课堂练习——分析题

近些年来,新能源汽车市场如火如荼地发展,造车新势力不断出现。对于未来的市场结构,有的人认为,汽车行业的智能化会让行业呈现集中趋势,若干年后只会有几家龙头企业。还有的人认为,国内汽车行业不会出现几家独大的局面。你怎么看?

(三)卡特尔

卡特尔是由生产相同或相似产品的独立企业组成的一种垄断组织,旨在通过协同行动避免价格竞争,提高产品价格并控制产量,从而实现整体市场的垄断与利润最大化。卡特尔源于英文"Cartel",意指协议或同盟,反映了其通过订立协定形成企业间的联合。

卡特尔的成员企业在法律和商业上保持独立地位,但在行动上却紧密配合,追求整体利益的最大化,类似于一个大型垄断企业。通过内部协议来规定产量分配、价格制定及销售区域划分等关键要素,以实现市场控制和垄断地位。

当前,石油输出国组织(OPEC)便是卡特尔的一个成功案例,通过协调成员国间的行动,对全球石油市场产生了重要的影响。请阅读案例7-9,以进一步了解卡特尔的运作机制与效果。

案例7-9　　　　石油输出国组织——世界上著名的卡特尔

在1960年,沙特阿拉伯、伊朗、伊拉克、科威特及委内瑞拉五国联手成立了石油输出国组织——OPEC,旨在通过协调各国的石油政策,共同商定原油产量和价格,维护自身权益。

OPEC定期举行会议,深入剖析石油市场的风云变幻,根据经济增长速率、石油供求状况等多项因素,审慎调整产量策略,力求维持油价稳定,保障消费国的油源供应。成员国掌控着世界约三分之二以上的石油储量,其产油量、出口量均居全球前列,决策对国际油价具有举足轻重的影响。

OPEC在全球石油市场中扮演着举足轻重的角色,但其影响力受到全球经济、政治、技术等多方面因素的制约。未来,随着全球能源结构的不断调整和环保意识的日益增强,OPEC将面临更多的挑战和机遇。

(来源:今日头条)

(四)博弈论

博弈论(Game Theory)是一门研究个体在不同策略情境下如何作出决策的学科。在博弈论中,"策略"指的是个体在作出行动选择时,必须充分考虑到其他参与者对其行动可能作出的反应。在寡头垄断市场中,由于企业数量有限,每家企业都必须以策略性的方式行事。这是因为每家企业都清楚,其利润不仅取决于自身的生产量,还受到其他企业生产量的影响。因此,在制定生产决策时,寡头市场上的每家企业都必须仔细权衡其决策对其他企业可能产生的影响。

寡头在追求垄断地位的过程中所展开的博弈,与两个陷入困境的囚徒之间的博弈具有相似性。尽管实现垄断地位对寡头而言是符合共同利益的,但每个寡头都有动机违背合作协议。正如囚徒困境中,自私的动机促使囚犯坦白一样,自私同样导致寡头难以维持低产量、高价格，以实现垄断利润的合作状态。为了更深入地理解囚徒困境的概念，请阅读案例 7-10。

案例 7-10　　　　　　　　　　　　囚徒困境

"囚徒困境"说的是两个囚犯 A、B 的故事。这两个囚徒一起做坏事，结果被警察发现抓了起来，分别关在两个独立的、不能互通消息的牢房里进行审讯。在这种情形下，两个囚犯都可以做出自己的选择：供出他的同伙（即与警察合作，背叛他的同伙），或者保持沉默（即与他的同伙合作，而不是与警察合作）。这两个囚犯都知道，如果他俩都能保持沉默的话，就都会被释放，因此只要他们拒不承认，警方无法给他们定罪。但警方也明白这一点，就给了这两个囚犯一点儿刺激：如果他们中的一个人选择与警察合作，即告发他的同伙，那么他就可以被无罪释放，同时还可以得到一笔奖金。而他的同伙就会被按照最重的罪来判决，并且为了加重惩罚，还会对同伙进行罚款。当然，如果这两个囚犯互相背叛的话，两个人都会被按照最重的罪来判决，谁也不会得到奖赏。

那么，这两个囚犯该怎么办呢？从表面上看，他们应该互相合作，保持沉默，因为这样他们俩都能得到最好的结果。但他们不得不仔细考虑对方可能采取什么选择。A 犯马上意识到，他根本无法相信他的同伙不会向警方提供对他不利的证据，然后带着一笔丰厚的奖赏出狱，让他独自坐牢。这种想法的诱惑力实在太大了。但他也意识到，他的同伙也不是傻子，也会这样来设想他。所以 A 犯的结论是，唯一理性的选择就是背叛同伙，把一切都告诉警方，因为如果他的同伙笨得只会保持沉默，那么他就会是那个带奖出狱的幸运者了。而如果他的同伙也根据这个逻辑向警方交代了，那么，A 犯反正也得服刑，起码他不必在这之上再被罚款。反过来，B 犯也会有同样的想法。因此这两个囚犯按照不顾一切的逻辑得到了最糟糕的后果：同时坐牢。

囚徒困境可以用来说明寡头垄断市场上寡头之间的互相"算计"。如果某个寡头垄断行业产品需求价格弹性较大，把 A、B 看成两个家电巨头，坦白看成降价，不坦白看成不降价，奖赏看成是市场份额增加，套用上面的分析步骤，就可以得出结论，这两个寡头之间若爆发价格战，率先降价可以获得市场份额增加，是两个家电巨头的必然选择，而结果却是两败俱伤。

课堂练习——思考题

你能举出现实中类似"囚徒困境"的例子吗？

四、社会生活中的寡头垄断

在日常生活中，有这么一种现象，即在同一街道上的多家饭店往往"集聚一堂"，超市、大型银行等亦不例外。有人认为，如果这些饭店能均匀分布，将更便于消费者，而当前的集聚现象被视作过度竞争和资源浪费。实际上，这一现象可通过海滩占位模型来解析。

海滩占位模型源于囚徒困境理论。设想在夏日海滩上，游客众多，喜欢享受阳光和海水。为了简化分析，我们将海滩的长度抽象为 1，区间[0,1]即代表海滩的长度，如图 7-6 所示。

假设 A 和 B 为两个售卖无差异食品的小商贩，他们的商品同质同价，如矿泉水、面包等。若游客均匀分布在海滩上,且倾向于就近购买食品,则理论上,A 应位于海滩的 1/4 处,B 位于 3/4 处,以实现游客和商贩间的最佳匹配。在此布局下,两商贩各拥有半数的潜在客户,收益均衡。

然而,从实际角度出发,商贩作为理性个体,倾向于最大化个人利益。A 商贩为增加收益,可能将摊位向中间移动,以吸引 B 商贩的顾客。B 商贩同样作为理性个体,亦会采取相似策略,向中间移动摊位。最终,两商贩的摊位会紧邻于海滩的中部。

以大学对面的超市为例,经常会出现几个超市密集排列的现象。为何这些超市会如此布局?其背后逻辑与海滩占位模型相似,均是理性个体在市场竞争中追求自身利益最大化的结果。这种超市现象,本质上体现了理性行为的逻辑,也是市场竞争中的合理现象。

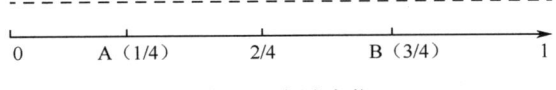

图 7-6 海滩占位

扩展阅读

《反垄断法》"大修"升级 互联网垄断拟入法

模块八 收入分配及其应用

学习目标

【知识目标】

了解生产要素的需求和供给机制。

掌握生产要素需求曲线及决定因素。

掌握工资、资本、地租、利润等生产要素的价格形成机制。

掌握洛伦兹曲线和基尼系数在收入分配分析中的应用。

了解收入分配政策对经济和社会的影响。

【能力目标】

运用收入分配理论分析生产要素价格的形成和发展趋势。

运用基尼系数等工具衡量和分析收入分配状况。

利用基尼系数评估和分析我国收入分配的变化趋势。

【素质目标】

遵循社会道德规范,树立正确的价值观。

保持良好的心理素质,提升职业素养。

感受中国特色收入分配理论体系创新发展带来的惠民成果,形成正确的义利观。

弘扬社会主义核心价值观,促进社会公平正义。

单元一 生产要素需求与供给及其应用

案例引入

收地租的故事

有个老汉,治家有方,日子过得殷实。春冬之际他披星戴月去拾粪,夏秋之交,他踩着露水就下田。除了猛干活,他在生活上也是省吃俭用。然而,随着孩子们逐渐长大,老汉开始犯愁。他总是会想:孩子个个成了家,心态似乎有了变化。有的肯吃苦、能干活,有的就不那么爱动弹,还有的嘴馋好花钱。有一天,他终于想出了好法子。

这天他把全家人召集在一起,直截了当表明了自己的想法,他说:"咱家田地多,不能再像之前那样大家一起做了,我把咱家的地,好的按好价,差的按差价,分别租给你们种吧,秋后收割完庄稼,晒干、簸净后交地租,多打的粮食归你们自己。家不分,人不散,地租虽高点，可我有安排。"

开始，儿子们有些不满，但心里也各自打着小算盘。最终，他们还是按照老汉的想法定了下来。土地租出后，老汉的心情变得愉快起来。早晨，不等他起床，大门就"吱呀"作响，大家纷纷出门劳作。饭后放下碗筷，老汉一袋烟还没抽完，大家就各自忙碌去了。

果然，人勤地不懒，每块田地都长出了好庄稼。秋后，儿子们如数交齐了地租。老汉盘算了一下，除了留下全家所需的粮食，还剩下不少。他用卖粮的钱，又购买了一亩多地。就这样，租金年年收，家产岁岁增，日子越过越红火。逢年过节时，孙子孙女们都穿得花花绿绿，没有让老汉掏一分钱，他只在过年时给孩子们发个大红包，一家人其乐融融。

知识学习

从生产者角度看，工资、利息、地租和利润是四种生产要素的价格或生产成本，从要素所有者角度来看，则分别是各所有者的收入。因此，要素的价格决定问题也就是收入分配问题，收入分配理论就是分析工资、利息、地租和利润是如何被决定的。市场经济条件下，要素的价格主要由要素的供求关系决定。

一、生产要素需求

（一）生产要素需求的定义

生产要素需求指的是厂商在特定时期内，基于一定的价格水平，所愿意且有能力购买的生产要素的数量。

在市场的运行中，厂商和消费者在生产要素市场与产品市场中扮演着截然相反的角色。具体而言，在产品市场上作为买方的消费者，在要素市场上则转变为卖者，他们出售劳动、资本和土地等生产要素，并对这些生产要素的价格保持关注。相反，在产品市场上作为卖方的厂商，在要素市场上则转变为买者，他们购买上述生产要素用于生产活动，再将生产出的产品出售给消费者，对产品的价格更为敏感。在这一过程中，消费者通过购买所需产品满足其需求，而厂商则通过销售产品追求利润最大化。

（二）生产要素需求的特点

1. 派生需求

厂商对于生产要素的需求，本质上是一种派生需求，又称引致需求，这种需求源于消费者对产品的需求。简而言之，企业购买生产要素的初衷是为了生产和销售产品，进而实现盈利。产品因其效用能够满足消费者的需求，从而激发消费者的购买意愿，为厂商带来利润。为了生产这些具有效用的产品，厂商必须投入必要的生产要素。例如，为了生产面包，厂商需要雇用劳动力、租赁厂房，并采购如面粉、砂糖、烤箱等相关生产要素。显然，倘若消费者对产品没有需求，厂商便无法从生产和销售中获利，进而也就无须采购相关的生产要素。

2. 联合需求

厂商对于生产要素的需求还呈现出一种联合需求的特性。这意味着各种生产要素之间存在着紧密的相互依赖关系。在生产过程中，不同的生产要素具有互补性，往往不能单独发挥作用。例如，仅有工人或仅有机器都无法生产出具有特定效用的产品。只有当多种生产要素协同作用时，才能生产出满足消费者需求的产品。同时，这些生产要素之间在一定程度上又具有替代性。譬如，当劳动力价格上涨时，厂商可能选择使用更多的机器设备来替代劳动力。因此，厂商对于生产要素的需求不仅受到该要素自身价格的制约，还受到其他替代和互补要素价格的影响。

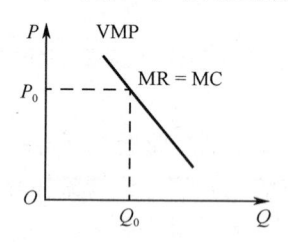

（三）生产要素的需求曲线

生产要素的需求受其边际生产力的影响。边际生产力理论，由美国经济学家约翰·贝茨·克拉克（John Bates Clark）提出，旨在量化多种生产要素在生产过程中各自贡献的份额，从而决定各单位应得的收入分配。边际生产力具体指的是，在其他条件保持不变的情形下，每增加一个单位生产要素投入所能带来的额外产量。若以实物衡量，则称为边际物质产品；若以货币收益表示，则称为边际收益产品。

由于边际收益递减规律的作用，生产要素的需求曲线呈向右下方倾斜的趋势，如图 8-1 所示。在图中，横轴 Q 代表生产要素的需求量，纵轴 P 代表生产要素的价格。VMP 曲线表示边际产品价值，同时也是生产要素的需求曲线。当生产要素的价格达到 P_0 时，P_0 水平线即为 MC 曲线，此时要素需求量为 Q_0，实现了边际收益 MR 等于边际成本 MC 的经济均衡。若生产要素价格上升，则 MR 将小于 MC，导致生产要素的需求量减少；反之，若生产要素价格下降，则 MR 将大于 MC，导致生产要素的需求量增加。

图 8-1　生产要素的需求曲线

课堂练习——单选题

生产要素需求曲线向右下方倾斜，是因为（　　）递减。
A．边际收益产品　　　　　　　　B．产品的边际效用
C．生产的规模报酬　　　　　　　D．以上均不正确

二、生产要素供给

（一）生产要素供给的定义

生产要素供给指的是，拥有生产要素（如劳动、土地、资本等）的消费者，为了从企业获取收入，而将这些生产要素的使用权出售给企业。具体而言，劳动力的所有者通过向企业出售劳动力的使用权以获取工资，土地所有者出售土地的使用权以获取地租，而资本所有者则出售资本的使用权以获取利息。

（二）要素供给者的分类

生产要素通常可划分为中间要素和原始要素。中间要素，又称中间产品，由厂商按照利润最大化原则生产，并遵循一般商品的供给规律，供给者是厂商。原始要素，指的是最初且未经过加工的生产要素，主要涵盖劳动、资本、土地及企业家才能等。在这些要素中，资本要素多以货币形态存在，可用于购置各类固定资本。原始要素的供给者是家庭或个人消费者。

通常情况下，家庭或个人消费者是生产要素的提供者。出于对经济利益的追求，他们首先在生产要素市场上提供一定数量的劳动、土地等要素以获取收入。随后，在商品市场上购买所需商品，以在消费过程中实现效用最大化。而企业，作为产品市场的供给方，则成为要素的需求者，他们从家庭或个人消费者处购买劳动、资本、土地等生产要素以进行生产活动。

（三）要素市场的供给分析

在分析要素供给之前，首先需明确要素存量与意愿供给量的概念。消费者所拥有的生产要素数量（如劳动、资本、土地等）在特定时期内是固定不变的，这构成了该时期的要素存量供给。这一存量与要素价格无直接关系，且实际供给量不会超过此存量。而要素的意愿供给量，则指要素所有者愿意提供或出售的数量，通常与要素存量不同。要素所有者愿意提供的数量往往会随着要素价格的变动而调整。为了更深入地理解这一概念，请阅读案例8-1，了解劳动力市场中劳动对供给的影响。

案例8-1　　　　　　　　　果园里的劳动力供需

在一片繁荣的果园里，每年都需要勤劳的"园丁"来照料。

春天来临，果树对"园丁"的需求如同春花般绽放。果园主急忙四处招募，许以丰厚待遇，吸引了许多有志青年。这时，劳动力的供给仿佛山间溪流，源源不断，果园因此生机勃勃。

然而，随着季节更迭，果实累累，果园的工作变得繁重而单调，而工资不变。一些"园丁"开始寻找更轻松或更有挑战的岗位，劳动力的供给渐渐减少，如同夏日午后渐渐干涸的小溪。果园主焦急万分，提高待遇，但效果甚微。

此时，果园主明白了，劳动力的供需，如同自然界的四季变换，有其自身的规律。唯有通过提升工作环境、增加培训机会、共享发展成果，才能让果园成为"园丁们"心中的乐土，劳动力之河方能长流不息。

课堂练习——思考题

企业对劳动力要素的需求与社会供给之间的矛盾是如何形成的？

三、生产要素在社会生活中的应用

生产要素是国家经济发展的基石，要素之间的相互作用和合理配置决定了国家的经济活力、生产效率和创新能力。下面将通过更具体的例子来深入探讨这些要素如何在实际生活中发挥作用。

自然资源：以农业为例，土地是最基本的生产要素。在我国的东北地区，肥沃的黑土地为玉米、大豆等农作物的高产创造了有利条件，使得该地区的农产品在全国范围内享有盛誉。这不仅保障了国家的粮食安全，还带动了相关产业链的发展，如食品加工、物流运输等。

劳动：我国的制造业之所以能在全球市场上占据一席之地，与大量技术熟练的劳动力密不可分。在珠三角、长三角等地区，众多工厂和企业汇聚了大量的劳动力资源。这些工人通过专业的技能培训和长期的实践操作，成为了各自领域的行家里手。他们的辛勤付出不仅提高了产品的生产效率和质量，也为我国制造业的蓬勃发展注入了源源不断的动力。此外，随着我国经济的转型升级，高素质的人才在经济发展中的作用愈发凸显。例如，在科技、金融、教育等领域，大量专业人才通过创新和研发，为我国的科技进步和产业升级做出了巨大贡献。

资本与技术的结合：以深圳为例，作为我国的高科技产业聚集地，涌现出了一大批知名企业。这些企业的成功离不开大量的资本投入和技术研发。以某头部通信企业为例，其每年在研发上的投入都占据了公司营收的较大比例，这使得该企业在通信技术领域始终保持领先地位。资本与技术的有效结合，不仅推动了企业的快速发展，也为整个行业的技术进步和产业升级打下了坚实基础。

企业家：作为生产要素的组织者和创新者，企业家在经济社会发展中扮演着举足轻重的角色。以我国头部电商企业为例，不仅改变了人们的购物方式，还推动了整个电商行业的发展。电商企业的成功不仅源于企业家对生产要素的有效组织，更在于敢于冒险、不断创新的企业家精神。正是这种精神，使得电商企业能够在激烈的市场竞争中脱颖而出，成为行业的佼佼者。

请阅读案例8-2，了解生产要素的应用方式。

案例8-2   **复利投资**

野猪和猴子在一片收割过的田地里发现了一袋农夫们落下的玉米，于是它们兴高采烈地平分了这袋玉米。

转眼第二年秋天的时候，野猪和猴子坐在田间聊天。猴子对野猪说："还记得去年这个时候，咱们捡到的那一大袋玉米吗？今年如果再拣到玉米，就可以像去年一样舒舒服服过冬了！"

野猪听完猴子的话，疑惑地问："猴子老弟，难不成你把去年分得的玉米全都吃光了？"

猴子点点头："没错呀！不吃光，难道还留着吗？"

野猪听罢，摇了摇头："看来今年你还得出去寻找过冬的粮食不可了！我把去年分得的粮食留下一部分，找了块肥沃的土地种下去，今年的收成还不错。如果以后我每年的收成都很不错，那么我就不需要天天为找食物而奔波，年老时也不必为找不到食物而犯愁了！"

（来源：今日头条）

课堂练习——简答题

请探讨生产要素理论在微观经济学中的地位？

> **扩展阅读**
>
> 数据纳入生产要素范畴的深意

单元二　工资、资本要素、地租和利润

案例引入

工资的作用

C 镇有一个充满活力的工厂，不仅是镇上的经济支柱，也是人们梦想与汗水交织的地方。这家工厂的生产线上，机器轰鸣，工人们忙碌而有序，共同编织着生活的希望。工资作为劳动的直接回报，成为了连接工人与工厂情感的纽带。

老张是工厂里的一名资深工人，他的双手如同魔术师，将粗糙的原材料转化为精美的产品。每个月的工资日，对他而言，不仅仅是一个数字的变化，更是对辛勤付出的认可与尊重。工资的到来，让他能够为家人添置新衣，改善更好的生活，也让老张的孩子有机会接受更好的教育，追逐更远的梦想。

工厂深知工资的重要性，其不仅关乎工人的生活质量，更影响着工厂的稳定与发展。因此，工厂始终秉持着公平、合理的原则，根据工人的技能水平、工作表现及市场情况，及时调整工资标准，确保每位工人都能得到应有的回报。

就这样，在工资这一纽带的牵引下，他们共同面对挑战，分享成功的喜悦，工厂与工人之间形成了紧密的合作与信任关系。

知识学习

一、工资

（一）工资的决定

1. 工资的定义

工资是指雇主为使用劳动要素所支付的报酬，即劳动者通过提供劳动所得的收入。

2. 工资的种类

工资的种类多种多样，主要包括以下几种：

（1）计时工资和计件工资；

（2）货币工资与实物工资；

（3）名义工资与实际工资。

（二）完全竞争市场上工资与就业量的决定

在完全竞争的劳动市场中，工资水平主要是由劳动的供求关系决定。

1. 劳动的需求

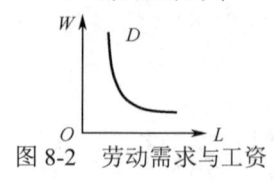

从劳动需求的角度来看，劳动的价格（即工资水平）主要由劳动的边际生产力决定。如图 8-2 所示，纵坐标轴 W 代表工资，横坐标轴 L 代表劳动需求量，曲线 D 则描绘了劳动需求量的变化。当劳动雇佣量逐渐增加时，劳动的边际收益产量递减。因此，劳动需求曲线 D 呈自左上方向右下方的倾斜态势。

图 8-2　劳动需求与工资

进一步而言，劳动需求量与工资水平之间呈反向变动的关系。当工资水平上升时，雇主往往会减少劳动雇佣量，以降低生产成本；反之，当工资水平下降时，雇主可能增加劳动雇佣量，以利用相对低廉的劳动力成本。这一关系体现了劳动市场中的供求平衡机制。

2. 劳动的供给

从供给的角度来看，劳动的供给曲线表现为一条后弯曲线 S。起初，随着工资的提高，劳动供给量也随之增加。这是因为较高的工资水平吸引了消费者减少闲暇时间，转而增加劳动时间，使得劳动供给曲线 S 在初始阶段呈现向右上方倾斜的趋势。

然而，高工资对劳动供给的吸引力并非无限。当工资上涨至某一特定水平时，消费者的劳动供给量将达到最大值。此后，由于劳动者对闲暇时间的需求增加，即便工资继续上涨，劳动供给量也可能不再增加，甚至可能随工资的提高而降低，如图 8-3 所示。

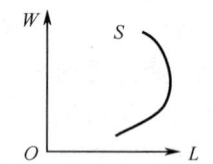

劳动的供给曲线 S 在达到一定的工资水平后会向后弯曲，反映出劳动者在工资和闲暇时间之间的权衡和选择。

图 8-3　劳动供给与工资

3. 劳动力市场的均衡

劳动的需求与供给在市场上的相互作用共同决定了完全竞争市场上的均衡工资水平。当劳动需求等于劳动供给时，市场达到均衡状态，此时的工资水平即为均衡工资。

（三）不完全竞争市场中工资与就业量的决定

1. 劳动市场卖方垄断（工会存在）条件下工资与就业量的决定

假设工会作用足够大，工会能够迫使政府通过立法规定最低工资，这样，劳动者的工资也可以高于劳动的边际生产力。

2. 双边垄断条件下工资与就业量的决定

假设劳动市场的供求双方都存在垄断因素，即所谓市场的"双边垄断"。在这种条件下，工资率和就业量在理论上是不可确定的。取决于集体谈判时，双方讨价还价的力量。

3. 工会影响工资的主要形式

第一，增加对劳动力的需求，工会增加厂商对劳动需求的方法主要是增加市场对产品的需求。

第二，减少劳动供给。在劳动需求不变的条件下，通过减少劳动的供给同样也可以提高工资。

第三，最低工资法。工会迫使政府通过立法规定最低工资，这样，在劳动的供给大于需求时也可以使工资维持在一定的水平上。

二、资本要素

（一）利息

利息是资本使用权的价格，代表了厂商在一定时期内利用资本生产力所支付的代价，同时也是资本所有者在相同时期内因让渡资本使用权并承担风险而获取的报酬。利息率是利息与借贷资本之间的比率，其高低直接受资本供求状况的影响。厂商对资本的需求主要取决于资本的边际生产力，即在其他生产要素保持不变的条件下，增加一单位资本所能增加的边际收益产品。

（二）资本

资本是指人类用于创造物质财富和精神财富的各种社会资源的总称。资本的特点在于其数量具有可变性，能够通过人们的经济活动进行生产和调整。资本的生产目的在于通过其投入获得更多的商品和劳务。作为重要的投入要素，资本通过生产过程实现商品和劳务的增值。资本涵盖范围广泛，既包括住房、家具等个人消费品，也包括工厂、机器等生产资料。

（三）资本的供给

资本的供给主要来源于储蓄者（如家庭、企业等）为了获取利息而进行的储蓄行为。储蓄者的储蓄选择受到其收入水平和利息水平的影响。收入水平越高，储蓄量通常越多，资本供给也相应增加；利息水平越高，储蓄的吸引力越大，储蓄量也会相应增加。

资本与其他生产要素（如土地）的主要区别在于，其数量可以通过人们的经济活动进行创造和调整，而土地则是自然给定的。这一区别使得资本的供给问题与其他生产要素的供给问题存在显著差异。资本的供给问题本质上归结为资本所有者如何在消费与储蓄之间做出选择，这在经济学中被称为消费者的长期消费决策问题。

如图 8-4 所示，横轴 Q 代表资本的供给量，纵轴 r 代表利息率。S 表示资本的供给曲线，D 表示资本的需求曲线。当利息率上升时，资本的供给曲线 S 在正常阶段向右上方倾斜，表示消费减少、储蓄量增加，利息率与资本供给量同向变动。利息率的提高会减少厂商对资本的需求，因此资本的需求曲线 D 呈向右下方倾斜，与一般的商品需求曲线相似。资本的供给曲线 S 与需求曲线 D 的交点 E 所代表的利息率，为市场均衡利息率 r_0。

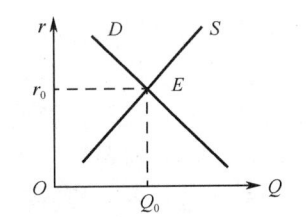

图 8-4　资本需求曲线和供给曲线

课堂练习——简答题

你知道有哪些贷款？哪种贷款利息比较高，哪种比较低？

三、地租

（一）地租的决定

地租，是使用土地的人向土地所有者支付的报酬，本质上是土地这种生产要素的价格。这里的土地价格与商品价格有所不同，因为土地是一种特殊的生产要素，其价格不能简单地用市场供求关系来确定。实际上，土地的价格是由土地的需求和供给共同决定的。

土地的需求取决于土地的边际生产力，而边际生产力是递减的。因此，土地的需求曲线是一条向右下方倾斜的曲线。如果把土地的供给看成是固定不变的，那么土地的供给曲线就会垂直于横轴。将向右下方倾斜的土地需求曲线和垂直于横轴的土地供给曲线结合起来，就可以确定土地的均衡价格，即地租。

（二）级差地租

在以上关于地租的讨论中，其实隐含着一个假定，即土地是同质的。但实际上，由于土地的肥沃程度、地理位置、交通便利程度及气候条件等因素的不同，土地是存在差异的。根据这些差异，可以将土地分为不同的等级。不同等级的土地，使用者需要支付的租金也不同，即地租也不同。这种由于土地质量差异而产生的地租差异，被称为级差地租。

（三）租金、经济租金和寻租

地租是由于土地总量固定不变，因需求所决定的产品价格超过成本的余额。经济学家们根据这一特性，将其应用到其他领域，发展出了租金、经济租金等概念。

1. 租金

租金是指固定供给要素的服务价格。在某些情况下，不仅土地可以被视为固定供给的要素，其他资源也可以被视为固定供给的要素。例如，某些人的天赋、才能就类似于土地，其供给数量是固定不变的。这些固定供给的资源也有相应的价格，这种价格与土地的地租非常相似。为了与特殊的地租相区别，可以将这种固定供给要素的服务价格称为租金。换句话说，地租是当所考虑的资源为土地时的租金，因此，地租只是租金的一个特例。

2. 经济租金

经济租金是指要素收入与其机会成本之间的差额。在某些情况下，要素的收入虽然从总体上看不同于租金，但其收入的一部分可能类似租金。例如，如果从该要素的全部收入中减去这一部分并不会影响要素的供给，那么这一部分要素收入就可以被视为经济租金。简单地说，经济租金就是要素所有者实际获得的收入超过其机会成本的部分。

需要注意的是，经济租金并不是由于要素自身的质量好或边际收益产品高而获得的，而是由于要素的供给量相对较少，导致其价格较高。例如，某技术工人在市场需求量一般的状况下，年收入为 6 万元，若需求量增加，该技术工人每年收入将提高到 10 万元。如果该技术工人不从事当前的工作，他只能获得 5 万元的年收入。那么，他的机会成本就是 5 万元，他的经济租金就是 10 万元减去 5 万元，即 5 万元。

经济租金与消费者剩余的概念具有相似之处，二者均由实际发生额与期望数额的差值构成，因此都被视为一种剩余。然而，二者也存在明显的区别：消费者剩余是指消费者在购买商品时所获得的额外心理满足感，并非实际收入的增加；而经济租金则是生产要素供给者实际获得的额外收入，属于实际收入的增加。请阅读案例8-3，以进一步了解经济租金。

案例8-3　　　　　　　　　　　经济租金

在Q市的劳动市场中，存在Ⅰ、Ⅱ两类工人，各占五十人。Ⅰ类工人技能相对较低，其期望薪资为2000元；Ⅱ类工人则技能出众，其期望薪资达到3500元。当某项工作对两类工人皆适宜时，企业出于成本考虑，往往会优先选择雇用Ⅰ类工人。然而，一旦Ⅰ类工人的数量无法满足企业的需求，便不得不转向雇用Ⅱ类工人。

假设Q市的某大型企业计划招聘工人共计一百人，则需要同时雇用Ⅰ、Ⅱ两类工人。此时，企业所支付的薪资须以Ⅱ类工人的薪资标准为准。如此一来，Ⅰ类工人所获得的收入便超出了他们原先的期望。

具体计算为：3500元（Ⅱ类工人薪资）－2000元（Ⅰ类工人期望薪资）=1500元。这1500元的额外收入，便是所谓的"经济租金"。事实上，不仅仅是工人，其他生产要素的所有者亦有可能获得这种经济租金。

3. 寻租

在经济租金概念的基础上，逐渐衍生出了寻租理论。寻租，是指在未进行生产性活动的情况下，个体或团体为垄断社会资源或维持其垄断地位，进而获取垄断利润（即经济租金）所从事的非生产性谋利行为。政府通过行政权力对企业和个人的经济活动进行干预和管制，往往妨碍了市场竞争的正常运作，从而为少数特权者创造了获取超额收入的机会。

根据美国经济学家詹姆斯·布坎南（James Mcgill Buchanan）和安妮·克鲁格（Anne O. Krueger）的论述，这种超额收入被称为租金，而寻求这种特权以获取租金的行为，被称为寻租活动，简称寻租。寻租的实质，实际上是权力腐败的一种体现。布坎南等经济学家认为，寻租具有两层深刻含义：其一，权力寻租是一种严重的资源浪费现象，任何一项寻租活动都会导致社会资源的无效消耗，而非促进社会剩余的增加；其二，任何形式的权力寻租都与政府的过度管制或市场的垄断格局密切相关。在这种情况下，行政权力的行使并非以增进公共利益为宗旨，而是沦为小团体谋取利益的工具。

四、利润

在经济学领域，利润被定义为总收入与总成本之间的差额，归属于企业所有者或投资者，并在企业所有者或股东之间分配。利润可分为正常利润和超额利润两种类型。正常利润，作为企业家才能的报酬，体现了这种生产要素的价值，其数额由企业家才能的供需关系决定，往往远高于一般劳动者的工资水平。而超额利润，即超出正常利润的部分，又称纯粹利润或经济利润，在完全竞争市场中是不存在的。超额利润的产生主要源于三个方面。

（一）创新

创新的理念由奥地利经济学家约瑟夫·熊彼特（Joseph Schumpeter）首次提出。创新指的是企业家对生产要素进行新的组合，通过率先改变生产函数或需求函数，从而获取超越同行业中其他企业的超额利润。这种创新主要体现在两个方面：一是通过采用降低成本的新技术或管理方法，优化产品生产过程；二是通过创造新产品、新样式或广告宣传等手段，满足消费者需求的变化。然而，创新的利润具有暂时性，因为一旦创新行为被其他企业模仿，这种利润便会消失。

（二）风险

超额利润也被视为企业家承担风险的报酬。未来充满不确定性，企业可能因意外事件获得额外利润，也可能遭受未预料到的损失。因此，承担风险需要高额报酬以补偿潜在损失。

（三）市场的不完全性

市场的不完全性，特别是卖方垄断和买方垄断的存在，为垄断企业提供了获取超额利润的机会。垄断企业凭借其市场地位，通过压低进货成本或提高销售价格等手段，实现超额利润。

利润作为收益与成本之差，具有难以预测的特性，其数值可能为正也可能为负。此外，利润在企业经营中扮演着多重角色，不仅是企业从事生产活动的动力，也是评价企业经营绩效的重要指标。利润影响着社会的收入分配和资源配置，同时也是企业扩大生产经营活动的基础，为企业的持续发展提供了资金支持。

五、工资、资本要素、地租和利润在社会生活中的应用

（一）工资在社会生活中的应用

工资在促进社会、经济发展过程中占据举足轻重的地位，是平衡社会发展、促进社会和谐、实现社会文明的重要元素。

1. 工资有助于稳定社会秩序

劳动者通过出售生产要素从企业获得报酬，结合公平合理的分配制度，得以保障基本生活需求，这在一定程度上有助于社会安全秩序的构建与维持。

2. 工资能反映企业的经济效益

很多企业在国家规定的工资基础上，根据本企业的盈利状况对工资进行适当调整。这种调整不仅是企业收益的再次分配，更体现了企业良好的经营状态，使企业在招聘市场上更具有竞争力。

3. 工资是企业贯彻按劳分配制度的体现

企业在发放工资时主要以按劳分配为原则，提倡同工同酬和多劳多得，工资成为衡量劳动者绩效较为直观和有效的标准。

请阅读案例8-4，了解同工不同酬的现象及背后原因。

案例 8-4　　　　　　　　　同工不同酬的解决方案

当劳动者在提供相同劳动量的情况下未获得同等的报酬时，有权向劳动行政部门投诉，要求用人单位支付足额的劳动报酬。若用人单位逾期未支付，将承担相应的不利后果。然而，有观点认为，在存在同工不同酬现象的情况下，商人可能积极寻找工资被压低的弱势群体，从而促使这些群体的工资水平逐渐上升，直至与从事相同工作的人持平。尤其是在竞争激烈的环境中，同工不同酬现象更容易被揭露，并最终趋于消失。这是基于经济学角

度的思考，强调市场机制在调节劳动力价格中的作用。

年龄较大或竞争力较弱的劳动者可能不得不降低自己的劳动力价格以在市场中获得优势，这种"价格战"在劳动力市场上确实有其存在的合理性。但"同工同酬"并非单纯强迫企业提高工资，而是旨在保障劳动者的合法权益，防止不公平的薪酬现象。

在解决同工不同酬的问题时，劳动力市场的供需双方通过价格自动调节达到均衡的力量确实重要，但政府的作用同样不可或缺。政府应确保工资水平较低的人群及需要雇用工人的企业信息能够公开、透明地传递，从而帮助劳动者和企业做出更明智的决策。此外，政府还应考虑制定相关的法律法规，以规范和监督劳动力市场的运行，确保劳动者的权益得到充分保障。

综上所述，解决同工不同酬问题需要综合考虑市场机制、政府作用及劳动者和企业的实际情况。通过合理的政策引导和信息公开，可以逐步消除这一现象，促进劳动力市场的公平与和谐。

（二）资本要素在社会生活中的应用

资本参与生产过程，产生价值，正如劳动所得薪酬一样。在使用资本时，应当支付相应的利息，以体现资本自身的时间价值和机会成本。资本要素中的利息作为重要的经济杠杆，在社会生活中具有广泛的应用。

1. 促储蓄、抑消费

许多经济活动都离不开资本的积累与增长。利息的存在能够鼓励人们减少消费，增加储蓄，从而为经济发展注入新的资本。以日本、韩国等亚洲国家为例，其某段时间经济的高速增长往往与高储蓄率和高投资率密不可分。因此，高利息率政策成为国家在经济发展初期刺激储蓄、促进经济增长的重要手段。

2. 引导资本流向

利息的存在不仅有助于引导资本流向利润率较高的部门，实现资本的高效利用，同时也是激励厂商优化资本配置、提升经济效益的重要力量。在利息率的调节下，市场能够自动调整资本流向，促使资源得到更合理的配置。同时，厂商在使用资本时需要支付利息，这种成本压力促使他们更加珍惜和高效地使用资本，避免浪费和无效投资。

3. 调控宏观经济

利息率作为宏观经济调控的重要工具，能够在不同经济环境下发挥积极作用。在通货膨胀时期，提高利息率有助于抑制过度消费和投资，稳定物价；在经济萧条时期，降低利息率则能刺激消费和投资，促进经济复苏。因此，利用利息率进行宏观经济调控，对于实现经济稳定与增长具有重要意义。

（三）地租在社会生活中的应用

地租范畴作为社会主义市场经济条件下土地有偿使用的理论依据，具有重要的指导意义。不但能够强化土地管理的经济杠杆作用，确保土地资源的合理分配与高效利用，而且是制定产品价格时不可或缺的重要参考因素。此外，地租还为土地价格的确定及征地补偿等提供了坚实的基础，有助于维护土地市场的秩序与公平。

（四）利润在社会生活中的作用

利润不仅是社会进步的重要驱动力，更是企业发展的核心所在。正常利润作为对企业运营成果的回报，能够激励企业更加注重经济效益的提升，进而推动经济的繁荣与社会的持续发展。

创新所产生的超额利润能够激发企业的创新精神，推动科技的不断进步，为社会的长期发展注入活力。而风险所产生的超额利润则鼓励企业勇于探索未知领域，承担风险，为经济的多元化发展贡献力量。

追求利润的目的使得企业更加注重市场需求，努力优化生产流程，降低成本，提高资源利用效率。这种市场导向的生产方式有助于资源的优化配置，实现经济效益和社会效益的双赢。

此外，整个社会以利润为导向来引导投资，使得投资与资源的配置更加符合市场的需求和社会的期待。这种投资导向有助于实现经济的可持续发展，推动社会整体福利水平的提升。

请仔细阅读案例8-5，深刻体会利润对企业发展的重要性。

案例8-5　　　　从辉煌到衰败：蜜淘网的创业之路

蜜淘网，一度被视为跨境电商领域的佼佼者，享有"海淘版唯品会"的美誉。其创始人谢文斌，出身于天猫，凭借对海淘市场的敏锐洞察，毅然决定踏上创业之路。2014年3月，"CN海淘"应运而生，同年9月正式更名为"蜜淘"。谢文斌怀揣着雄心壮志，将蜜淘网定位为"海外品牌限时特卖网站"，立志成为海外购物领域的"京东"。

蜜淘网的融资历程堪称大手笔。在上线前，CN海淘便获得了著名天使投资人蔡文胜的100万元投资；紧接着，2014年7月，蜜淘网又成功获得了500万美元的A轮融资；同年11月，更是斩获了高达3000万美元的B轮融资。

短短一年内，蜜淘网顺利完成了三次融资，且融资额呈指数级增长。一时间，蜜淘网在投融界声名鹊起，备受瞩目。然而，好景不长。自2016年3月底起，媒体纷纷报道蜜淘网已陷入困境。原来，在获得B轮融资后，蜜淘网并未在盈利模式上深耕细作，反而投入千万元巨资进行广告宣传，并在多个领域发起价格战。蜜淘网策划的"5·20激情囤货节"和"6·18电商大促"虽声势浩大，宣称保税区最低价，与天猫、京东等巨头叫板，但终究未能扭转乾坤。

谢文斌多次公开坦言，即便再融得1亿美金，也无法与巨头们在价格战中抗衡。巨头们凭借渠道与补贴优势，能够将价格压至极低，而创业公司却无法长时间承受这样的消耗。此外，在海淘模式下，用户体验难以保障，客户恶评如潮，蜜淘网逐渐陷入危机。

2015年9月，蜜淘网尝试对传统B2C模式进行细分，实施战略收缩，提出"韩国免税店"概念，专注于韩国商品市场，力求实现"小而美"的转型。然而，此时跨境电商领域的竞争已进入白热化阶段。蜜淘网未能迎来C轮融资，资金链断裂已不可避免。至2016年7月，随着蜜淘网盈利能力日益下降，甚至连员工工资都难以支付，最终不得不选择倒闭。

> **扩展阅读**
>
> 国富论（节选）

单元三　社会收入分配

案例引入

动物王国的猎物分配

一天，老虎带着花豹、狐狸一起出外打猎，它们捕到了一只猪、一只鹿和一只鸡。

森林之王老虎为了考验豹子和狐狸，让它们决定分配如何这些东西。老虎先对花豹说："请你把这些东西分配一下吧！"

花豹想了想："尊贵的大王，您是百兽之王，理应分到肉最多的肥猪，而我跑得最快，鹿肉少一些，应该分给我，狐狸出的主意没出力，鸡肉最少，给狐狸吃好了！"老虎一听大发雷霆，发出震耳欲聋的虎啸。

老虎又对狐狸说："现在，请你把这些东西分配一下吧！"狐狸狡猾地说："鸡肉很嫩给大王做早点，猪肉请大王做午饭能吃得饱，鹿肉好消化请大王当晚餐。要是有剩余嘛，给我们吃点儿，要是没有也就算了。"

老虎非常满意这个分配，就问狐狸："这么公正的分配你是从哪儿学来的？"

狐狸马上回答："大王，我是从您的虎啸声中学来的。"

知识学习

一、收入分配的衡量

（一）洛伦兹曲线

1905 年，奥地利统计学家洛伦兹为了比较和分析一个国家在不同时代或不同国家在同一时代的收入与财富的分配情况，提出了洛伦兹曲线这一概念。洛伦兹曲线，也称劳伦兹曲线，是经济学中用来衡量一国国民收入分配平等程度的曲线。在表 8-1 所示的收入分配数据中，第一列为某国的人口累计百分比，第二列是相应的收入累计百分比。可以看出，占总人口 20% 的人口收入累计仅为 3%；占总人口 80% 的人口收入累计为 49%，不到总收入的一半，换言之，仅 20% 的人口却拥有 51% 的收入，以此类推。

表 8-1　收入分配数据

人口累计百分比	收入累计百分比
0%	0%
20%	3%
40%	8%
60%	29%
80%	49%
100%	100%

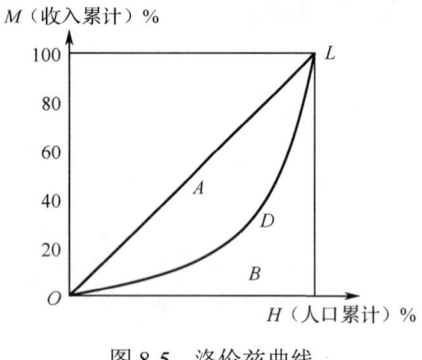

图 8-5　洛伦兹曲线

利用上表人口累计百分比和收入累计百分比的对应关系绘制图形，横轴 OH 代表人口累计百分比，纵轴 OM 代表收入累计百分比。ODL 这条曲线就是洛伦兹曲线，如图 8-5 所示。

在图 8-5 中，OL 为倾斜 45° 的直线，OHL 为弯曲 90° 的折线，ODL 为曲线，这三条线分别表示不同含义。

1. 完全平等线 OL

如果任一人口累计百分比均等于相应的收入累计百分比，则收入分配是完全平等的，这是一种理想的状态，此时洛伦兹曲线表现为通过原点的倾斜 45° 的直线 OL，称为完全平等线。

2. 完全不平等线 OHL

如果所有收入都集中在某一人手中，其余人口均一无所获时，这是一种极端情况，此时收入分配完全不平等，洛伦兹曲线表现为弯曲 90° 的折线 OHL，称为完全不平等线。

3. 弯曲的洛伦兹曲线

通常情况下，一个国家的收入分配很难完全平等，也不会完全不平等，而是介于完全平等与完全不平等之间，因此，洛伦兹曲线一般情况下表现为凸向横轴的曲线 ODL。

显然，洛伦兹曲线的弯曲程度具有重要意义，反映了收入分配的不平等程度。曲线弯曲程度越大，越凸向横轴，表明收入分配的程度就越不平等；反之，则表明收入较为平等。

（二）基尼系数

洛伦兹曲线虽然能够直观地反映国民收入分配的基本格局，但这种图形的方式还无法量化地反映国民收入分配的整体水平。因此，在洛伦兹曲线的基础上，意大利经济学家基尼在 1912 年引入了基尼系数这一概念。

基尼系数是国际上通用的、用以衡量一个国家或地区居民收入差距的量化指标。如果把图 8-5 中洛伦兹曲线与完全平等线之间的面积用 A 来表示，把洛伦兹曲线与完全不平等线之间的面积用 B 来表示，则计算基尼系数的公式为：

$$基尼系数 = \frac{A}{A+B} \qquad (8-1)$$

基尼系数的取值范围在 0～1 之间，0 代表收入分配绝对平均，1 代表绝对不平均。在国际上，通常将 0.2 以下视为收入分配相当平均，0.2～0.3 视为收入分配平均，0.3～0.4 视为收入分配相对合理，0.4～0.5 视为收入分配差距较大，当基尼系数达到 0.5 以上时，则表示收入分配悬殊。

如果一个国家的基尼系数过高，并呈现上升趋势，通常意味着收入分配失衡，可能带来一系列的社会经济问题。如贫富差距过大，会进一步导致人们的心理失衡，引发社会伦理道德问题、违法乱纪问题，以及导致社会激励机制失效等。

课堂练习——分析题

请分析为什么一般发达国家的基尼系数比较低？

二、收入分配不平等的原因

在任何一个社会中，都不可避免地存在着一定程度的收入分配不平等，在市场经济为主导的社会中，这一问题尤为突出。不同社会在收入分配不平等方面的成因既存在共性，又各自特殊。深入剖析这些原因，对于解决收入分配不平等问题至关重要。

（一）经济发展状况

根据美国经济学家库兹涅茨（Kuznets）的研究，社会收入分配状况随经济发展呈现出特定的变动规律。即在经济发展初期，收入分配不平等程度会随着经济的发展而加剧；只有当经济发展到一定阶段后，收入分配才会逐渐趋于平等。他依据多个国家的数据绘制了反映这种变动规律的库兹涅茨曲线。经济发展程度的确与收入分配状况密切相关，但经济因素是否成为收入分配平等或不平等的主要原因还需进一步分析。然而，不容忽视的是，在经济发展过程中，许多国家都普遍出现了收入分配不平等加剧的现象。

（二）相关制度

税收制度在调节收入分配方面发挥着重要作用。然而，税收制度的复杂性和一些漏洞都可能导致收入分配不平等。在某些国家，高收入者可能通过合法的避税手段减少税负，而低收入者则可能因缺乏税务知识而支付过高的税款。此外，社会保障体系的完善程度也直接影响着收入分配的公平性。一些国家建立了全面的社会保障体系，为弱势群体提供基本生活保障和福利支持，从而在一定程度上缓解了收入分配不平等的问题。因此，社会保障制度的差异也可能导致不同国家之间在收入分配上的不平等。

（三）个人层面

收入分配不平等与人的个体差异之间存在显著的关联性。个体差异主要体现在个体的能力、努力程度及所遇机遇的不同上。在能力方面，我们不仅要考虑先天赋予的才能，也要关注后天通过教育所获得的技能和知识。经济学家们普遍认为，个体的受教育程度与其收入水平之间呈现出强烈的正相关关系。在努力程度方面，那些勤奋刻苦、不断进取的个体，通常能够在工作中脱颖而出，获得更高的报酬和更广阔的发展机会。相反，缺乏努力或懒惰的个体，往往难以在竞争中立足，收入水平也相对较低。在机遇方面，不同个体所面对的机遇并不相同，有些人可能恰好处于有利于个人发展的环境中，从而获得更多的资源和机会；而有些人则可能因各种原因而错失良机，导致收入水平受限。

综上所述，收入分配差距的不平等既受到经济发展状况、相关制度等社会因素的影响，也受到个人能力、勤奋程度和机遇等个人因素的影响。因此，在分析不同社会、不同阶层人群的收入差异及其原因时，需要进行深入而全面的分析。请阅读案例8-6，体会收入差距的形成。

案例8-6　　　　收入差距的形成机制——二八法则探析

1897年，意大利经济学家帕累托在对19世纪英国人的财富与收益模式进行深入研究后，提出了著名的二八法则。该法则揭示了财富分配中的一种不平等现象：在社会中，少数人口往往掌控着绝大部分的财富。帕累托通过广泛的调查取样发现，这种不平衡现象在不同时期、不同国家均普遍存在，且在数学上呈现出一种稳定的比例关系，社会上约20%的人口占据了约80%的社会财富。这种财富分配的不平衡性，直接导致收入差距的形成。二八法则所反映的这种不平衡性，在生活中的多个领域都有所体现。

以职场为例，尽管管理者和职员同样投入8小时的工作，但由于各自的角色、职责和贡献不同，其获得的报酬也存在显著差异。职员可能因完成基础任务而获得100元或150元的报酬，而管理者则因承担更高层次的决策和协调职责，其报酬可能高达数千元甚至更多。

二八法则揭示了财富分配和收入差距形成的不平衡性。理解并应用这一法则，有助于我们更深入地认识社会现象，并寻求解决收入差距问题的有效途径。

三、收入分配相关政策

（一）收入分配政策

收入分配政策是指国家为实现宏观调控的总体目标和任务，针对居民收入水平的高低与收入差距的大小，在分配方面所制定的指导原则和方针。

（二）税收政策

税收政策旨在实现特定时期的社会或经济目标，政府运用一系列税收政策工具，调节市场经济主体的物质利益，施加强制性刺激，从而在一定程度上对市场机制的运行进行干预。税收政策的实施过程是一个完整的调控系统，涵盖政策决策主体、政策目标、政策手段及其内在联系，同时包含政策效果评价和信息反馈等环节。

（三）社会福利政策

如果说税收政策是通过向富人征收重税来实现收入平等化，那么社会福利政策则通过为不富裕的群体提供补助来推动收入分配的平等化。

社会福利可分为广义和狭义两种理解。广义的社会福利是指面向广大社会成员，改善其物质和文化生活的各项措施，体现为社会成员生活的良好状态。而狭义的社会福利主要指向困难群体提供的具有福利性质的社会支持，包括物质支持和服务支持。参照狭义的社会福利概念，我国政府提出了发展适度普惠社会福利的倡议，既包含物质性福利，也涵盖社会福利服务。

课堂练习——思考题

我国为什么要进行收入分配制度改革？

四、公平与效率

（一）公平

经济学所研究的公平，涵盖市场公平与社会公平两个层面。市场公平旨在确保市场机会、交易过程及竞争环境的平等性，而社会公平则聚焦社会财富占有的均衡性与收入分配的公正性。尤为重要的是，社会公平强调发展机会的平等性，即个体在获取教育、就业等发展机会时，不应受家庭背景、性别、身份及资本占有状况等因素的制约。发展机会的平等性是维护社会公平的关键所在。社会公平并非仅限于经济学范畴，是一个涉及财富占有、收入分配、社会声望与地位、教育机会及职业选择等多方面的综合性概念。简而言之，公平关乎整个社会资源与社会福利的合理配置。

（二）效率

效率是人类活动所重点关注的核心问题。作为具有智慧的生物，人类的大部分活动旨在达成既定目标。在目标实现过程中，有些人能以较少的投入获得较大的成果，即事半功倍；而有些人即便投入巨大，却获得的回报较少，甚至无法实现目标，即事倍功半。前者代表高效率，后者则反映低效率。因此，效率在经济学中特指在特定条件下，投入与产出或成本与收益之间的比率，体现资源配置使社会总剩余最大化的特性。效率作为经济学概念，其核心在于对经济资源的有效利用和合理配置，以实现人尽其才、物尽其用的目标。请阅读案例8-7，理解分配问题所带来的影响。

案例 8-7　　　　　　　　和尚分馒头

有座庙在很高的山上，庙里住着老老小小和尚30人。平时，庙里和尚吃的大部分食物需要每天从山下运过来。但是有一天，天公不作美，刮起了大风，下起了暴雨，山路堵了十分危险，粮食运不上来，和尚们都愁死了，饿得念经都没力气了。这时，庙里的主持为了稳住大家的情绪说道："徒儿们，莫慌张，大家打起精神来，现在庙里还有 30 个馒头，我们这里有 30 个人，本来可以一人分一个的，但是为了照顾老人，就让老人一人分 3 个，年幼的三人分 1 个，这样刚好分完。"主持刚说完，下面就议论开了。不久，热气腾腾的馒头端上来了，大家照老方丈的指示做了，老和尚一人分 3 个，小和尚三人分 1 个。小和尚们心里很委屈，真可怜，每个人只能分到 1/3 个馒头，只能安慰自己有总比没有好呀。

课堂练习——思考题

你认为这样分配馒头合理吗？

五、社会生活中的收入分配

经济学家通常运用基尼系数来衡量一个国家或地区的财富分配状况，该指数值域在 0 和 1 之间。通常，0.4 被视为收入分配差距的"警戒线"。

值得注意的是，不同国家和地区的基尼系数存在差异，这受到多种因素的影响，如经济发展水平、政策环境、人口结构等。一般而言，发达国家的基尼系数可能位于 0.24 至 0.36

之间,但这一范围并非绝对。

在中国内地和香港,基尼系数均超过 0.4,这反映了这两个地区在收入分配上存在一定的差距。然而,近年来这两个地区的基尼系数呈现下降趋势,表明在缩小居民收入差距方面取得了一定的成效。

国家持续加大脱贫扶贫工作力度,并积极推进城乡一体化进程,旨在逐步缩小居民收入差距。国家统计局发布的报告指出,自党的十八大以来,党和政府高度重视收入分配问题,不断深化收入分配制度改革,促使城乡和区域居民收入差距持续缩小,收入分配格局得到显著改善。2021 年数据显示,城乡居民人均可支配收入之比为 2.50(以农村居民收入为基准设为 1),相较于 2012 年下降了 0.38,这表明城乡居民收入的相对差距正逐步缩小。党的二十大报告进一步强调,增进民生福祉、提高人民生活品质的重要路径就是"增加低收入者收入,扩大中等收入群体"。

扩展阅读

以第三次分配助推共同富裕

模块九 解读微观经济政策

学习目标

【知识目标】

掌握市场失灵的定义及表现形式。

理解帕累托最优的概念。

掌握政府干预市场的理论基础和常见措施。

了解政府对市场失灵采取的微观经济政策及目的。

掌握外部性的定义、类型及对市场效率的影响。

了解不同类型的物品，特别是公共物品和私人物品的区别。

掌握信息不对称的定义及导致的市场问题，如逆向选择和道德风险。

【能力目标】

能够分析影响市场失灵的因素。

能够分析外部性政策在社会生活中的应用。

能够运用公共物品政策分析其在社会生活中的应用。

能够利用信息不对称政策解决现实社会生活中的问题。

【素质目标】

能够主动运用微观经济政策的知识分析市场失灵问题。

能够分析我国政策性变革，感受中国特色社会主义制度的优越性。

培养对经济政策的敏感性和对市场动态的洞察力。

单元一 市场失灵与微观经济政策

案例引入

贯彻落实党的二十大重大决策部署 推进应急管理体系和能力现代化

应急管理部是 2018 年深化党和国家机构改革组建的部门，承担防范化解重大安全风险、及时应对处置各类灾害事故的重要职责，担负保护人民群众生命财产安全和维护社会稳定的重要使命，管理国家消防救援局、国家矿山安全监察局和中国地震局。2018 年至 2022 年，全国生产安全事故总量和死亡人数比前 5 年分别下降 80.8%、51.4%，自然灾害死亡失踪人数比前 5 年下降 54.3%。

党的二十大报告用专节对提高公共安全治理水平作出部署，对应急管理工作提出明确要求。具体来说，主要抓了四个方面的工作：着力完善体系；着力预防为主；着力专项整治；着力提升能力。

2023年6月是第22个全国"安全生产月"，借此机会，我们也希望媒体朋友们一如既往关心支持应急管理工作，大力宣传普及安全知识，形成"人人讲安全、个个会应急"的良好氛围。

（来源：国务院新闻办网站）

课堂练习——简答题

请结合案例分析，微观调控对经济运行有哪些影响？

知识学习

一、市场失灵

西方经济学家普遍认为，市场失灵是指市场未能实现其应有的效率，即市场本身无法有效配置资源。具体而言，当市场机制因某种障碍导致资源配置失误，从而引发生产要素的浪费性使用时，便出现了市场失灵。因此，市场失灵是指市场无法或难以有效配置经济资源。

古典经济学认为，自由竞争的市场经济具有高度的优越性，价格机制能够使资源达到有效配置。1874年，瓦尔拉斯在《纯粹经济学要义》中，首次提出了一般均衡（General Equilibrium）理论，并据此得出自由竞争市场能够实现帕累托最优化的结论。帕累托最优描述了在固定资源分配的条件下，资源的重新分配使得至少一个人的境况变得更好，而同时没有任何人的境况变得更糟，这被视为资源分配的一种理想状态。

然而，在现实市场中，往往存在不完全自由竞争的情况，导致资源配置难以达到帕累托最优状态，这种情况被称为市场失灵。虽然竞争性市场在理论上具有效率，但当外部性、公共物品、垄断及不完全信息等因素出现时，市场便可能出现失灵，此时价格机制无法发挥有效作用。

二、政府干预

市场经济尽管具有诸多优势，但其局限性及功能缺陷亦不容忽视。这些缺陷固有存在，单凭市场机制自身难以彻底克服。若完全摒弃政府干预，将可能导致市场失灵，从而需要借助政府这只"看得见的手"对市场失灵现象进行纠偏。

为了克服市场失灵，弥补市场机制的不足，并优化资源配置，政府必须对市场进行适当的干预和调控。具体而言，政府在微观经济活动中的干预应主要聚焦于以下几个方面：一是，政府应通过税收、补贴等手段，或采取合并相关企业的方式，以消除外部性对市场的负面影响；二是，政府应承担提供公共物品的主要职责，确保国防、治安、消防和公共卫生等关键领域的适当投入与运行；三是，为保护和促进市场竞争，提高资源配置效率，政府应利用法律手段限制垄断行为，并坚决反对不正当竞争；四是，政府还应致力于消除信息不对称现象，为市场提供透明、公正的信息环境。

三、微观经济政策

（一）价格管制政策

价格管制是政府对处于自然垄断地位企业的价格进行调控，旨在防止其利用市场地位牟取超额利润，从而保护公共利益。然而，价格管制的实施需满足以下条件：第一，垄断企业须能维持盈利，否则将影响其生产积极性；第二，管制成本应低于其为社会带来的福利增益。在制定价格管制策略时，确定最优管制价格是核心挑战。若价格设定过低，垄断者可能减少产量，而由于价格下降导致的需求增加可能使市场出现供应短缺。

在现实中，即便政府能够实施价格管制，垄断企业仍可能通过其他手段获取高于正常水平的利润，从而引发公众不满。此外，某些价格管制措施可能在短期内成效显著，但长期效果则有待观察。

（二）消费政策

为引导消费者行为并保护其权益，各国普遍采取一系列政策措施，包括但不限于：确保商品质量符合标准；加强消费宣传，提高消费者知情权；禁止虚假或误导性消费宣传；对特定刚性需求实施强制性消费规范；对提供特定商品和劳务的人员进行必要的资质审查；建立并完善消费者协会等组织，为消费者提供权益保护途径。请参阅案例 9-1，以了解嘉峪关市市场监督管理局和嘉峪关市消费者协会在消费者保护方面的具体政策与实践。

案例 9-1　　　　　"双节"将至，这份消费预警提示请收好！

2023 年中秋、国庆"双节"将至，聚餐、购物、旅游等消费将迎来高峰，为了确保让广大消费者度过一个舒心、愉快的双节假期，嘉峪关市市场监督管理局、嘉峪关市消费者协会提醒广大消费者：

牢记食品安全：聚餐要选择较规范的餐饮商家就餐，并索取发票等就餐凭证；提倡餐饮节约，杜绝铺张浪费。

理性面对促销："双节"期间，消费者应保持理性，按需购买，切勿盲目跟风消费、贪图便宜。

慎防价格欺诈：消费者在购物或接受服务时，要注意商家是否明码标价等情况；要注意不标示或含糊标示价格附加条件、低价招徕顾客，不按标价结算行为。

警惕虚假广告：节日期间，老年人在报纸、杂志等媒体或实体店接触广告时，要提高辨别意识。老年人不要随意在讲座上购买保健品或保健用品。

注意特种设备使用安全：商场、超市、车站、景点乘坐扶梯勿拥挤；不乘坐超员、超载电梯；乘坐索道按次序排队不拥挤，听从工作人员指示；在游乐场乘坐大型游乐设备时，要系好安全带。

双节期间如遇市场监管领域消费纠纷，可先行与经营者协商解决，如无法达成和解，应及时拨打 12315、12345 投诉举报电话，也可以通过全国 12315 平台、微信小程序等在线进行投诉举报，依法维护自身合法权利。

（来源：雄关街道铁南社区服务平台）

课堂练习——简答题

请结合案例分析，消费者如何保护自身权益？

（三）产业政策

1. 反垄断法

在资本主义经济中，为追求规模效益，政府曾推动生产集中。然而，垄断行为的出现损害了市场公平和消费者利益，因此，反垄断法应运而生，旨在限制垄断、保护市场竞争。尽管反垄断法旨在实现公平竞争，但其在执行过程中面临诸多挑战，如判断标准模糊、调查难度大等。同时，有效竞争策略作为另一种反垄断方式，根据不同产业特性实施差异化政策。对于公共事业和天然垄断性部门，国家实施垄断管理；对于重工业部门，则采取有限度的反垄断措施，以平衡规模经济与市场竞争的关系。

2. 公有制政策

公有制政策在许多国家占据举足轻重的地位，主要适用于与国家利益紧密相关的行业，如军工、关键工业及尖端科学领域；同时也涵盖私人资本不愿或无力涉足的领域，如交通、邮电等公共事业，以及新兴且风险较高的行业。

公有制的优点显著，主要体现在以下方面：首先，能够有效推动经济增长；其次，有助于维持经济稳定；再者，对促进社会财产与收入的平等分配具有积极作用；最后，公有制能够有效地对抗和限制私人资本的垄断行为。然而，公有制也面临着一些问题，主要源于两个方面：一方面，有些国有企业中存在官僚主义现象，导致生产效率低下；另一方面，部分国有企业亏损状况加重了政府的财政负担。请阅读案例 9-2，以深入了解我国企业改制的现状。

案例 9-2   我国企业改制的现状

党的二十大报告指出："坚持和完善社会主义基本经济制度，毫不动摇巩固和发展公有制经济，毫不动摇鼓励、支持、引导非公有制经济发展，充分发挥市场在资源配置中的决定性作用，更好发挥政府作用。"面对中华民族伟大复兴战略全局和世界百年未有之大变局，提升我国产业链韧性和安全水平、推动经济实现高质量发展、增加就业机会保障社会稳定，必须坚持"两个毫不动摇"，发挥多种所有制经济共同发展的协同优势，集聚一切有益力量推动经济社会的发展。

毫不动摇巩固和发展公有制经济，深化国资国企改革。党的二十大报告提出，"深化国资国企改革，加快国有经济布局优化和结构调整，推动国有资本和国有企业做强做优做大，提升企业核心竞争力"。改革开放以来，我国非公有制经济快速发展，在稳定增长、促进创新、增加就业、改善民生等方面发挥了重要作用，尤其是民营企业快速发展，已经成为全面建设社会主义现代化国家的重要力量，发挥了不可替代的重要作用，呈现"56789"的显著特征，即贡献了 50% 以上的税收、60% 以上的国内生产总值、70% 以上的技术创新成果、80% 以上的城镇劳动就业及 90% 以上的企业数量。在国家级专精特新"小巨人"企业中，民营企业占比超过80%。

（来源：光明日报）

课堂练习——简答题

请结合案例分析，我国如何促进多种所有制经济共同发展？

除上述政策外，公有制调节生产的政策还包括企业管理的民主化、对低效率企业的优化改造、制定和执行经济计划政策等。这些政策旨在对私人厂商进行有效管理与引导，使之与整个社会利益相协调。

（四）收入分配平等化政策

1. 税收政策

税收政策是国家为了实现特定历史时期的经济和社会目标，而确立的税收分配活动的指导思想和原则。作为经济政策的重要组成部分，税收政策旨在通过调整市场经济主体的物质利益，运用强制性手段对市场机制进行干预，以促进经济的健康发展。

个人所得税是针对自然人（包括居民和非居民）在取得收入的过程中，与税务机关之间发生的社会关系所制定的法律规范。英国作为最早开征个人所得税的国家，自1799年开始试行差别税率征收，直至1874年，个人所得税正式成为英国的一个固定税种。

个人所得税主要的征收对象为本国公民及居住在本国境内的个人的所得，以及境外个人来源于本国的所得。在一些国家，个人所得税占据税收体系的核心地位，对财政收入和经济运行产生显著影响。通过累进所得税制度，个人所得税能有效调节社会成员收入分配的不平等状况，促进社会公平。

2. 社会福利政策

社会福利是一个涵盖广泛、复杂且多元的概念，旨在促进社会公正与公平，改善贫困和受助者的生产、生活条件，从而提升整体的生活质量和社会安全感。社会福利政策是国家为实现社会福利目标而采取的一系列措施和政策，涉及税收、医疗保障、社会保障等多个方面。

社会福利政策的核心在于提供必要的支持，确保人人享有基本的人权和尊严，以实现社会的公平公正。请阅读案例9-3，深入了解我国社会福利政策在惠民方面的具体实践。

案例9-3　　　　　　　我国社会福利惠民政策的案例典型

在浙江，天台县组建城乡教育共同体、实施乡村名校建设，让农村孩子在家门口上好学；在北京，广渠门中学运用"智慧操场"为体育教学构建新场景，给每个学生开出针对性"运动处方"；在天津，各区与高等院校联合打造"区校终身学习联合体"，满足群众就近学习需求，解决教育资源分布不均问题，推动教育数字化转型，加快构建终身教育体系，各地以务实创新之举，加快推进教育高质量发展。

国家财政性教育经费占国内生产总值比例连续10年保持在4%以上；我国现有各级各类学校52.9万所，在校生2.9亿人，各级教育普及水平达到或超过中高收入国家平均水平；城乡教育一体化稳步推进，区域、城乡、校际差距逐步缩小。据测算，2023年，我国教育强国指数居全球第二十三位，比2012年上升26位，是进步最快的国家。

瞄准公平与质量，让14亿多人民享有更好的教育。扎实推进教育民生工程，有利于优化教育生态，支撑教育高质量发展。近年来，针对群众反映的义务教育校内作业和校外培训负担过重问题，坚定不移推进"双减"，学校课后服务全覆盖；深入推进校长、教师轮岗交流，对优质师资进行高效率调配，推动优质教育资源更广泛覆盖，义务教育优质均衡发展有力推进。

（来源：人民日报）

课堂练习——简答题

请结合案例分析，我国政府如何展开社会福利政策？

扩展阅读

"三次分配"的制度安排

单元二　外部性

案例引入

三方共赢

某山区果园和蜜蜂蜂园相邻，果园种植的水果是果农获得收入的主要来源，蜜蜂蜂园的蜂农通过养殖蜜蜂、出售蜂蜜获得收入。蜂农没想到蜜蜂蜂园里的蜜蜂采取就近原则，到附近的果园里采蜜，由于缩短路程，蜜蜂在采蜜时会省很多体力，于是蜂蜜得到产量和质量大幅度的提升。

同时，果园种植的果树因为蜜蜂的"滋养"和授粉，出现茂盛的长势，大大提升了水果的产量和质量。

烤鸭店人员前来采购经过蜜蜂"滋养"过的果木时，烤制的烤鸭香气更为诱人，使得烤鸭店的客人对烤鸭赞不绝口，带来生意的络绎不绝。仅是因果园和蜜蜂蜂园相邻，使得果农、蜂农，以及烤鸭店的营业额稳步上升，呈现三方共赢的局面。

知识学习

一、外部性

(一) 外部性的概念

外部性，又称外在性，是指一个经济主体在其活动中对第三方产生的正面或负面影响，这种影响带来的利益或损失并非由生产者或消费者本人直接承担或获得。简而言之，外部性是某一经济力量对另一经济力量产生的"非市场性"附带影响。这一概念由马歇尔和庇古在20世纪初首次提出，他们进一步指出，外部性可能对旁观者的福利产生有利或不利影响。例如，吸烟者排放的二手烟对周围不吸烟者的健康构成威胁，高分贝的噪音对他人生活造成不良影响，这些都是外部性的具体表现。

(二) 市场效率

在现实经济活动中，由于资源配置方式、信息不完全、制度限制及有限理性等多种因素的制约，市场效率往往无法达到理想状态，即帕累托最优状态。因此，对市场效率的改进成为了一个重要议题。市场效率实际上涵盖了市场资源配置效率、市场信息效率、市场制度效率和市场行为效率等多个方面。单一的资源配置方式、信息的不完全性、制度的缺陷及有限理性等因素，都会对市场效率产生负面影响。为了实现帕累托改进，即提升市场效率，需要实施调整资源配置方式、优化信息的显示和传递机制、设计合理的激励机制、推动制度创新等策略。

(三) 外部性与市场无效率

当个体进行的活动对旁观者产生影响，且这种影响既未产生报酬也无须承担成本时，便产生了外部性（Externality）。若对旁观者的影响呈负面效应，则称为负外部性；反之，若产生积极效应，则称为正外部性。在外部性存在的情况下，社会对市场结果的考量不再仅限于直接参与市场的买者与卖者的福利，而是扩大至那些间接受到影响的旁观者的福利。由于买者与卖者在确定其需求量或供给量时，往往未充分考虑其行为的外部效应，因此，市场均衡并未实现整个社会利益的最大化。

在经济学中，供给曲线与需求曲线蕴含着成本与利益的关键信息。需求曲线反映了商品对买者的价值，而供给曲线则体现了卖者的成本。市场均衡的数量，是在没有外部性干扰的情况下，使得买者的总价值减去卖者的总成本达到最大化的状态。因此，在不存在外部性的条件下，市场均衡被认为是有效率的。然而，当外部性介入时，市场的这一效率特性便会受到挑战，需要通过政府干预或其他手段来纠正外部性带来的市场无效率问题。

二、外部性的私人解决方法

尽管外部性可能导致市场无效率，但并非所有情况都需要政府干预来纠正。在特定情境下，私人解决方法同样可以有效应对外部性问题。

（一）私人解决方法的类型

1. 道德规范与社会约束

道德规范和社会约束作为一种非正式的私人解决方法，在应对外部性方面发挥着重要作用。例如，尽管存在禁止车窗抛物的法律规定，大多数人会自觉遵守这一规定，主要是因为他们认为这是一种道德上的责任。这种自我约束的行为，实际上是将外部性内在化的一种表现，即通过个人的道德判断来减少对他人的负面影响。

2. 慈善事业

慈善事业作为应对外部性的私人解决方法，其效果和作用不容忽视。个人和组织的捐赠资金或资源，可以针对那些具有显著外部性的问题，如教育公平、环境保护等，提供有力的支持。这种形式的支持不仅有助于直接解决这些问题，还能在一定程度上减轻外部性给社会带来的负面影响。

3. 合约安排

在市场交易中，合约作为一种法律约束工具，在解决外部性导致的市场无效率问题中发挥着重要作用。通过签订合约，交易各方能够明确支付和权益的安排，从而有效地应对外部性带来的负面影响。

以环境保护领域为例，企业之间可以通过签订排放权交易合约来减少污染。这种合约通常规定了污染排放的总量及各企业可以排放的限额。企业可以在市场上买卖这些排放权，从而激励那些能够有效减少污染的企业将多余的排放权出售给那些减排成本较高的企业。通过这种方式，排放权交易合约不仅降低了整体污染水平，还促进了资源的优化配置，实现了环境效益和经济效益的双赢。

除了环境保护领域，合约在解决其他外部性问题上也同样具有潜力。例如，在能源、交通等领域，通过签订合约来明确各方的责任和权益，可以有效地减少资源浪费和环境破坏。

（二）科斯定理与私人解决方法

科斯定理提供了一种理论框架，用于分析在产权明确且交易成本较低的情况下，私人如何有效应对外部性问题。该定理指出，在产权得到充分界定和交易的情况下，市场参与者会通过谈判和交易来内化外部性，从而实现资源的有效配置。因此，科斯定理为私人解决方法提供了理论支持，表明在特定条件下，私人主体可以通过市场机制来纠正外部性带来的市场无效率。

三、外部性政策在社会生活中的应用

外部性的解决策略主要分为私人层面的应对机制和政府层面的调控手段。在私人层面，主要通过道德规范、社会约束、慈善行为，以及寻求外部性的内在化（如通过税收或补贴等方式）和签订合约来应对。然而，这些私人层面的解决方案并非总能达到预期效果。当私人协商遭遇障碍或无法达成共识时，政府作为公共利益的代表，便需要发挥其调控作用。

外部性的政府解决方法主要包括以下几点。

（一）税收和补贴

政府通过对负外部性企业征收税收，使企业的私人成本与社会成本相等。例如，对于道路运输业中污染严重的车辆，政府可以征收环保税，以此增加企业的运营成本，从而促使其减少污染排放或采用更环保的技术。

对于具有正外部性的企业，政府通过提供财政补贴来激励其增加产量或改进服务质量。在道路运输业中，对于采用新能源、减少排放的运输企业，政府可以给予补贴，鼓励其继续投入研发和创新，推动整个行业的绿色转型。

（二）立法和监管

政府制定严格的环保、安全等法规，规范道路运输企业的行为。这些法规规定了企业的运营标准、排放标准等，确保其符合社会公共利益。

政府设立专门的监管机构，对道路运输市场进行日常监管和执法。这些机构对企业的运营情况进行定期检查，对违规行为进行处罚，确保市场的公平、公正和有序。

（三）明确产权

政府明确道路运输市场中的产权关系，包括车辆、路线、经营权等。通过清晰的产权界定，可以减少外部性问题的发生，降低交易成本，提高市场效率。

政府还可以推动产权交易市场的建立和发展，允许企业通过购买或出售产权来优化资源配置。这不仅可以减少负外部性的产生，还可以促进正外部性的扩散。

（四）教育和宣传

政府通过举办讲座、制作宣传资料等方式，向公众普及外部性问题的概念和危害，提高公众对外部性问题的重视程度。

政府还可以组织针对道路运输企业人员的培训活动，帮助他们了解外部性问题的解决方法和管理技巧，提高其在实践中的应对能力。

扩展阅读

绸缪碳市场 破解"外部性"问题

单元三　公共物品与公共资源

案例引入

自家院里开黑作坊，污染环境被追责

2023 年 4 月，河北省临西县检察院办理的一起"厂外设厂"排放危险废物案尘埃落定。

法院以污染环境罪判处被告人范某拘役五个月，并处罚金 2 万元；附带民事公益诉讼部分，法院判处其赔偿生态环境价值损失费 3.2 万元，支付专家咨询费 2500 元，并在省级媒体上公开向社会公众赔礼道歉。

从 2020 年 8 月至 2022 年 5 月，范某在未取得营业执照、未经任何部门批准的情况下，私自在自家院内经营金属螺母"煮黑"（一种发黑处理工艺）作坊，将生产过程中产生的污水通过埋设的管道排进院外的渗坑内，经鉴定，共计倾倒污水 8 吨。2022 年 11 月，范某涉嫌污染环境案由公安机关侦查终结，移送临西县检察院审查起诉。

在检察机关审查期间，范某辩称自己有营业执照，"煮黑"产生的废水重金属含量没有超出国家标准，不应被追究刑事责任。

对此，办案检察官进行了认真核实，了解到范某进行螺母"煮黑"，表面上看是为他的儿子经营的一家附件厂代加工，但其"煮黑"作坊雇用工人、单独核算，且是在附件厂业务扩展后才开办的，并未隶属附件厂管理。随后，检察官邀请特邀检察官助理、市场监督专业人士，对公司法及相关规定进行解释，让范某理解了其儿子的附件厂有营业执照并不意味着范某自己也有营业执照，认可了"无证经营、未经任何部门许可"的事实。"煮黑"作坊排放的污水经权威部门抽样检测，含有锌、铬等有毒有害重金属元素，虽然含量不高于国家标准，但仍属于危险废物。办案检察官对相关法律条文和犯罪事实进行解释，并尊重范某意愿再次邀请专家进行解答，让范某明白了自己排放污水的行为涉嫌污染环境罪。最终，范某认罪悔罪，在诉前主动缴纳了生态环境价值损失费、支付了专家咨询费，并在认罪认罚具结书上签字。

（来源：检察日报）

知识学习

一、物品的不同类型

（一）物品的特征

对经济学中的物品进行分类时，可依据排他性和竞争性两大核心特征进行划分。

排他性，指的是一种物品在被一人使用或消费时，能够排除他人同时对其进行使用或消费的特性。简而言之，若使用者须对物品进行付费，则该物品便具备排他性。

竞争性，是指当一人使用或消费某种物品时，会相应减少其他人对该物品的使用和消费机会。换言之，个体的使用行为会对其他使用者产生影响。例如，当某人占用公共资源的免费停车位时，后续使用者可用的停车位便会相应减少，由此体现了资源的竞争性。

通过排他性和竞争性的分析，可以更准确地理解不同物品在经济中的属性和作用，为后续的资源配置和政策制定提供有力依据。

（二）物品的类型

根据以上两个特征，可以把物品分为以下四种类型，如图 9-1 所示。

		竞争性	
		是	否
排他性	是	私人物品 服装 食品	俱乐部物品 学校 有线电视
	否	公共资源 水资源 鱼类	公共物品 路灯 国防

图 9-1 物品类型

私人物品具备排他性和消费中的竞争性。这类物品需付费购买，购买者成为其唯一受益人。私人物品通常由市场有效提供，厂商通过市场交易将产品售予消费者，并收回生产成本。如服装、食品等私人物品，由厂商生产并销售给消费者，消费者一旦购买即成为其唯一拥有者和使用者，其他消费者无法对这些已被购买的物品进行使用。

俱乐部物品具有排他性，但在消费中不具有竞争性。这类物品通常被称为"自然垄断"产品。如学校、有线电视等，消费者需购买相关服务才能使用，但购买并不会影响其他消费者的使用。即每位消费者都可以购买并享受服务，而不会影响其他消费者的使用。

公共资源在消费中具有竞争性，但不具备排他性。任何人都可以消费公共资源，但一个人的消费会影响到其他人的消费量，即存在竞争性外部效应，例如，水资源、鱼类等公共资源。由于公共资源消费的外部效应可能导致过度消费，因此需要政府进行干预和管理，以纠正外部效应。

公共物品既无排他性又无消费中的竞争性。公共物品是社会共同消费的物品，任何人都可以使用，且一个人的使用不会减少其他人的使用机会。如路灯、国防等公共物品，任何人都可以使用路灯，享受国防带来的安全感，不会因部分人的使用而剥夺其他人的使用权利。

课堂练习——简答题

分析道路交通属于哪一类型，为什么？

二、公共物品

（一）定义

公共物品是私人部门不愿意生产或无法生产而由政府提供的产品或服务，例如，国防、空间研究、邮政、气象预报、义务教育等。在西方经济学中，政府被定义为公共物品的主要生产者，公共物品被视为政府产出的核心代表。

（二）公共物品与市场失灵

公共物品因其固有的特性，导致私人市场难以有效供给。因此，其产量难以达到帕累托最优状态产量水平，会造成社会资源的浪费及社会福利减少。市场机制在公共物品的提供上表现乏力，导致市场失灵。

1. 非排他性导致的市场失灵

公共物品不具有排他性，那么任何购买公共物品的人都不能单独占有该产品所能提供的全部效用或收益，也不能去阻止他人无偿使用。这种得到一种物品的收益而规避付费的行为，被称为"搭便车"。一方面，由于生产者无法阻止不付费的人消费这种物品，企业缺乏生产公共物品的激励；另一方面，由于消费者也不能把给他人带来的收益纳入考量，消费量难以达到有效水平。因此，市场的均衡量常低于社会的最优产量。

课堂练习——简答题

当你使用公共交通工具（比如公交车或地铁）时，是否感受到过由于非排他性而带来的问题或困扰？请描述一下你的体验。

2. 非竞争性导致的市场失灵

某些公共物品，如高速公路、高尔夫俱乐部等，因其使用情况的特殊性（如范围局限、管理便捷等）可能实现排他性管理，并通过收费避免"搭便车"现象，但此举也会带来新的问题。虽然排他性使用可助生产者回收成本、提升积极性，但限制了免费使用的人数，导致社会效用未能得到充分、有效的发挥，降低了资源配置效率，同样会引发市场失灵。

三、公共资源

（一）公共资源与市场失灵

公共资源与公共物品相似，同样不具备排他性，但其在消费过程中却展现出显著的竞争性。这种特性往往导致一个新问题的出现，由于消费者在利用公共资源时未能充分考虑自身行为对他人造成的负面影响，公共资源往往会遭受过度使用的困境，进而引发市场失灵现象。

（二）公共物品与公共资源的关系辨析

公共物品与公共资源在某些方面存在共性，最为显著的是二者都不具备排他性，即在理论上均为公众所共享，无须支付费用即可使用。然而，在消费属性上却存在显著差异。公共物品在消费过程中不具有竞争性，即一个人的使用不会影响到其他人的使用效果；而公共资源则恰恰相反，其消费过程充满竞争性，个体的使用往往会对其他使用者的利益产生影响。这种消费属性的差异，导致了二者在市场上的不同表现：公共物品往往因缺乏激励而生产不足，而公共资源则因缺乏有效管理而过度消费。

四、公共物品政策在社会生活中的应用

（一）成本收益分析

鉴于公共物品的生产与消费无法单纯依赖市场机制进行有效调节，政府需承担提供公共物品的职责。在决策过程中，政府如何确定公共物品的生产价值及规模，便成为亟待解决的问题。成本收益分析作为一种经济学方法，通过对项目所需成本及预期收益的量化分

析，为决策者提供科学的依据。在公共物品政策制定中，政府可将公共物品视为特定项目，运用成本收益分析方法来评估其生产价值与规模。若评估结果显示，公共物品的预期收益能够覆盖或超过其成本，则该项目具备生产价值；反之，则需重新考虑其生产规模或方式。请阅读案例 9-4，了解我国政府为确保能源供应安全进行的有效调控。

案例 9-4　　　　　　加强煤炭储备能力建设正当时

作为有效调控能源资源市场、平抑煤价波动的"兜底工具"和"调节器"，煤炭储备对确保能源供应安全、稳住国计民生基本盘意义重大。煤炭是经济社会发展的战略资源，煤炭储备发挥着有效调控能源资源市场、平抑煤价波动的"兜底工具"和"调节器"作用，对确保能源供应安全、稳住国计民生基本盘意义重大。

6 月 15 日召开的迎峰度夏能源保供工作电视电话会议，再次强调了煤炭储备的重要性——要依法加快产能核增、用地用草、安全生产、环境影响评价等手续办理进度，积极推动新增产能落地，加强煤炭储备能力建设，促进国内能源市场平稳运行。

山西、内蒙古、新疆、河北等产煤省区及湖南、湖北等煤炭调入省区，当前正围绕强化储备能力，紧锣密鼓定目标、核项目、提质效、保供应。

部分地区目前正在加强联合。以河北为例，除了建设国家储备项目、各市储备基地，该省还将重点推进石家庄、保定、邯郸、唐山、张家口、承德等电厂较集中区域的煤炭储备能力建设。对已投入运营的铁路沿线煤炭发运站，河北将积极组织审核筛选，符合条件的纳入省煤炭应急储备保供体系。同时，压实企业储备责任，鼓励煤炭生产企业参与国家调峰储备产能建设，加强煤矿储备设施升级改造。引导储煤基地早储多储、适时投放，推动煤炭经营企业、重点耗煤企业保持合理库存。

（来源：中国能源报）

（二）转变物品权

政府可以通过税收手段或实施管制来降低公共资源的消耗速度，更为直接的方法是将公共资源私有化，转变为私人物品，以此来更有效地管理和保护资源。此外，当市场因为产权不明确而导致失灵时，政府可以采取一系列措施来应对，包括但不限于出售污染许可证、对私人行为进行管制，或是直接提供公共物品。这些政策的潜在实施，不仅能够解决市场失灵带来的问题，还能显著提高资源配置的效率。

课堂——简答题

珍稀动物在实施保护措施时，需要转变物品权吗？

扩展阅读

公地悲剧、搭便车

单元四　不对称信息与风险

案例引入

无所不知的罗氏家族

在风云变幻的 1814 年，拿破仑挥师与欧洲联军展开了一场激烈的较量。战场上硝烟弥漫，战局瞬息万变，每一刻都充满了不确定性。这种动荡不仅让战士们紧绷着神经，更让远方的英国证券交易市场陷入了低迷。

然而，在这变幻莫测的局势中，罗氏家族却像一艘稳健的航船，总能找到正确的航向。当拿破仑一世因对敌情侦察不足、指挥犹豫不决，最终在滑铁卢一役中惨败的消息传来时，罗氏家族竟然比英国政府还早一天得知了这一惊天消息。他们毫不犹豫地迅速行动，大量购入伦敦债券，结果自然是赚得盆满钵满。

罗氏家族似乎拥有一种神奇的魔力，总能够第一时间获取到最珍贵的情报信息。这使得他们在金融市场上如鱼得水，游刃有余。人们惊叹于他们的能力，纷纷称他们为"无所不知的罗斯柴尔德"。正是凭借着这种对最新情报的敏锐洞察力和快速反应能力，罗氏家族才能在瞬息万变的金融市场中立于不败之地。他们的财富像滚雪球一样不断膨胀，最终让这个家族成为了欧洲乃至世界都享有盛誉的金融巨头。

这背后其实反映了一个深刻的经济学原理——"不对称信息"。罗氏家族正是利用了这种信息不对称的优势，才能在金融市场上大展拳脚，书写属于他们的传奇故事。

知识学习

一、不对称信息

1982 年诺贝尔经济学奖得主乔治·施蒂格勒对信息经济学作出了创造性贡献，他将信息引入经济学研究中，揭示了信息在提高经济主体效用和收益方面的重要作用。举例而言，当消费者了解商品质量时，他们能够避免购买那些质量低下而价格高昂的商品。然而，在现实生活中，信息往往是不对称的。以二手车市场交易为例，卖方通常对自己汽车的性能及优缺点有更深入的了解，而买方则往往知之甚少。这种信息不对等的现象被称为不对称信息，指的是交易双方所掌握的信息量不均等，其中一方拥有另一方所不了解的信息。请阅读案例 9-5，了解不对称信息。

案例 9-5　　　　　电子商务经营　有"典"规章

原告在网上看到 A 公司的直播间销售白酒，主播在直播间称其所销售的白酒"六七百元一瓶""上 1000 单就完事了""还有最后 100 单"等，但原告购买之后浏览购物平台发现，该白酒的实际市场价格长期在 100 元左右，且 A 公司的直播间仅仅销售了 37 单，原告认为 A 公司的行为构成欺诈，遂将其诉至法院，要求其三倍赔偿。

法院经审理认定，直播带货商家应诚信经营，为自身在直播过程中作出的承诺及与用户达成的约定负责，不得发布虚假或引人误解的信息欺骗、误导消费者。认定经营者的行为是否构成欺诈，应当以经营者具有虚构事实、隐瞒真相的主观故意为要件。本案中，A 公司在销售涉案白酒的直播中虚构商品市场价、虚构交易、虚标成交量，已经构成欺诈，应以价款的三倍赔偿原告。因此，判决支持了原告的诉讼请求。

（来源：人民法院报）

在信息不对称或信息不完全的情境下，市场机制往往无法充分发挥其效用。举例来说，生产者在缺乏足够信息的情况下进行生产，可能导致生产的盲目性；而消费者在购物前若未能获取充分信息，则可能错失性价比高的产品。这种信息不对称的状况还可能导致逆向选择和道德风险的产生。

课堂练习——简答题

请结合案例，说明应如何搜集躲避某些不法商家的陷阱信息。

二、逆向选择

逆向选择（Adverse Selection）的概念最初由 2001 年诺贝尔经济学奖得主乔治·阿克尔洛夫在其 1970 年发表的《柠檬市场：质量的不确定性与市场机制》一文中揭示。通过深入剖析二手车市场的交易现象，他发现了非对称信息对市场交易顺利进行的阻碍作用。

逆向选择，就是指在信息不对称的条件下，信息匮乏的一方所做出的选择往往对信息充足的一方不利。在交易过程中，买卖双方所掌握的信息往往是不对称的，例如，卖方通常比买方更了解商品的质量信息。这种情况下，买方可能发现所选商品或交易对象并非自己所期望的，因担心受骗而持谨慎态度，导致优质商品无法获得应有的认可，诚信卖家也难以得到市场的青睐。逆向选择的存在使得众多潜在的有利交易无法实现，既不利于卖方市场，也阻碍了整个市场交易活动的健康发展，严重时甚至可能导致市场崩溃。

以保险市场为例，身体健康、平时不易患病的人往往不愿意主动购买健康保险，而身体状况较差、经常生病的人则更倾向于购买。这导致保险公司的客户总体健康水平偏低，而保险公司按照正常人的平均得病率所收取的保费，往往不足以覆盖赔付给保户的费用。这种现象便是保险市场中的逆向选择。

三、道德风险

道德风险这一概念起源于 20 世纪 80 年代，属于经济哲学范畴。简而言之，道德风险指的是由于个体或组织的机会主义行为而引发的潜在风险增大现象。为了应对这一风险，风险分担成为主要的解决策略。

具体而言，道德风险是指在信息不对称的情境下，掌握信息较多的一方利用其信息优势，侵犯信息较少一方的利益，以谋求自身利益的最大化。以市场交易为例，买卖双方往往存在信息不对称的情况。在此情境下，卖方有可能利用自身的信息优势，向买方提供质量不符的商品，这种行为便构成了道德风险。

值得注意的是，只要市场经济存在，信息不对称的现象就难以完全消除，因此道德风险也难免发生。然而，通过加强监管、提高信息透明度及建立有效的风险分担机制，可以在一定程度上降低道德风险的发生概率，促进市场经济的健康发展。请阅读案例9-6，了解互联网金融诈骗。

案例 9-6　　　　　　　　　识破互联网金融诈骗

张某不慎泄露自己个人信息，被不法分子利用，在网上购买基金，致使张某收到银行卡转走卡里近两万元的短信信息，紧接着接到可以帮其追回被转走款项的电话，企图通过取消刚刚购买基金认购操作，制造一种可以追回"被转款项"的假象，同时诱骗其将银行卡里面的余额全部转移至对方指定的"安全账户"（该账户是不法分子持有）内。张某在银行按照不法分子指定操作时，某银行工作人员见其神色焦虑慌张，便主动上前询问缘由，听其讲述后判断为这是一起互联网金融诈骗案件。某银行根据员工的判断迅速启动应急预案，同时协助张某到ATM机进行操作，以便让不法分子听到ATM机提示音获取其信任，成功套取了对方的银行卡号信息，并将其账户交易功能进行封锁。最后，张某被转走的近两万元回到了自己的账户上，其被转走的款项也全部追回。

课堂练习——简答题

请结合案例说明：网络时代，我们如何规避道德风险。

在经济中，不对称信息引发的逆向选择与道德风险普遍存在。这种现象既造成了市场交易的萎缩，也造成了社会资源的极大浪费，影响了资源的有效配置。

四、不对称信息政策在社会生活中的应用

不对称信息在市场中的普遍存在，并不意味着市场机制无法应对这一问题。实际上，市场机制在一定程度上能够解决不对称信息所带来的挑战。

一方面，通过构建信誉体系和标准化制度，市场机制能够有效地应对信息不对称。在产品市场中，生产者往往掌握着更多关于产品技术、功能和质量等方面的信息。为了吸引潜在客户，企业会投入资金进行广告宣传，传递产品的吸引力。同时，企业也会努力提升产品质量、改进功能、完善服务，以树立良好的信誉和品牌知名度，为消费者提供评价依据，激发其购买欲望。例如，消费者之所以选择某家商店或饭店，往往是因为这些商家在产品和服务方面享有良好的声誉。

另一方面，市场信号在解决信息不对称问题中也发挥着重要作用。市场信号是卖方向买方传递产品信息的一种方式，有助于减少买卖双方之间的信息不对称。在就业市场，雇主通过查看求职者的简历和进行面试来了解其真实情况。设计合理的面试题目有助于从求职者的回答中捕捉反映其实际能力的信号。

然而，市场机制并非万能，并不能解决所有的信息不完全和不对称问题。在这种情况下，政府需要介入，通过调控信息来增加市场的透明度，帮助消费者做出正确的选择。例如，政府在保护消费者权益方面采取了一系列措施，如要求发行新股票或新债权的公司定期公布相关信息，禁止产品广告中出现夸大其词的宣传等。这些措施有助于减少信息不对

称，保护消费者的合法权益，促进市场的健康发展。

扩展阅读

打破"数据壁垒""信息孤岛"

模块十 国民收入核算

学习目标

【知识目标】

了解国民收入核算的基本原理和方法。

掌握国内生产总值的含义及在宏观经济分析中的作用。

理解国民收入核算的指标体系，包括总量指标和结构指标。

掌握国民收入核算的三种基本方法：支出法、收入法和生产法。

了解现行国内生产总值指标核算的局限性和可能的改进方向。

【能力目标】

能够运用国民收入核算的基本指标分析我国经济的运行情况。

能够进行简单的国民收入核算，理解不同核算方法的特点和适用性。

能够读懂并分析经济生活中的宏观经济运行数据，如 GDP 增长率、产业结构变化等。

【素质目标】

能够用语言和文字比较准确地分析、表达经济现象。

分析我国国内生产总值的变化，感受综合国力的增强，加深对中国梦的认同。

培养辩证思维，全面系统、辩证地看待我国国内生产总值的增长。

单元一 国民收入核算的总量指标

案例引入

20 世纪最伟大的发明之一

如果把经济运行比作一艘航行的船，那么仪表盘的中央就是国内生产总值（Gross Domestic Product，GDP），国内生产总值被誉为"20 世纪最伟大的发明之一"。美国经济学家西蒙·史密斯·库兹涅茨，被誉为"GDP 之父"，他在 1934 年首次阐述了这一经济学概念的基本内涵，并提出了相关的核算编制方法。若没有 GDP 这一发明，我们将难以对各国经济实力进行有效的比较，无法清晰地了解一国的经济增长速度是快是慢，经济是在萎缩还是在膨胀，是需要刺激经济还是需要实施控制。决策者可能陷入繁杂无序的经济数据中，感到无所适从。

知识学习

宏观经济学以整个国民经济的活动为研究对象。在分析宏观经济问题时，首先要解决国民经济总量的衡量问题。

一、国内生产总值的定义

（一）特定时期

GDP 衡量的是特定年度内的生产活动，专注于该年度"新增"的最终产品和服务。过往年度的产出价值不计入当前 GDP。例如，一幢商品房于 2019 年竣工，其建造费用仅计入 2019 年的 GDP。若该房在 2021 年被转售，无论售价如何，均不再重复计入 GDP，以避免重复计算。然而，转售过程中产生的交易税费、佣金及翻新费用等，则需计入 2021 年的 GDP。

（二）生产

GDP 衡量的是生产能力，而非销售能力。以羽绒服生产为例，某企业于 2020 年生产了 100 万件羽绒服，虽然当年仅售出 80 万件，但是计入 2020 年 GDP 的应为生产的 100 万件，而非销售的 80 万件。此外，非生产性交易，如证券买卖、政府转移支付（如失业救济金、退伍军人补助金、农产品价格补贴）及个人转移支付（如赠与）等，均不计入 GDP，因其与生产活动无直接关联。

（三）国土原则

GDP 所衡量的生产价值限定在一国的地理范围内。换言之，无论是本国人还是外国人创造，只要是在本国或本地区范围内产生的价值，均计入该国或地区的 GDP。例如，意大利人在上海开设的餐厅，经营菜品的所得收入，应计入我国的 GDP。

（四）最终的产品或服务

GDP 仅计算最终产品或服务的价值，中间产品或服务的价值不计入其中，以避免重复计算。在现代经济体系中，许多产品都会经历多个生产和分配阶段。最终产品或服务指的是可直接供人们消费或使用的产品或服务，而中间产品或服务则作为生产过程的投入品，不可直接使用或消费。以羽绒和羽绒服为例，羽绒作为中间产品，其价值已包含在羽绒服这一最终产品中，因此仅羽绒服的价值计入 GDP。需要注意的是，某些产品可能同时作为中间产品和最终产品存在，具体归类取决于其用途。

（五）市场价值

由于不同产品的单位各异，如鞋与车无法直接相加，因此采用货币作为统一度量，以便比较不同年度的产出水平。GDP 的实际计算采用产品的市场价值，即最终产品的单价乘以产量。值得注意的是，市场价格与自产自用相区别。例如，保姆为单身男性提供的家务劳动可计入 GDP，但若二者结婚，同样的家务劳动则不计入 GDP，因为不再支付工资。GDP 仅衡量市场价值，因此非市场的活动，均不计入其中。

课堂练习——多选题

下列哪项不列入国内生产总值的核算（　　　）。

A. 出口到国外的一批货物
B. 政府给贫困家庭发放的一笔救济金
C. 房屋中介为二手房买卖收取的佣金
D. 保险公司收到一笔家庭财产保险
E. 购买一辆旧车
F. 购买股票
G. 蛋糕厂购入 100kg 低筋面粉
H. 家庭主妇家务劳动的价值
I. 拍卖古董的收入

二、与国内生产总值相关的几个关键词

（一）名义 GDP 与实际 GDP

GDP 是通过货币计算得出的，代表了最终产品或服务的数量与价格的乘积。GDP 的变动受两个主要因素影响：一是所生产的最终产品或服务的数量变动，二是这些产品或服务的价格变动。由数量变动引发的 GDP 变动能够真实反映产出的变化，而由价格变动导致的 GDP 变动则不能准确反映实际产出的变化。为了更清晰地分辨 GDP 的变动究竟源于产量的变化还是价格的变化，经济学家引入了名义 GDP 和实际 GDP 的概念。

名义 GDP，是以当年市场价格计算的最终产品或服务的总价值，即将各种产品或服务的数量与其当前市场价格相乘后求和得出。

然而，由于不同时期相同产品的价格可能发生变化，因此使用名义 GDP 进行历史比较存在困难。为了确保不同时期的 GDP 具有可比性，可以选择一个特定年份的价格水平作为基准，将所有年份的 GDP 都按照这个价格水平进行计算。这个特定年份被称为基年（或基期），其价格水平为不变价格。按照基年价格计算出的各年最终产品或服务的价值，即为实际 GDP。

简而言之，实际 GDP 是利用基年价格计算得出的当年全部最终产品或服务的市场价值，即将各种产品或服务的数量与其在基年的价格相乘后求和得出的。

由于实际 GDP 不受当前价格变动的影响，只反映产品数量的变化，更能体现经济满足人们需求和欲望的能力。因此，在衡量经济福利方面，实际 GDP 比名义 GDP 更为准确，能够更真实地反映一个国家或地区的经济增长情况。

请阅读案例 10-1，以更深入地理解实际 GDP 与名义 GDP 之间的联系与区别。

案例 10-1　　　　　　　　实际 GDP 与名义 GDP

挪威统计局发布数据显示，2022 年，在欧盟推动能源供应转型带来的石油、天然气价格暴涨影响下，按当前市场价格计算，挪威名义 GDP 为 55691.72 亿挪威克朗，同比增长 32.2%。2022 年，若别除商品和服务价格上涨因素，按 2020 年不变市场价格计算，挪威实际 GDP 为 37145.07 亿克朗，同比增长 3.3%。

（二）GDP 平减指数

GDP 平减指数，又称 GDP 缩减指数，是名义 GDP 与实际 GDP 之间的比率，即

$$\text{GDP 平减指数} = \text{名义 GDP} \div \text{实际 GDP} \times 100\% \tag{10-1}$$

假定某国只生产苹果和棉花，已知两种产品在 2018 年、2019 年和 2020 年的价格和产量，以 2018 年为基年，计算名义 GDP、实际 GDP 与 GDP 平减指数，如表 10-1 所示。

表 10-1　名义 GDP、实际 GDP 与 GDP 平减指数

年份	① 苹果价格 （元/kg）	② 苹果产量 （kg）	③ 棉花价格 （元/kg）	④ 棉花产量 （kg）	⑤ 名义 GDP（元） ①×②+③×④	⑥ 实际 GDP（元） 3×②+2×④	⑦ GDP 平减指数 ⑤÷⑥×100
2018	3	1000	2	2000	7000	7000	100
2019	4	2000	3	3000	17000	12000	142
2020	5	1500	4	4000	23500	12500	188

课堂练习——单选题

如果某国的名义 GDP 从 1990 年的 10000 亿美元增加到 2020 年的 25000 亿美元，价格指数从 1990 年的 1 增加到 2020 年的 2，若以 1990 年不变价格计算，该国 2020 年的 GDP 为（　　）。

A．10000 亿美元　　　　　　　　B．12500 亿美元
C．25000 亿美元　　　　　　　　D．50000 亿美元

（三）人均 GDP

将一个国家或地区在既定时期（通常是一年）实现的 GDP 与这个国家或地区的常住人口相比经过计算得到人均 GDP。GDP 反映了一个国家或地区的总体经济实力和市场规模，人均 GDP 则反映了一个国家或地区的富裕程度及人民的生活水平。请阅读案例 10-2，了解我国近年人均 GDP 的数据情况。

案例 10-2　　　　我国 2022 年人均 GDP 为 85698 元

国家统计局发布 2022 年国民经济和社会发展统计公报，初步核算，全年国内生产总值 1210207 亿元，比上年增长 3.0%。全年人均国内生产总值 85698 元，比上年增长 3.0%。按照 2022 年人民币对美元的平均汇率计算，2022 年我国的人均 GDP 大约是 1.26 万美元。

在 1982 年的时候，我国的人均 GDP 只有 203 美元，直到 2001 年才突破 1000 美元大关。跟 40 年前相比，目前我国人均 GDP 相当于上涨了约 61 倍，我国也是过去几十年人均 GDP 增幅最大的国家之一。

（四）绿色 GDP

人类的经济活动主要包括两个方面。其一，是为社会创造财富的正面效应，体现了经济活动对社会的积极贡献；其二，则是通过不同形式与手段对社会生产力发展构成阻碍的负面效应，例如无节制地向生态环境索取资源，导致生态资源在绝对量上逐年递减，或者因各种生产活动向生态环境排放废弃物、过度砍伐资源，使得生态环境在质量上日益恶化。

现行的 GDP 指标确实提供了宏观经济运行的具体数据，并在其指导下进行宏观调控。然而这一指标仅仅反映了经济活动的正面效应，未能体现负面效应的影响，因此存在不完整和缺陷。

根据联合国的定义，绿色 GDP 是指衡量各国在扣除自然资产损失后新创造的真实国民财富的总量核算指标。简而言之，是从现行统计的 GDP 中扣除因环境污染、自然资源退化等因素导致的经济损失和成本后得出的真实国民财富总量。例如，若某地区今年的 GDP 总量为 1000 亿元，但在生产生活过程中造成的污染导致当地 1.2 亿居民无法饮用清洁水，这构成了经济损失。按照传统的 GDP 核算方式，该地区的 GDP 总量仍为 1000 亿元，但依据绿色 GDP 的核算方法，GDP 总量应等于 1000 亿元减去因水源质量下降所导致的经济损失。

这样的核算方式更为全面，能够更准确地反映一个地区的真实经济状况和可持续发展水平。因此，推广和应用绿色 GDP 核算方法对于促进经济社会与生态环境的协调发展具有重要意义。

三、国内生产总值核算的缺陷

国内生产总值（GDP）作为衡量国民经济发展的重要指标，总体上能够反映一个国家或地区的经济发展状况。然而，其并非尽善尽美，存在一些固有的缺陷。盲目追求和崇拜 GDP 可能导致对社会和经济中真正需要关注领域的被忽视，降低民众的社会幸福感。

（一）无法全面衡量经济总量

不论采用何种核算方法，GDP 的数值都难以达到完全准确。

1. 未能充分体现公共服务在经济发展中的关键作用

政府部门提供的行政、公共安全、教育、医疗卫生、环境保护等公共服务在经济发展中扮演着举足轻重的角色。然而，由于 GDP 核算主要关注市场活动，其衡量标准是市场价格。公共服务不存在市场价格，通常只能以政府部门投入的成本来衡量，这种方式远不能真实反映公共服务在经济发展中的实际价值。

2. 未纳入非市场性家务劳动

家务劳动的市场化程度在不同经济发展程度的国家中存在显著差异。不论是发达国家还是发展中国家，家务劳动本身都是存在的。但 GDP 仅计算市场化的家务劳动，导致不同国家的 GDP 在一定程度上缺乏可比性。

3. 非法交易活动未被计入

各国都存在着一定程度的非法经济交易活动，如地下工厂生产、黑市交易及走私活动等。这些非法经济活动虽经市场交换并有交易价格，但未能计入 GDP。

（二）无法全面反映社会福利状况

GDP 主要关注最终产品和服务的生产，而非人们的福利水平。

一方面，GDP 无法体现收入分配的公平性和社会两极分化的程度。作为一个生产指标，其无法完整反映收入的初次分配和再分配，因此无法准确评估一个国家的收入分配是否公平合理。另一方面，GDP 无法反映社会福利的改善情况，如社会最低生活保障、失业保障、医疗保障和住房保障的改善状况。

（三）未能反映经济发展对环境造成的负面影响

GDP 的增长可能伴随着对自然资源的过度开采和环境污染。例如，森林砍伐和矿山开采虽然能增加 GDP，但也会导致森林资源的减少和环境恶化。某些产品的生产可能向空气或水中排放有害物质，造成严重的环境污染，对人们的健康和发展构成威胁。然而，GDP 的计算仅反映了经济贡献，未能体现资源耗减和环境损失的代价。

（四）过于强调经济性而忽略社会性

GDP 将所有交易视为正值并计入总量，忽略了其中的代价与效益区分。例如，疾病、交通事故、决策失误等社会负面现象反而可能因医治、修复等投入资金而增加 GDP。此外，GDP 的增长有时也伴随着人们加班时间的增加和生活质量的下降，这体现了 GDP 在衡量社会和生活质量方面的局限性。

综上所述，GDP 作为宏观经济指标存在明显的局限性，并非完美无缺。在评价和使用 GDP 时，应客观看待其作用与局限性，并避免将其视为唯一或最终目标。合理运用 GDP 指标，结合其他社会和经济指标，才能更全面地反映一个国家的经济发展状况和社会福利水平。

课堂练习——简答题

如何科学地评价 GDP？

四、国民收入核算的其他总量指标

在国民收入核算体系中，除 GDP 外，还包括其他五个重要的总量指标，包括国民总收入、国内生产净值、国民收入、个人收入和个人可支配收入。这五个总量指标之间存在一定的关系，从不同角度反映了一个国家或地区的经济活动的总体运行情况。

（一）国民总收入（国民生产总值）

国民总收入（Gross National Income，GNI），原称国民生产总值（Gross National Product，GNP）。在联合国、世界银行、国际货币基金组织、经济合作和发展组织及欧洲共同体委员会共同颁布的 1993 年国民经济核算体系（1993SNA）中，将统计术语 GNI 取代了 GNP。

国民总收入是指一个国家或地区所有常住单位在一定时期内所获得的初次分配收入总额，等于国内生产总值加上来自国外的初次分配收入净额。计算公式如下：

$$GNI = GDP + 来自国外的要素收入净额$$
$$= GDP + （来自国外的要素收入 - 支付国外的要素收入） \quad (10\text{-}2)$$

根据国家统计局发布的《中华人民共和国 2020 年国民经济和社会发展统计公报》显示，2020 年，我国国民总收入达到 1009151 亿元，比上年增长 1.9%。

从根本上而言，GDP 和 GNI 并无本质区别，两者都是对一个国家或地区一定时期内产出水平的衡量。区别在于 GDP 是地域概念，GNI 是国民概念，即 GDP 根据属地原则来衡量财富，GNI 根据属人原则来衡量财富。例如，一个英国人在中国做生意，其销售额将计入中国的 GDP，同时要计入英国的 GNI。

（二）国内生产净值

国内生产净值（Net Domestic Product，NDP）是指在某一既定时期内，一个国家或地区所生产的最终产品和服务的市场价值扣除固定资产折旧后新增加的价值。

折旧是产品成本的一部分，体现在产值中。从国内生产总值中扣除资本折旧后，得到国内生产净值，计算公式如下：

$$NDP = GDP - 资本折旧 \tag{10-3}$$

从经济学角度来看，衡量一个国家或地区的经济总量，用 NDP 要比 GDP 更优越。NDP 考虑到了"消耗"或"折旧"在经济增长中的影响，能更加准确地衡量一个国家或地区的国民产出。

（三）国民收入

国民收入（National Income，NI）是指一个国家或地区在一定时期所创造的价值，是生产要素所有者在一定时期内提供的报酬总和，具体表现为工资、利润、利息和租金的总和。

国民收入在数量上等于国内生产净值扣除间接税和企业转移支付再加上政府补贴。这是因为间接税和企业转移支付虽然构成产品价格，但不属于要素收入；政府补贴虽然未构成产品价格，但属于要素收入。国民收入的计算公式如下：

$$NI = NDP - 间接税 - 企业转移支付 + 政府补贴 \tag{10-4}$$

$$或 NI = 工资 + 利润 + 利息 + 租金 \tag{10-5}$$

（四）个人收入

个人收入（Personal Income，PI）是指一个国家或地区在一定时期内，所有自然人税前收入的总和，包括工资和薪金收入、租金收入、利息和股息收入、政府转移支付等。一个国家或地区中所有个人的收入总和，与该国家或地区中所有居民的收入总和（也就是国民收入）应当是一致的。但实际经济运行中存在的一些因素，导致个人收入与国民收入数量上的不同。为获得个人收入指标，需要对国民收入做出调整。

调整包括从国民收入中减去企业未分配利润、企业所得税和社会保险费，加上未被列入国民收入但个人实际获得的收入，如政府转移支付。个人收入的计算公式如下：

$$PI = NI - 企业未分配利润 - 企业所得税 - 社会保险费 + 政府转移支付 \tag{10-6}$$

（五）个人可支配收入

个人可支配收入（Personal Disposable Income，PDI）是指一个国家或地区在一定时期内，个人实际可用于消费和储蓄的那部分收入。收入扣除缴纳的个人所得税及法定的失业保险、养老保险、医疗保险等社保基金，即为个人可支配收入，计算公式如下：

$$PDI = PI - 个人所得税 - 社保基金 = 消费 + 储蓄 \tag{10-7}$$

PDI 被认为是决定消费开支的最重要的因素。

课堂练习——单选题

如果李某收入为 6700 元，而个人所得税为 200 元，购物、生活费用 4300 元，支付房贷利息费 800 元，个人储蓄是 1400 元，那么他的个人可支配收入为（　　）。

A．6700 元　　　　B．6500 元　　　　C．2200 元　　　　D．1400 元

五、国民收入核算指标在社会生活中的应用

国民收入核算体系是衡量国家经济状况与发展水平的关键工具，其中 GDP 为核心指标。除此之外，还有 GNI、NDP、NI、PI、PDI 等，共同构成多维度的衡量体系。这些指标不仅关乎国家发展大局，更与民众生活息息相关。

（一）"两山论"与绿色 GDP

"两山论"即"绿水青山就是金山银山"，这一理念强调了环境保护与经济发展的和谐共生，是发展绿色 GDP 的典型思想，不仅考虑了经济活动的成果，从 GDP 中扣除了自然资源耗减与环境污染损失的价值，更全面地反映了国家经济发展的真实面貌。绿色 GDP 的实施，是"两山论"在国民经济核算中的具体体现，引导着我们走向一条高质量、可持续的发展之路。请阅读案例 10-3，深刻体会"两山论"所引领的高质量绿色发展之路的深远意义。

案例 10-3　　　　　　　绿水青山就是金山银山

安吉县，位于浙江省西北部。20 世纪末，作为浙江贫困县之一的安吉，为脱贫致富走上了"工业强县"之路，造纸、化工、建材、印染等企业相继崛起，尽管 GDP 一路高速增长，但对生态环境造成了巨大破坏。

2005 年 8 月 15 日，时任浙江省委书记的习近平在浙江安吉余村考察的时候，首次提出了"绿水青山就是金山银山"的理念。作为"两山"理论的实践典范，安吉县坚持把"山清水秀生态美"作为最大资源，明确发展底线就是"守住绿水青山"。依靠得天独厚的自然条件和"七山一水两分田"的自然禀赋，安吉打造了竹林碳汇、安吉白茶、全域旅游等一批特色产业，大力发展生态农业、生态工业和生态旅游业，并在林地空间治理、土地生态溢价、打造区域公用品牌"安吉优品"等一批改革实践上持续发力，打造既要优美环境又要富裕生活的绿色发展道路。

2022 年，安吉县地区生产总值达到 582.4 亿元，完成财政总收入 109.7 亿元，城乡居民人均可支配收入分别增长 4.1%、6.5%。安吉创新推出"帐篷经济""咖啡经济"等新业态，高规格举办首届长三角露营大会，成功获评全省旅游业"微改造、精提升"综合实践奖，连续四年位居全国县域旅游竞争力百强县榜首，全年接待游客 2721 万人次，实现旅游总收入 393.3 亿元。

（来源：安吉县人民政府）

（二）国家收入划分标准

人均 GDP 是衡量一国富裕程度的关键指标，反映了该国居民的平均生活水平。世界银

行为了对各国经济体进行收入水平的划分，设定了一套基于GNI的分类标准。

根据2022年7月1日公布的新标准，世界银行根据各国人均国民总收入GNI将经济体收入划分为四个组别。具体而言，低收入国家的人均GNI低于1085美元，中等偏下收入国家的人均GNI介于1086美元与4255美元之间，中等偏上收入国家的人均GNI则在4256美元与13205美元之间，而高收入国家的人均GNI则超过13205美元。请阅读案例10-4，深入思考我国在当前标准下是否属于高收入国家。

案例10-4　　　　　　　我国是高收入国家吗？

世界银行在衡量经济体收入时，衡量标准是人均国民总收入，其实并不是单指我们的收入，反而更像人均国民生产总值。GDP是国内生产总值，GNI是国民总收入，GNI等于GDP和来自国外的要素收入净额的总值，也就是在GDP的基础上，扣除外国在本国的资本和劳务收入，加上本国从国外获得的资本和劳务收入。GNI和GDP虽然有着一定的差距，但是数值上而言，是差不多的。以我国2022年的数据来看，国家统计局公布的我国GNI约为1197250.4亿元人民币，最终核实的GDP约为1204724亿元人民币，两者差额不到1%，十分接近。

2020年，中国人均GDP为1.05万美元，2022年我国的人均GDP大约是1.26万美元。对照世界银行标准，我国仍处在中等偏上收入国家之列，距离高收入国家还有601美元。

（来源：百家号）

课堂练习——简答题

改革开放以来，中国经济成就显著，但有人误判中国发展阶段，认为其已步入发达国家行列，请分析中国是否真正跻身发达国家。

扩展阅读

人民日报：我国经济总量首次突破100万亿元　发展跃上新台阶（节选）

单元二　国内生产总值的核算方法

案例引入

拉动经济增长的"三驾马车"

消费需求、投资需求和外部需求被并称为"三大需求"，也就是我们所说的拉动经济增长的"三驾马车"。在"三驾马车"中，消费需求是生产的目的，可以创造出生产动力，并刺激投资需求。因此，消费是经济增长的最终需求和目的，拉动生产力的发展；投资需求是增加社会总供给的重要途径，投资规模要和经济发展状况相协调，投资不足可能减缓经济发展，投资增长过快则可能引发经济过热；外部需求对经济的作用和消费需求类似。但是，受到国际经济、外贸环境和汇率变动多种因素影响，外部需求容易出现波动。完整意义上的"三驾马车"的衡量指标是指 GDP 支出核算中的最终消费支出、资本形成总额、货物和服务净出口。

知识学习

GDP 代表着一定时期内一个国家或地区所有常住单位生产活动的最终成果。从收入分配的角度看，GDP 等于生产要素的报酬总和，即总收入；从生产角度看，GDP 等同于生产过程中产出的最终产品的市场价值，即总产出。从全社会的角度看，所有产品的总支出与所有最终产品的总收入相等，因此，GDP 也等于总支出。

基于上述理解，在核算 GDP 时，主要存在三种方法：支出法、收入法和生产法。理论上，无论采用哪种方法，计算出的 GDP 都应该是相同的。然而，由于统计口径的差异及其他不可控因素，实际计算中可能存在一定的误差。

一、支出法

支出法，又称最终产品法，是从最终支出的视角出发，对一个国家或地区在特定时期内购买最终产品和服务的货币总额进行汇总，进而计算国内生产总值的方法。在国民经济的实际运行中，社会经济对最终产品和服务的支出主要由四部分构成，包括消费支出、投资支出、政府购买及净出口。

用支出法计算的国内生产总值等于消费支出、投资支出、政府购买与净出口之和，计算公式如下：

$$\text{支出法 GDP} = C + I + G + (X - M) \quad (10\text{-}8)$$

其中 C 代表消费支出，I 代表投资支出，G 代表政府购买，X 代表出口总额，M 代表进口总额，$(X - M)$ 即为净出口。

（一）消费支出

消费支出，涵盖了居民购买的耐用消费品（如冰箱、汽车等）、非耐用消费品（如食品、衣物等）及各类服务（如美容、医疗等）。值得注意的是，此项支出不包括对住宅建造的直接投入。消费支出在 GDP 中通常占据超过一半的份额，是国民经济的重要组成部分。

其中，最终消费支出涵盖居民与政府两大主体的消费支出。居民消费支出，指常住居民在一定时期内对货物和服务的全部消费，包括直接货币购买及其他方式获得的消费，如单位提供的实物报酬、住户自产自用的货物与服务等。此支出分为城镇居民与农村居民消费支出，按食品烟酒、衣着、居住等十个类别核算，各项消费支出均依据不同统计资料综合计算。

政府消费支出则包括政府部门承担的公共消费性服务支出和个人消费性货物和服务支出。公共消费性服务支出涉及国家安全、行政管理、法律规章制定等方面，其值为政府服务产出价值减去有偿服务收入的差额。个人消费性货物和服务支出则主要是指政府免费或低价提供给居民的服务，如医疗卫生、教育等支出。

（二）投资支出

投资支出，是指为扩大再生产而增加或更换的资本资产。既包括固定资产投资，如新建厂房、购置机械设备及购买住宅等；同时包含存货投资，即企业存货价值的净变动。资本资产被视为最终产品，原因在于其在生产过程中并非完全消耗，而是逐年折旧。此外，经济学上的投资专指资本形成，不涉及债券和股票的购买，因为这些属于金融交易，并非实际的生产活动，因此不计入GDP。然而，购买这些金融产品所产生的佣金及未来的股息和利息，则属于国民收入的核算范畴。

（三）政府购买

政府购买，又称政府消费，主要涵盖政府部门购买的服务及日常办公所需的商品。这包括科教文卫费用、行政管理费、国防支出及公益事业支出等。需要指出的是，政府的某些支出，如养老保险、医疗保险和失业保险等，属于转移支付，即收入在不同群体间的转移，并非政府直接购买商品或服务，因此不计入政府消费和GDP。

（四）净出口

净出口，即出口总额与进口总额之差，这一指标衡量了国际贸易的差额。在一国市场上，并非所有产品或服务均为本国生产，部分来自国外进口，构成进口额。此部分收入因非国内生产，不计入GDP，故需从总额中扣除。反之，部分产品和服务被外国个人或机构购买，即出口额，虽为外汇收入，但反映的是国内生产产品的价值，因此需计入GDP。因此，仅净出口额纳入GDP核算，其值可能为正值，即"贸易顺差"，也可能为负值，即"贸易逆差"。

支出法国内生产总值通过综合考虑各类消费与资本形成，反映了国家的经济规模与结构。请阅读案例10-5，了解我国支出法国内生产总值。

案例10-5　　　　　　　　我国支出法国内生产总值

我国支出法国内生产总值是按照中国《国民经济核算体系（2002）》的规定进行核算的，该体系采纳了联合国国民账户体系（SNA）的基本核算原则、内容和方法。支出法国内生产总值的核算公式为：

支出法国内生产总值＝最终消费支出＋资本形成总额＋货物和服务净出口　　（10-9）

其中，最终消费支出包括居民消费支出和政府消费支出。

居民消费支出由城镇居民与农村居民的消费支出构成，具体核算涵盖以下十个类别：食品烟酒、衣着、居住（含自有住房服务）、生活用品及服务、交通和通信、教育文化娱乐、医疗保健、金融中介服务、保险服务及其他商品和服务。对于食品烟酒、衣着、居住、生活用品及服务、交通通信、教育文化娱乐、医疗保健和其他商品及服务类消费支出的核算，主要依赖于住户调查中的人均消费支出数据、行政记录、相关专业统计调查资料及城乡人口资料的综合运用；而金融中介服务和保险服务的支出则依据金融和保险统计调查资料进行计算；至于自有住房服务的支出，则是基于城乡住户调查资料和房地产业统计资料得出的。

政府消费支出主要涵盖政府部门承担的公共消费性服务支出和个人消费性货物与服务支出。其中，公共消费性服务支出涉及国家安全与国防、行政管理、法律规章制定、社会秩序维护及环境保护等方面的支出，其计算方式为政府服务产出价值减去政府单位有偿提供服务所获收入的差额。而个人消费性货物和服务支出则是指政府部门以免费或低价形式向居民住户提供的货物和服务的市场价值，减去向住户收取的价值后的余额，主要涵盖医疗卫生、教育、文化娱乐和社会保障等方面的支出。利用支出法计算国内生产总值，如表10-2所示。

表10-2　用支出法计算国内生产总值（2012—2021年）

单位：亿元

年份	支出法国内生产总值	最终消费支出	居民实际最终消费	政府实际最终消费	资本形成总额	货物和服务净出口
2012	539040	275444	217915	57529	248960	14636
2013	596344	306664	242473	64191	275129	14552
2014	646548	338031	269424	68608	294906	13611
2015	692094	371921	299487	72434	297827	22346
2016	745981	410806	331829	78978	318198	16976
2017	828983	456518	368062	88457	357886	14578
2018	915774	506135	406179	99956	402585	7054
2019	990708	552632	445658	106974	426679	11398
2020	1025917	556986	455205	105606	442401	26530
2021	1140340	620921	—	—	489897	29522

注：本表根据国家统计局发布的2022年中国统计年鉴中的3-10支出法国内生产总值和3-12实际最终消费及构成整理。

在支出法国内生产总值的构成中，最终消费支出、资本形成总额、货物和服务净出口三大需求对国内生产总值增长的贡献率是不同的。贡献率是指三大需求增量与支出法国内生产总值增量之比，表10-3为我国不同需求对GDP增长的贡献情况。

表10-3　三大需求对国内生产总值增长的贡献情况

年份	最终消费支出 贡献率（%）	最终消费支出 拉动（百分点）	资本形成总额 贡献率（%）	资本形成总额 拉动（百分点）	货物和服务净出口 贡献率（%）	货物和服务净出口 拉动（百分点）
2012	55.4	4.4	42.1	3.3	2.5	0.2
2013	50.2	3.9	53.1	4.1	-3.3	-0.3
2014	56.3	4.2	45.0	3.3	-1.3	-0.1
2015	69.0	4.9	22.6	1.6	8.4	0.6
2016	66.0	4.5	45.7	3.1	-11.7	-0.8
2017	55.9	3.9	39.5	2.7	4.7	0.3
2018	64.0	4.3	43.2	2.9	-7.2	-0.5

续表

年　份	最终消费支出 贡献率（%）	最终消费支出 拉动（百分点）	资本形成总额 贡献率（%）	资本形成总额 拉动（百分点）	货物和服务净出口 贡献率（%）	货物和服务净出口 拉动（百分点）
2019	58.6	3.5	28.9	1.7	12.6	0.7
2020	-6.8	-0.2	81.5	1.8	25.3	0.6
2021	65.4	5.3	13.7	1.1	20.9	1.7

注：本表根据国家统计局发布的2022年中国统计年鉴中3-14部分数据整理。

二、收入法

收入法，又称供给法或分配法，是从收入角度出发，对投入生产的各类生产要素（如劳动、土地等）所获得的收入进行汇总，以此计算国内生产总值的方法。根据此核算方法，国内生产总值由劳动者报酬、生产税净额、固定资产折旧及营业盈余四部分构成，计算公式如下：

收入法GDP = 劳动者报酬 + 生产税净额 + 固定资产折旧 + 营业盈余　　（10-10）

（一）劳动者报酬

劳动者报酬，作为收入法GDP的重要组成部分，涵盖了劳动者因参与生产活动而获得的全部报酬。这一报酬不仅包含以货币形式支付的工资、奖金、津贴和补贴，还囊括了以实物形式提供的福利，如单位为员工缴纳的社会保险费、补充社会保险费和住房公积金等。此外，行政事业单位职工的离退休金，以及单位为员工提供的其他形式的福利和报酬，均被纳入劳动者报酬的核算范畴。

（二）生产税净额

生产税净额是指生产税与生产补贴之间的差额。其中，生产税是政府针对生产单位在从事生产、销售和经营活动，以及使用特定生产要素（如固定资产和土地）时征收的各类税费，包括产品税和其他生产税。产品税主要包括增值税、消费税、进口关税和出口税等；而其他生产税则涵盖房产税、车船使用税和城镇土地使用税等。相对而言，生产补贴则是政府为调节生产单位的生产、销售及定价活动而提供的无偿支付，例如农业生产补贴、政策亏损补贴和进口补贴等。在计算收入法GDP时，生产补贴作为负生产税处理。

（三）固定资产折旧

固定资产折旧反映了固定资产在使用过程中因自然退化、正常淘汰或损耗而导致的价值减少。这一过程代表了固定资产在生产过程中价值向产出的转移。在计算固定资产折旧时，原则上应依据固定资产的重置价值进行核算。

（四）营业盈余

营业盈余是常住单位在生产经营过程中创造的增加值，在扣除劳动者报酬、生产税净额和固定资产折旧后的净收益，反映了单位在生产经营活动中的经济效益和盈利能力。

例如，某国某年固定资产折旧为 1620 亿元、劳动者报酬为 14200 亿元、生产税净额为 3950 亿元、营业盈余为 4250 亿元，计算该国收入法 GDP 方法如下：

收入法 GDP = 劳动者报酬 + 生产税净额 + 固定资产折旧 + 营业盈余
= 14200 + 3950 + 1620 + 4250
= 24020 亿元

三、生产法

生产法，又称部门法或增值法，是从常住单位在生产活动中创造新增价值的角度出发，衡量核算期内生产活动最终成果的一种方法。其核心在于从生产过程中创造的货物和服务价值中，扣除生产过程中投入的中间货物和服务价值，从而得到增加值。

以最终产品服装为例，其生产过程涵盖了种棉、纺纱、织布、制衣四个阶段，如表 10-4 和图 10-1 所示，为生产阶段产品的增加值情况。在此过程中，棉花、棉纱、棉布属于中间产品，而服装则是最终产品。

表 10-4 最终产品和中间产品的价值数据

单位：亿元

生产阶段	产品价值	中间投入	增加值
棉花	15	0	—
棉纱	20	15	5
棉布	30	20	10
服装	45	30	15
合计	110	65	45

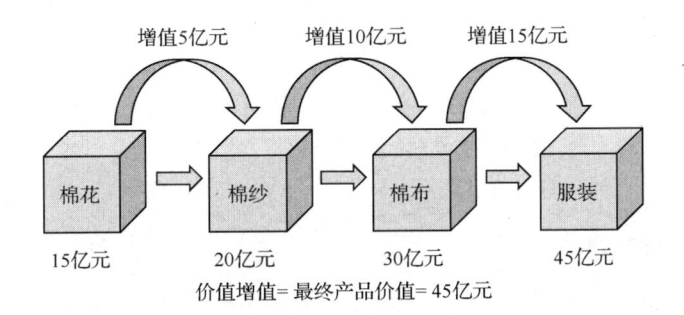

图 10-1 最终产品和中间产品的增值过程

生产法是从总产出的视角计算 GDP 的，将国民经济各行业在生产阶段所创造的增加值进行汇总，从而得出生产法下的国内生产总值。这些增加值涵盖了劳动者工资、土地租金、资本利息及企业家获得的利润等要素。生产法计算国内生产总值的公式如下：

生产法 GDP = 总产出 − 中间投入 = 各部门增值的总和　　　　（10-11）

在采用生产法进行计算时，国内生产总值是由第一产业、第二产业和第三产业所提供的增值共同构成的，这三大产业均为生产部门。

三次产业的划分是国际上常用的产业结构分类方法，但各国的具体划分标准存在差异。

实用经济学

根据最新的《国民经济行业分类》（GB/T 4754—2017）和相关的产业划分规定，我国的三次产业划分如下：

第一产业是指农、林、牧、渔业（不含农、林、牧、渔专业及辅助性活动）。

第二产业是指采矿业（不含开采专业及辅助性活动），制造业（不含金属制品、机械和设备修理业），电力、热力、燃气及水生产和供应业，以及建筑业。

第三产业即服务业，是指除第一产业和第二产业以外的其他行业。

在我国现行的统计制度中，国民经济被细分为农业、建筑业、金融业等 19 个部门进行生产或部门法统计。表 10-5 为生产法下国内生产总值 2012—2021 年的具体情况。

表 10-5　我国生产法国内生产总值（2012—2021 年）

单位：亿元

年　份	国民总收入	国内生产总值	第一产业	第二产业	第三产业
2012	537329	538580	49084.6	244639.1	244856.2
2013	588141.2	592963.2	53028.1	261951.6	277983.5
2014	644380.2	643563.1	55626.3	277282.8	310654
2015	685571.2	688858.2	57774.6	281338.9	349744.7
2016	742694.1	746395.1	60139.2	295427.8	390828.1
2017	830945.7	832035.9	62099.5	331580.5	438355.9
2018	915243.5	919281.1	64745.2	364835.2	489700.8
2019	983751.2	986515.2	70473.6	380670.6	535371
2020	1005451.3	1013567.0	78030.9	383562.4	551973.7
2021	1133239.8	1143669.7	83085.5	450904.5	609679.7

注：本表根据国家统计局发布的 2022 年中国统计年鉴中的 3-1 部分数据整理。

课堂练习——单选题

某公司支付给工人的工资为 150 万元，购买中间物品花费了 300 万元，出售其生产的产品获得 700 万元，那么该公司的新增价值为（　　）。

A．700 万元　　　　B．400 万元　　　　C．300 万元　　　　D．150 万元

课堂练习——填空题

假定某国某年发生了以下活动：一银矿公司支付 75 万元给矿工，开采了 20 千克银卖给其首饰制造商，售价 100 万元；首饰制造商支付 50 万元工资给工人，造了一批项链卖给消费者，售价 400 万元。请分析以下问题：

（1）该生产活动用支出法计算的 GDP 为（　　）万元。

（2）家庭或个人在生产活动中赚得工资为（　　）万元，企业所获的利润为（　　）万元，用收入法计算的 GDP 为（　　）万元。

（3）开采白银阶段和制成项链阶段的价值增加分别为（　　）万元和（　　）万元，用生产法计算的 GDP 为（　　）万元。

四、GDP 的核算与修订

（一）GDP 的核算

我国 GDP 核算主要采用支出法、收入法和生产法三种方法。自 1985 年建立 GDP 核算制度以来，我国 GDP 核算的准确性和科学性不断提高。国家统计局依据国际组织制定的国民经济核算体系，逐步建立了年度和季度的 GDP 核算体系。

GDP 核算涵盖了国民经济的所有行业，其数据来源广泛，包括国家统计调查资料、行政管理部门的财务统计资料及行政记录资料等，涉及的指标超过 3000 个。

在年度 GDP 核算中，我国结合使用生产法和收入法，按 94 个行业分别计算增加值，然后汇总得到 GDP。对于数据充足的行业，直接利用基础资料进行计算；对于数据不足的行业，则采用基准年度的数据，结合行业发展趋势的指标进行间接测算。

季度 GDP 核算则涉及 35 个行业，由于时效性要求较高，通常采用间接测算方法，利用反映行业发展的指标来计算增加值。

（二）GDP 数据的修订

GDP 数据的核算是一个动态过程，会根据更完整、可靠的数据不断修订。核算过程包括初步核算、初步核实和最终核实三个步骤。此外，在进行全国性经济普查或计算方法及分类标准发生变化时，也会对历史数据进行修订，以确保数据的可比性和一致性。

GDP 的修订是国际上的通行做法，旨在提高数据的准确性，更好地反映国民经济的实际情况。当获得更全面的基础资料或核算方法发生变化时，对历史数据的修订是必要的，以保持数据的连续性和可比性。

扩展阅读

我国年度 GDP 核算说明

模块十一 简单国民收入决定理论及其应用

学习目标

【知识目标】

了解简单国民收入决定理论的主要内容。

掌握消费函数、平均消费倾向与边际消费倾向的概念。

掌握储蓄函数、平均储蓄倾向与边际储蓄倾向的概念。

理解两部门经济、三部门经济、四部门经济中均衡国民收入的决定机制。

理解乘数效应的定义及形成机制。

【能力目标】

能够使用消费函数和储蓄函数决定均衡国民收入。

能够运用简单国民收入决定模型分析和解释我国当前的宏观经济政策。

能够计算投资乘数，并理解其对经济活动的影响。

【素质目标】

具有较强的分析和解决问题的能力。

能够运用简单国民收入决定理论来理解"以旧换新"政策、供给侧结构性改革等经济政策。

能够运用乘数效应分析消费券发放、政府购买支出等经济行为对宏观经济的拉动效应。

能够以开阔的视野对宏观经济现象进行分析和评价。

单元一 消费函数与储蓄函数

案例引入

居民消费倾向比较

消费倾向，是指消费在收入中所占的比例。消费是指居民在食品烟酒、衣着、居住、生活用品及服务、交通通信、教育文化娱乐、医疗保健及其他方面的支出。根据国家统计局网站统计年鉴数据，将居民人均消费支出、人均可支配收入等进行计算得出2012—2021年居民消费倾向如图11-1所示。

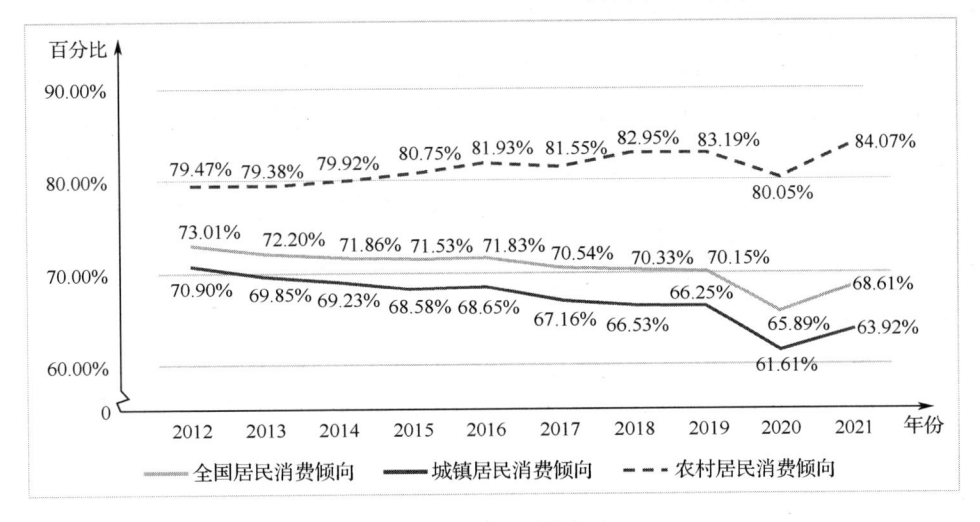

图 11-1　居民消费倾向

2012—2021 年，全国居民消费倾向总体呈下降趋势，从 2012 年的 73.01%下降到 2021 年的 68.61%，其中，2020 年大幅度下降至最低点 65.89%，2021 年逐渐回升。城镇居民消费倾向总体呈下降趋势，从 2012 年的 70.90%下降到 2021 年的 63.92%，2020 年最低点为 61.61%；农村居民的消费倾向高于城镇居民，近十年来呈递增趋势，从 2012 年的 79.47%增长到 2021 年的 84.07%，2020 年虽然有回落但仍保持在 80.05%。

知识学习

现代宏观经济学是由凯恩斯奠基并发展起来的。凯恩斯主义的宏观经济学分析的重点内容是短期宏观经济状况。凯恩斯认为，在短期中，决定宏观经济状况的关键因素是总支出。在总支出中，消费所占的比例约为三分之二。

一、消费函数

（一）影响消费水平的因素

影响消费水平的因素很多，主要包括以下内容。

1. 收入状况

收入是消费的基础和前提，收入因素包括可支配收入、未来预期收入及收入差距等。其中，可支配收入的多少直接决定了消费者能够用于购买商品和服务的资金量。未来预期收入对消费也有重要影响，若消费者对未来的收入持有乐观态度，他们可能更愿意增加当前消费。此外，收入差距也是影响消费水平的关键因素，过大的收入差距可能导致整体消费水平的不均衡。

2. 人生阶段

人生阶段对消费水平的影响不容忽视。青年阶段，人们通常处于事业上升期，对未来充满期待，因此更愿意将可支配收入用于消费，尤其是购买时尚、娱乐等方面的商品和服务。而到了老年阶段，人们的消费需求可能转向医疗、保健等方面，同时由于收入可能减少，消费水平可能有所下降。

3. 社会保障制度

社会保障制度的完善程度对消费水平具有重要影响。健全的社会保障体系能够减轻人们的后顾之忧，使他们在消费时更加放心。例如，完善的养老和医疗制度能够确保人们在老年阶段依然能够维持一定的消费水平。此外，失业保险、工伤保险等制度也能在一定程度上保障消费者的收入稳定，从而有利于消费水平的提升。

4. 消费心理

消费心理是影响消费者购买决策的重要因素。不同的消费者具有不同的心理特征，如从众心理、求异心理等，这些心理因素会在不同程度上影响消费者的购买行为。例如，从众心理可能导致消费者跟风购买热门商品，而求异心理则可能促使消费者选择独特、个性化的产品。

5. 利率水平

利率水平对消费水平具有显著的调节作用。当利率水平较高时，储蓄的收益增加，这可能吸引一部分消费者将资金存入银行而不是用于消费。相反，当利率水平较低时，储蓄的收益减少，消费者可能更倾向于将资金用于消费。因此，利率水平的变化会在一定程度上影响消费者的消费决策和消费水平。

（二）消费函数理论

消费函数主要应用于宏观经济分析之中，反映了消费支出与决定消费的各种因素之间的内在联系，是消费者行为量化研究的重要组成部分。消费函数这一概念最初由英国经济学家约翰·梅纳德·凯恩斯提出。随后，消费函数理论得到了不断的充实与发展，衍生出了相对收入假说、持久收入假说、生命周期假说等理论分支。这里主要介绍凯恩斯的消费函数理论，也称绝对收入假说。

1. 消费函数曲线

凯恩斯提出，总消费是总收入的函数。他假定人们的消费取决于其当前的可支配收入；还假设随着收入的增加，消费虽会增加，但是消费的增长幅度通常小于收入的增长幅度。收入和消费两个经济变量之间的这种关系，叫作消费函数或消费倾向。如果以 C 代表消费，Y 代表收入，则 $C = C(Y)$ 体现了消费是收入的函数这一经济学原理。

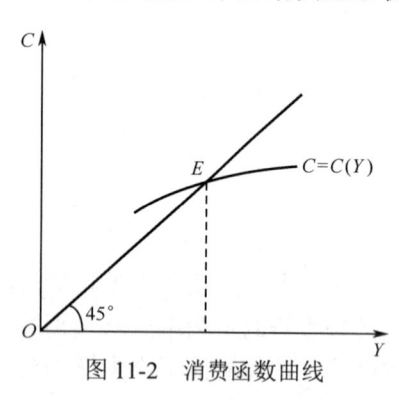

根据消费支出与收入之间的变化规律绘制消费函数曲线，如图 11-2 所示。

图 11-2 消费函数曲线

在消费函数曲线中，45°线被称为收支相抵线，这条线表示的是消费者收入与消费完全相等的状态。线上的任意一点均代表消费者的全部收入被完全用于消费，没有产生储蓄或负债。消费函数曲线与 45°线相交于 E 点，这一点表示在特定的收入水平上，消费与收入相等，即消费者的全部收入都被用于消费，没有任何储蓄或借贷行为。

在 E 点左侧，消费函数曲线位于 45°线上方，表明在相同的收入水平上，消费支出超过了收入，这意味着消费者正在使用过去的储蓄或借贷资金来支持当前的消费。因此，在这个区间内，消费者呈现负储蓄状态。相反，在 E 点右侧，消费函数曲线位于 45°线下方，表示在相同的收入水平上，消费支出少于收入，这意味着消费者正在将一部分收入储蓄起来，而不是全部用于消费。因此，在这个区间内，消费者呈现正储蓄状态。

随着收入的增加，消费函数曲线向右上方倾斜，但与45°线的距离逐渐增大，这反映了边际消费倾向递减的现象。即随着收入的增加，消费虽然也在增长，但增长的幅度逐渐小于收入的增长幅度，导致储蓄的比例逐渐增加。

消费曲线上任意一点的斜率代表了该点的边际消费倾向。观察消费曲线可以发现，随着曲线向右延伸，各点的斜率绝对值逐渐减小，这表明随着收入的增加，消费的增加量相对于收入的增加量逐渐减少，即边际消费倾向呈现递减趋势。

在凯恩斯看来，当收入增加时，人们只将收入中的较小比例部分用于消费支出，而将较大比例用于储蓄，边际消费倾向存在着递减的规律，平均消费倾向也存在着递减的规律。

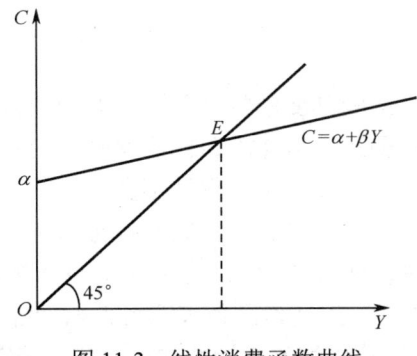

2. 线性消费函数曲线

线性消费函数是一种特定的经济模型，描述了消费与收入之间的线性关系，公式为：

$$C = \alpha + \beta Y \quad (\alpha > 0, 0 < \beta < 1) \tag{11-1}$$

C代表总消费，Y代表总收入，而α和β则是模型中的参数。α代表自发性消费，这部分消费不随收入的变化而变动，反映了消费者为满足基本生活需求所必需的固定支出。β则是边际消费倾向，表示当收入增加一个单位时，消费增加的部分占收入增加的比例。β和Y的乘积则代表了由收入增加所引致的消费增加。

因此，整个公式的经济含义是：总消费C等于自发性消费α与由收入引致的消费βY之和。这一模型为经济学家提供了一种量化分析消费与收入之间关系的工具，有助于理解消费行为和预测经济趋势。

根据消费支出与收入之间的变化规律，可以绘制出线性消费函数曲线，如图11-3所示。线性消费函数曲线C从自发性消费α点开始，表示在收入为0时，消费不依赖于收入的自发性消费部分。消费曲线向右上方倾斜，表示消费中的引致消费部分随着收入的增加而增加。此外，该线性消费函数曲线与45°线的交点为E，该点表示在某一特定收入水平下，消费与收入相等。

图11-3 线性消费函数曲线

课堂练习——单选题

根据消费函数，引起消费增加的因素是（　　）。

A. 价格水平下降　　　　　　　　　　B. 国民收入增加

C. 储蓄增加　　　　　　　　　　D. 利率提高

（三）平均消费倾向与边际消费倾向

平均消费倾向（Average Propensity to Consume，APC）也称消费倾向，是指人们在任一收入水平上消费支出在收入中所占的比重，计算公式如下：

$$APC = \frac{C}{Y} \tag{11-2}$$

例如，一个地区收入为 200 万亿元，消费支出为 150 万亿元，平均消费倾向就是 0.75，具体计算如下：

$$APC = \frac{C}{Y} = \frac{150}{200} = 0.75$$

边际消费倾向（Marginal Propensity to Consume，MPC）是指消费增减量与收入增减量的比值，表示每增加或减少一个单位的收入时消费的变动情况，计算公式为：

$$MPC = \frac{\Delta C}{\Delta Y} \tag{11-3}$$

边际消费倾向在线性消费函数 $C = \alpha + \beta Y$ 中就是系数 β，即每增加 1 元收入，消费支出将增加 β 元。

在凯恩斯看来，当收入增加时，人们只将收入中的较小比例部分用于消费支出，而将较大比例用于储蓄，边际消费倾向存在递减的规律。

消费曲线上任何一点的斜率都是与这一点相对应的边际消费倾向 MPC，而消费曲线上任何一点与原点相连而成的射线的斜率，则是与该点相对应的平均消费倾向 APC。

课堂练习——填空题

已知某地区收入由 100 万亿元增加到 120 万亿元，消费由 50 万亿元增加到 60 万亿元，则该地区边际消费倾向为（　　）。

二、储蓄函数

（一）储蓄函数概述

储蓄函数描述的是储蓄与影响其变动的多种因素之间的依存关系。尽管有多种因素能影响储蓄，但收入是最主要的因素。当深入研究国民收入的决定机制时，通常会假设储蓄主要受收入的影响。一般而言，在其他条件保持不变的情况下，储蓄会随着收入的变化而发生同向的变动。也就是说，当收入增加时，储蓄也会随之增加；而当收入减少时，储蓄也会相应减少。需要明确的是，储蓄与收入之间的变化并不遵循完全相同的比例关系。

以 S 代表储蓄，Y 代表收入，则储蓄函数表示为 $S = S(Y)$。

如图 11-4 所示，E 点是储蓄函数和横轴的交点，表示消费和收入相等，储蓄为零。E 点左侧为负储蓄，E 点右侧为正储蓄。随着储蓄曲线向右上方延伸，和横轴的距离越来越大，表明储蓄随着收入的增加而增加，而且增加幅度越来越大。

假定储蓄和收入之间存在线性关系，并且收入除了用于消费，剩余的全部用于储蓄，则可以根据线性消费函数推导出线性储蓄函数：

$$S = Y - C = Y - (\alpha + \beta Y) = -\alpha + (1-\beta)Y \quad (11\text{-}4)$$

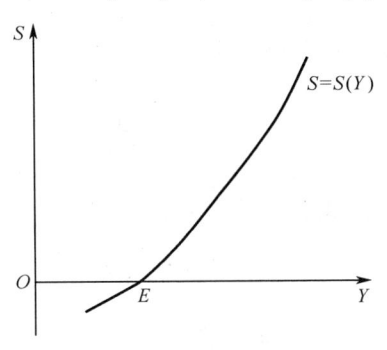

图 11-4 储蓄函数曲线

消费函数和储蓄函数互为补数,两者之和恒等于收入。

线性储蓄函数如图 11-5 所示。

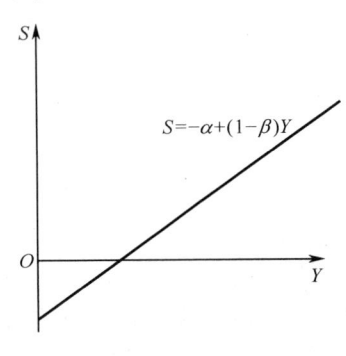

图 11-5 线性储蓄函数

(二)平均储蓄倾向与边际储蓄倾向

1. 平均储蓄倾向

与平均消费倾向相对应,平均储蓄倾向(Average Propensity to Save,APS)是指在任一收入水平上,储蓄额占收入总额的比例,计算公式如下:

$$\text{APS} = \frac{S}{Y} \quad (11\text{-}5)$$

其中,S 代表储蓄总额,Y 代表收入总额。APS 是储蓄函数曲线上任一点与原点相连而成线段的斜率。

2. 边际储蓄倾向

边际储蓄倾向(Marginal Propensity to Save,MPS)是指在收入增加一个单位时,用于增加储蓄的部分所占的比例,即储蓄增量占收入增量的比例。若以 MPS 表示边际储蓄倾向,以 ΔS 表示储蓄增量,以 ΔY 表示收入增量,计算公式如下:

$$\text{MPS} = \frac{\Delta S}{\Delta Y} \quad (11\text{-}6)$$

边际储蓄倾向是线性储蓄函数的斜率,在标准的线性储蓄函数模型中,边际储蓄倾向的表达式通常为 $\text{MPS} = 1 - \beta$。

课堂练习——单选题

根据储蓄函数，引起储蓄增加的因素是（　　）。

A. 政府支出增加　　　　　　　B. 人们预期未来的价格水平要上升

C. 利率提高　　　　　　　　　D. 收入增加

请阅读案例 11-1，了解我国储蓄率的情况。

案例 11-1　　　　　　　　我国的储蓄率

储蓄率指的是可支配收入总额中储蓄所占的百分比，是反映一定时期储蓄水平的指标。储蓄是推动经济增长的潜在资源，储蓄率则反映社会的积累水平。一般而言，高收入国家的国民储蓄率水平较世界平均水平低，中上收入国家的储蓄率水平更高，东亚经济体普遍较其他地区的经济体具有更高的储蓄率。图 11-6 为我国 2010—2021 年各年储蓄率情况。

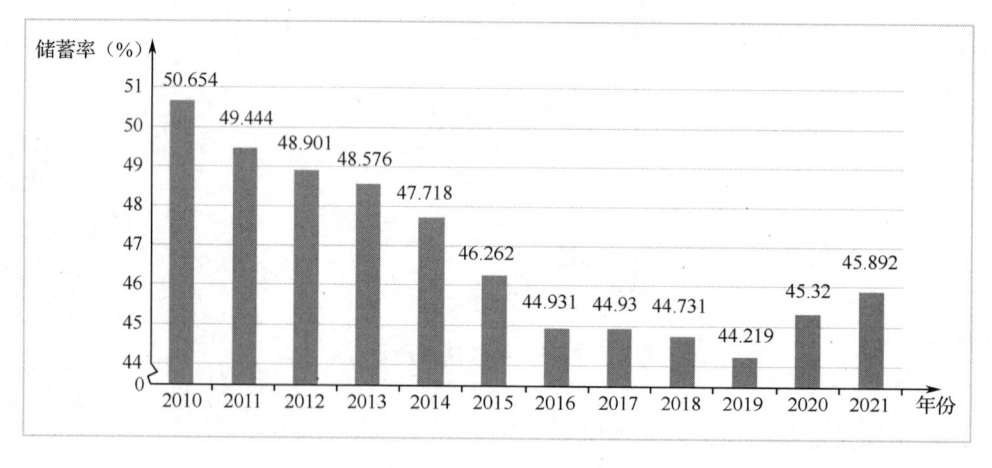

图 11-6　2010—2021 年中国储蓄率

（数据来源：CEIC Data）

我国的储蓄率趋势总体在降低，从 2010 年的 50.654%下降到 2019 年的 44.219%，2020 年和 2021 年又回升到 45%左右。在 2021 年，世界各国平均储蓄率是 26.5%，英美等发达国家储蓄率在 16%左右。

三、消费和储蓄的关系

鉴于收入被明确划分为消费与储蓄两大部分，全部增加的收入为新增的消费与新增的储蓄，因此，消费与储蓄之间存在着紧密的关联。

第一，平均消费倾向与平均储蓄倾向之和恒等于 1，即 APC + APS = 1。在此，APC 指的是在任一收入水平下，消费占收入的比例；而 APS 则代表在同一收入水平下，储蓄占收入的比例。随着收入的递增，APS 呈现出逐渐上升的趋势，而 APC 则相应地呈下降趋势。

第二，边际消费倾向与边际储蓄倾向之和恒等于 1，即 MPC + MPS = 1。在此，MPC 指的是随着收入的增加，消费增长的速率；而 MPS 则代表储蓄随收入增加而增长的速率。

课堂练习——多选题

储蓄函数与消费函数的关系是（　　）。
A. 消费函数和储蓄函数为互补函数
B. 平均消费倾向与平均储蓄倾向之和恒等于 1
C. 边际消费倾向与边际储蓄倾向之和恒等于 1
D. 平均消费倾向与边际消费倾向之和恒等于 1

四、消费函数与储蓄函数在社会生活中的应用

（一）树立正确的消费观

正确的消费观应辩证看待从众心理、攀比心理、求异心理和求实心理等多种心理因素对消费行为的影响。从众心理虽有助于形成市场趋势，但过度从众可能导致盲目消费；求异心理能激发市场创新，但过度追求独特亦可能偏离理性消费。攀比心理作为过度追求物质满足与社会认同的体现，应当坚决摒弃。

相对而言，正确的消费观应倡导求实心理，强调消费的实际效用与价值，追求性价比和长期效益。请阅读案例 11-2，树立理性、务实的消费观。

案例 11-2　　　　　　　　　　远离"消费贷"

大学生小李，怀揣着对大学生活的憧憬和期待，步入了心仪已久的校园。小李平时喜欢追求时尚，对电子产品和潮流服饰有着浓厚的兴趣。然而，由于家庭经济条件有限，他的生活费并不充裕，难以满足自己的消费欲望。

某日，小李在浏览某论坛时，发现了一个名为"××分期"的消费贷平台。该平台宣称可以提供快速、便捷的贷款服务，让小李能够轻松购买心仪的物品。心动不已的小李，在未经深思熟虑的情况下，便草率地申请了消费贷款。

起初，小李确实享受到了贷款带来的短暂快乐，他购买了许多心仪的物品，并沉浸在消费的快乐中。然而，随着时间的推移，他发现贷款的利息像滚雪球一样越滚越大，每个月的还款金额已经远远超出了他的承受范围。为了偿还贷款，小李不得不削减日常开支，甚至开始兼职打工。然而，这些努力仍然无法填补贷款的巨大窟窿。债务像一座沉重的山，压得小李喘不过气来。最终，小李的债务问题被学校发现，他因无法偿还贷款而面临严重的信用危机。他的学业受到影响，不得不休学一段时间来处理债务问题。同时，他的家人也为了帮他偿还债务而背负了沉重的经济负担。

消费贷虽然看似诱人，但实则隐藏着巨大的风险。大学生作为消费群体，应该保持理性消费观念，合理规划自己的开支和储蓄计划，远离消费贷的诱惑。否则，一旦陷入债务泥潭，后果将不堪设想。

（二）储蓄率下降对经济的影响

居民储蓄率对宏观经济有直接或间接的影响。储蓄率与经济增长高度相关、相互影响，储蓄率是影响潜在经济增速的重要因素。过去 40 多年我国经济保持年均 9%以上的高速增长，高储蓄、高投资是重要推动因素之一。目前，我国储蓄率仍高达 40%以上，稳居全球

主要经济体之首，但储蓄率持续下降已不可避免。

储蓄率与投资率之间有稳健的正相关性，规模越大的经济体，投资和储蓄的相关性越高。我国的投资率与储蓄率的相关系数高达 0.8。储蓄率持续下降会导致投资增速下降，投资拉动的经济增长不再持续。在不考虑国际收支的情况下，储蓄的水平就决定了投资的水平。储蓄率下降会导致企业资本成本上升，使得企业融资更加困难，投资机会减少，盈利能力降低，从而影响经济增长。储蓄率下降对于资本密集型行业的转型升级尤为不利。

扩展阅读

全面促进消费，加快消费提质升级

单元二　均衡国民收入的决定

案例引入

辩证看待《蜜蜂的寓言》

18 世纪初，荷兰医生曼德维尔出版了一本长篇讽喻诗《蜜蜂的寓言》，讲的是一个蜜蜂王国的兴衰史。在书中，他把人类社会比喻为一个巨大的蜂巢。"这些昆虫生活于此，宛如人类，微缩地表现了人类的一切行为。"起初在这个昆虫的国度里，蜜蜂们过着豪华奢侈的生活，它们近乎疯狂地追求自己的利益，品质极其粗鄙和恶劣：虚荣、伪善、欺诈、享乐、嫉妒、好色等恶德在每只蜜蜂身上表露无遗。令人惊异的是，当每只蜜蜂都在疯狂追逐一己私利时，整个蜂巢呈现出一派欣欣向荣的景象。后来，这群邪恶的蜜蜂突然觉悟了，向天神要求让它们变得善良、正直、诚实起来。"主神终于愤怒地发出誓言：要使那个抱怨的蜂巢全无欺诈。神实现了他的誓言"，于是，形势改观了。在蜜蜂王国里诚实、节俭的美德之风炽盛，那些追求奢华享受的利欲之徒现在都成了谦谦君子，节俭模范。可是结果出乎预料，昔日繁忙的酒店变得冷冷清清，货币贬值由一磅变成一文，不再有人订货，蜜蜂王国呈现出一片萧条景象，并从此迅速衰败下去，一蹶不振。

《蜜蜂的寓言》出版后虽然一度引起社会的广泛关注，但其观点并未被普遍接受。许多经济学家和哲学家对其提出的"私恶即公利"的论点持批判态度，认为其过于简化了人类社会的复杂性，忽略了道德、伦理等因素在社会发展中的重要作用。

在经济学方面，《蜜蜂的寓言》虽然提出了一些具有启发性的观点，但其论证过程却存在逻辑上的缺陷，过于强调个体追求私利对集体福祉的推动作用，却忽视了过度追求私利可能导致的社会不公和道德沦丧。这种片面的观点在经济学领域并未得到广泛认同，反而在一定程度上误导了人们对经济现象的理解。

在现代社会下，更应辩证地看待《蜜蜂的寓言》所传达的观点。个体追求私利在一定程度上能够促进社会经济的发展，但这并不意味着我们可以忽视道德、伦理和社会责任的重要性。相反，在追求经济利益的同时，应注重道德素养和社会责任感，实现经济效益和社会效益的协调发展。

知识学习

宏观经济学研究的是社会总体的经济行为及后果。现代西方宏观经济学的奠基人凯恩斯学说的中心内容就是国民收入决定理论，即研究如何使国民收入稳定地（既没有通货膨胀，也没有经济衰退）、以合适的速度增长。

在经济分析中，均衡是指一种不再变动的状况。在宏观经济学中，均衡国民收入是指总需求等于总供给时的国民收入。

凯恩斯主义的全部理论涉及四个市场：产品市场、货币市场、劳动市场和国际市场。仅包括产品市场的理论称为简单国民收入决定理论。简单的国民收入决定模型是指在价格水平既定、利息率既定和投资水平既定的条件下，分析总需求如何决定国民收入水平的模型。

一、两部门经济中均衡国民收入的决定

（一）两部门经济的均衡收入

1. 两部门经济模型概述

国民经济的广阔领域，通常可以划分为四个主要部门：家庭、企业、政府及国外部门。然而，为了简化经济分析，有时会采用两部门经济模型，这一模型仅聚焦于家庭和企业两大经济主体，暂时排除了政府及国外部门的影响。在这种简化的框架内，不考虑政府征税、政府购买及对外进出口贸易等因素，从而更专注于家庭部门的消费与储蓄行为及企业部门的投资与生产活动。关于两部门经济模型的假设如下：

（1）供给恒定假设：假定无论需求量如何变动，经济社会均能以不变价格提供相应的供给量。这一假设是基于凯恩斯在《就业、利息和货币通论》一书中所描述的时代背景——在1929—1933年的大萧条时期，当时社会上存在大量闲置资源，工人大量失业。当社会总需求增加时，闲置资源得到利用，生产随之增加，而资源价格基本保持不变。凯恩斯定律正是在这样的背景下提出的，并适用于短期经济分析。

（2）投资自主性假设：假设企业的投资行为是自发的，即投资不随利率与产量的变动而变动。换言之，投资（I）被视为一个常数，独立于其他经济变量的变化。

（3）折旧与未分配利润零假设：为简化分析，进一步假设折旧和公司未分配利润为零。在此前提下，国内生产总值（GDP）、国民生产净值（NDP）、国民收入（NI）和个人收入（PI）这四个经济指标将相等。

（4）假设折旧和公司未分配利润为零。这样，GDP、NDP、NI 和 PI 就都相等。

2. 均衡收入的条件

均衡收入，又称均衡产出，是指经济体系中总供给与总需求相等时的产出水平，即经济社会的总收入恰好等于全体居民和企业期望的总支出。均衡状态指的是一种稳定且不再变动的经济状态。当产出（供给）恰好等于总需求时，企业生产保持稳定；若产出小于需求，企业存货减少，将刺激企业增加生产；若产出超过需求，企业存货积压，将促使企业减少生产。

在国民收入核算中，采用支出法、收入法和生产法计算得到的国内生产总值是相等的。其中，总支出反映了社会对最终产品的总需求，而总收入则体现了社会对最终产品的总供给。

在两部门经济模型中，从需求方面看，一国的国民收入是一定时期内消费支出（C）与投资支出（I）的总和，即总支出，公式表示为：

$$Y = C + I \tag{11-7}$$

从供给方面看，一国的国民收入由各个生产要素所得到的收入总和构成，即工资、利息、租金和利润的总和，亦称总收入。在两部门经济中，这些收入主要归属于家庭部门，家庭部门将其分为消费与储蓄（S）两部分。因此，国民收入也可表示为：

$$Y = C + S \tag{11-8}$$

在以上简化的经济模型中，经济均衡的条件是总支出等于总收入，即：

$$C + I = C + S \tag{11-9}$$

简化后可得：

$$I = S \tag{11-10}$$

因此，在两部门经济中，国民收入实现均衡的条件是投资等于储蓄，这里的投资与储蓄指的是计划投资与计划储蓄，而非国民收入核算中的实际投资与实际储蓄。

（二）使用消费函数决定国民收入

根据前述分析，均衡收入被定义为与计划总支出相匹配的总收入水平，该计划支出由消费与投资两部分构成。通过将公式11-1和公式11-7联立方程，可以推导出均衡国民收入的表达式为：

$$Y = \frac{\alpha + I}{1 - \beta} \tag{11-11}$$

以上公式是描述两部门经济中均衡国民收入的一般数学表达式。一旦确定了公式中的各项参数，即消费函数的具体形式和投资量，即可计算出均衡的国民收入。

例如，假设已知自发性消费 α 为100万亿元，自发投资 I 为200万亿元，边际消费倾向为0.7，则消费函数可表示为 $C = 100 + 0.7Y$。基于这些信息，可以计算出均衡的国民收入为：

$$Y = \frac{100 + 200}{1 - 0.7} = 1000 \text{（万亿元）}$$

均衡收入的决定过程可以用图11-7来表示。图中，横轴代表收入水平，纵轴代表消费和投资。在消费曲线 C 上叠加投资曲线 I，便得到了总支出曲线（$C+I$）。由于假定投资是一个常量，因此消费曲线与投资曲线叠加形成的总支出曲线与消费曲线保持平行，两者之间的垂直距离即为投资量。

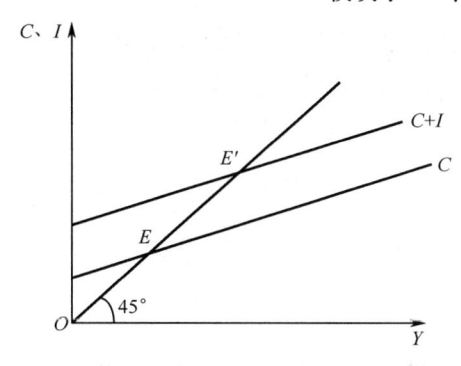

图 11-7　两部门经济中均衡收入决定过程

总支出曲线与 45°线相交于点 E'，该点对应的收入即为均衡收入。在均衡状态下，家庭的总消费支出与企业的总投资支出之和恰好等于总收入（即总供给）。如果经济偏离了这一均衡点，对企业产品的需求将会超过或低于其产出，从而引发企业生产的扩张或收缩，直至重新达到均衡状态。

（三）使用储蓄函数决定均衡国民收入

除了通过总支出等于总收入的方法确定均衡收入，还可以采用计划投资等于计划储蓄的方法来进行确定。在国民收入达到均衡状态时，投资等于储蓄，即 $I=S$。将 $I=Y-C$ 代入公式 11-4，也可求得均衡收入：

$$Y = \frac{\alpha + I}{1 - \beta}$$

利用计划投资等于计划储蓄的方法来确定均衡收入，如图 11-8 所示。

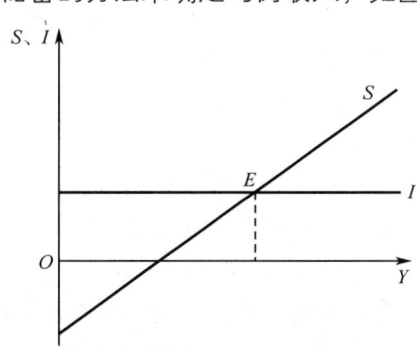

图 11-8　储蓄曲线和投资曲线相交确定均衡收入

横轴表示收入，纵轴表示储蓄和投资，S 代表储蓄曲线，I 代表投资曲线。由于投资是不随收入变化而变化的自发投资，因此投资曲线与横轴平行，其间距离始终等于计划投资。投资曲线与储蓄曲线相交于 E 点，与 E 点对应的收入为均衡收入。

若实际产量小于均衡收入水平，表明投资大于储蓄，社会生产供不应求，企业存货意外地减少，企业就会扩大生产，使收入水平向右移动，直到均衡收入为止。相反，若实际生产大于均衡收入，表明投资小于储蓄，社会上生产供过于求，企业存货意外地增加，企业就会减少生产，使收入水平向左移动，直到均衡收入为止。只有在均衡收入水平上，企业生产才会稳定下来。

使用消费函数和储蓄函数来确定均衡国民收入的两种方法,其实是从同一经济关系中引申出来的,因为储蓄函数本来就是从消费函数中派生出来的。因此,无论使用消费函数,还是使用储蓄函数,求得的均衡收入都一样。

课堂练习——填空题

假设一个经济社会的消费函数为 $C = 1000 + 0.8Y$,投资是 500 万亿元。计算均衡收入、消费和储蓄分别是(　　　）万亿元、（　　　）万亿元和（　　　）万亿元。

二、三部门经济中均衡国民收入的决定

(一)三部门经济中的均衡收入

在三部门经济模型中,除了家庭和企业两大主体,还增加了政府部门,使之成为经济活动的重要参与者。在此模型中,政府通过税收和政府支出来实现其经济职能。

在三部门经济中,总需求由三大部分组成:家庭的消费需求、企业的投资需求和政府的支出需求。因此,总需求可表示为消费、投资与政府支出之和。若以 G 表示政府支出,则总需求公式可写为:

$$Y = C + I + G \tag{11-12}$$

同时,总供给由家庭提供的生产要素及政府通过提供公共服务所获得的税收构成。因此,政府的供给可以通过税收来体现。总供给组成为消费、储蓄与税收之和。若以 T 表示政府税收,则总供给可表示为:

$$Y = C + S + T \tag{11-13}$$

三部门的均衡收入为总供给等于总收入,即计划的消费、投资和政府购买之和等于计划的消费、储蓄和税收之和,用公式可表达为:

$$C + I + G = C + S + T \tag{11-14}$$

将两边同时消去 C,可以得到公式为:

$$I + G = S + T \tag{11-15}$$

以上公式表明了三部门经济中国民收入均衡的条件,进一步整理,可以得到:

$$I = S + (T - G) \tag{11-16}$$

在此公式中,左边代表投资,右边代表总储蓄,S 表示家庭部门的储蓄,即私人储蓄,$(T-G)$ 则表示政府税收减去政府支出的余额,即政府储蓄。这一等式清晰地展示了三部门经济中投资、储蓄及政府收支之间的平衡关系。

(二)三部门经济中的消费函数

在三部门经济模型中,家庭作为经济主体之一,需要向国家缴纳税款。税收的形式多种多样,其中固定税和比例税是两种常见的形式。以比例税为例,税收 T 是税率 t 与收入 Y 的乘积,数学表达式为:

$$T = t \times Y \tag{11-17}$$

考虑到税收对家庭可支配收入的影响,将家庭收入减去税收部分,再代入公式 11-1,消费函数 C 变为:

$$C = \alpha + \beta (1 - t) Y \tag{11-18}$$

在这个公式中，$(1-t)Y$ 表示家庭在缴纳税款后所剩余的可支配收入。可支配收入是指家庭在支付各项税费后，实际可用于消费和储蓄的收入部分。因此，这个消费函数更准确地反映了三部门经济中家庭消费与可支配收入之间的关系。

（三）三部门经济中均衡收入决定

当国民经济处于均衡状态时，总供给等于总需求。在均衡状态下，将公式 11-12 和公式 11-18 联立，得：

$$Y = C + I + G = \alpha + \beta(1-t)Y + I + G \tag{11-19}$$

经过变形，在为比例税的情况下，可计算出均衡的国民收入为：

$$Y = \frac{\alpha + I + G}{1 - \beta(1-t)} \tag{11-20}$$

若为固定税，则三部门经济中均衡国民收入为：

$$Y = \frac{\alpha + I + G - \beta T}{1 - \beta} \tag{11-21}$$

假设自发性消费 α 为 100 万亿元，自发投资为 200 万亿元，政府支出为 80 万亿元，边际消费倾向为 0.7，比例税率为 0.25，计算均衡的国民收入如下：

$$Y = \frac{\alpha + I + G}{1 - \beta(1-t)} = \frac{100 + 200 + 80}{1 - 0.7 \times (1 - 0.25)} = 800（万亿元）$$

三、四部门经济中均衡国民收入的决定

（一）四部门经济中的均衡收入

四部门经济模型是指在家庭、企业、政府部门的基础上加上国外部门。四部门经济国民收入决定理论即在开放经济条件下国民收入决定理论。在现代社会，任何国家的经济运行都不是封闭的，或多或少都会与外国发生某种经济联系，其中最主要的经济联系是进出口贸易。如果把所有的外国也视为一个经济部门，即国外部门，在宏观经济运行过程中又会增加两个变量：出口（X）和进口（M）。出口 X 可以视为来自国外的对本国产品的需求，进口 M 可以视为来自国外的对本国产品的供给。

在这一模型中，宏观经济的总支出由消费、投资、政府支出和出口四部分构成，公式表示为：

$$Y = C + I + G + X \tag{11-22}$$

而总收入则由消费、储蓄、税收和进口组成，公式表示为：

$$Y = C + S + T + M \tag{11-23}$$

在均衡经济的状态下，总支出与总收入相等，可得公式为：

$$C + I + G + X = C + S + T + M \tag{11-24}$$

两边消去 C，得：

$$I + G + X = S + T + M \tag{11-25}$$

如果移项整理，在四个部门经济中，宏观经济均衡的条件仍然可以用投资等于储蓄来表述，公式表示为：

$$I = S + (T - G) + (M - X) \tag{11-26}$$

(M-X)一般表示为NX，表示净出口，则以上公式可表示为：

$$I = S + (T-G) + NX \tag{11-27}$$

公式左边为投资，右边仍然为储蓄，其中S为私人储蓄，$(T-G)$是政府储蓄，而NX是净出口，即外国部门所获得的净收入，因此可以称为外国储蓄。

（二）四部门经济中均衡国民收入的确定

在四部门经济体系中，国际贸易的变动对国民收入具有显著影响。通常情况下，国民收入的增加会导致净出口（NX）减少，而国民收入的减少则会使净出口增加。出现这一现象的原因在于，净出口由出口（X）和进口（M）的差额决定，即$NX = X - M$。出口X通常被视为一个由外国购买力和需求所决定的外生变量。相反，进口M会随着国内收入的提高而增加，因为国民收入的增长往往伴随着对进口商品需求的增加。

除了国内收入水平，汇率变动也是影响净出口的一个重要因素。当本国货币相对于外国货币的兑换比率发生改变时，进口和出口均可能受到影响。然而，本节内容将暂时忽略汇率变动的影响，专注于探讨进出口与国民收入之间的关系。

进口M可以表示为国内收入的函数，表达式如下：

$$M = M_0 + \gamma Y \tag{11-28}$$

其中，M_0代表自发性进口，即与国内收入无关的进口部分，通常包括本国无法生产但对国家经济至关重要的商品，这些商品无论国民收入水平如何，都需要进口。γ表示边际进口倾向，即国内收入每增加或减少一个单位时，进口的相应变化量。

在考虑净出口之后，国民收入的表达式可以写为：

$$Y = C + I + G + (X - M) \tag{11-29}$$

将公式11-18和公式11-28代入公式11-29，可以得出四部门经济的均衡国民收入如下：

$$Y = \frac{1}{1 - \beta(1-t) + \gamma}(\alpha + I + G + X - M_0) \tag{11-30}$$

课堂练习——多选题

在四部门经济中，导致均衡国民收入下降的因素是（　　）。
A. 税收增加　　　　　　　　　　B. 进口增加
C. 出口下降　　　　　　　　　　D. 自发投资下降

四、国民收入决定理论在社会生活中的应用

凯恩斯国民收入决定理论具有重大现实意义，为政策制定者提供了刺激经济的有效工具。凯恩斯提出产出和收入由总需求决定，总需求包括消费、投资、政府购买、出口，每一项的增加都能增加国民收入。

（一）"以旧换新"政策解析

"以旧换新"政策带来了多重好处，尤其是其对消费需求的促进作用。该政策是在国务院的推动下，由相关部门共同研究并推出的一项利国、利民、利企业的好政策。党中央和国务院在全面实施家电下乡和汽车、摩托车下乡的同时，2009年5月份，出台了"以旧换

新"的政策，通过财政补贴这一政策工具促进消费。这项政策和汽车下乡、家电下乡一起，共同构成了扩大汽车和家电消费的政策体系，是宏观调控的一项重要措施，可以有效发挥财政的倍数效益，扩大消费需求。

（二）投资对国民收入的影响

投资增加可以促进经济增长，进而扩大国民收入规模，为国民提供更多的就业机会和收入来源。因此，投资对国民收入变化的影响是正向的，增加投资有可能增加国民收入。请阅读案例11-3，了解投资对国民收入的影响。

案例11-3　　　　　　亚运会对杭州经济社会的影响

2023年9月23日，第十九届亚洲运动会在杭州盛大开幕，这是继北京、广州之后，中国第三次举办亚洲最高规格的国际综合性体育赛事。

根据浙江省统计局的测算，2016—2020年，杭州市累计完成城市轨道交通、杭州西站、萧山国际机场三期、亚运场馆、亚运村等基础设施投资2248亿元。这些投资对杭州市GDP的拉动量约为4141亿元，占同期GDP的7.6%；对财政收入的拉动量约为1033亿元，占同期财政收入的8.2%；对就业人数的拉动量约为67万人，占同期就业人数的2.4%。

（三）解析"供给侧结构性改革"

凯恩斯理论的提出是在1929—1933年大萧条时期，西方社会存在大量闲置资源和严重的失业问题，因此，产出和收入由总需求决定的理论具有现实基础。然而，在正常或经济高涨的状态下，资本主义世界的情况则有所不同。在这种情况下，单纯强调需求增加可能导致的不是生产量的增加，而是物价的上涨。因此，需求决定供给的理论不能盲目应用。

当前和未来一段时间，我国经济面临的问题既存在于供给侧也存在于需求侧，但主要矛盾在供给侧。供给侧结构性改革的核心是提高我国的供给能力，以更好地满足人民对美好生活需求的不断增长。请阅读案例11-4，了解我国供给侧结构性改革的背景。

案例11-4　　　　　　我国"供给侧结构性改革"的背景

1998年以来，我国宏观调控主要是需求侧管理，即运用投资、消费与净出口这"三驾马车"的拉动来刺激经济的增长。例如，2009年的4万亿元经济刺激措施及10万亿元的贷款就是为了增加投资需求，扩大内需，利用投资乘数效应来提升经济增长速度。需求侧管理确实曾对推动中国经济的发展起了重大的作用，让中国率先走出1998年的亚洲金融危机及2008年美国次债危机的阴影。

但随着人口红利衰减、"中等收入陷阱"风险累积、国际经济格局深刻调整等一系列内因与外因的作用，经济发展正进入"新常态"。2015年以来，我国经济进入了一个新阶段，主要经济指标之间的联动性出现背离，经济增长持续下行与CPI持续低位运行，居民收入有所增加而企业利润率下降，消费上升而投资下降，等等。一边是投资、出口增长乏力，而消费对经济增长的拉动作用却不断增强，排队买苹果手机、抢购新兴电子产品、出国大采购就是生动的证明；一边是传统行业产能过剩严重，钢铁、造船、煤炭等行业中的许多企业发展陷入停滞、亏损的困境。"供需错位"已成为阻挡中国经济持续增长的最大路障，过剩产能已成为制约中国经济转型的一大包袱，中国的供给体系与需求侧严重不配套，总体上是中低端产品过剩，高端产品供给不足。以深化供给侧结构性改革为主线，是实现高质量发展的必然要求。

扩展阅读

国家经济如何实现平衡

单元三　乘数效应

案例引入

经济的乘数涟漪

在一个宁静的小镇上，有一位名叫李明的木匠，一直梦想着翻新自家的老房子，于是他决定从银行借款 10 万元来实现这个梦想。

李明首先来到了镇上的木材店，购买了 5 万元的木材和其他建材。木材店的老板看到这笔大单，高兴得合不拢嘴。因为这笔收入，他决定扩大店面，于是又雇用了两名工人，并购买了 2 万元的新工具和设备。这两名新工人上岗后，每个月都能领到 3000 元的工资。他们有了稳定的收入，也开始在小镇上消费，比如去餐馆吃饭、去服装店买衣服。餐馆和服装店因为工人的消费，每个月的营业额都增加了 1000 元。与此同时，木材店因为生意红火，开始向供应商订购更多的木材，这也让供应商的生意有了明显的增长。供应商为了满足木材店的需求，又雇用了一名工人，并增加了运输费用，这也间接促进了运输行业的发展。

就这样，李明最初的 10 万元投资，在小镇上引发了一系列的经济活动。木材店扩大了规模，餐馆和服装店的营业额增加了，供应商和运输行业也受益良多。

在这个过程中，我们可以看到一个明显的乘数效应。李明最初的 10 万元投资，并没有仅仅停留在木材店，而是通过一系列的经济活动，最终带动了整个小镇的经济增长。

知识学习

一、乘数的定义

乘数，又称倍数，是描述因变量变动与自变量变动之间比率的数学术语。在现代经济学研究领域中，乘数这一概念最初由英国经济学家理查德·卡恩（Richard P. Kahn）于 1931 年在其发表的《国内投资与失业的关系》一文中提出。随后，凯恩斯进一步运用这一概念来阐释投资变动如何引发国民收入的相应变化。

在经济学领域，乘数特指某一经济参数变动导致均衡国民收入发生变动时，均衡国民收入变动量与该经济参数变动量之间的比值。乘数原理作为现代经济研究的重要分析工具，在不同领域的应用中衍生出了多种乘数概念，如投资乘数、财政支出乘数、外贸乘数等，这些概念在各自领域内发挥着重要的分析作用。

二、投资乘数

（一）投资乘数的定义

投资乘数是指投资量变化数与国民收入变化数的比率，表明投资的变动将会引起国民收入变动的倍数。投资乘数用 K_I 表示，计算公式为：

$$K_I = \frac{\Delta Y}{\Delta I} \quad (11\text{-}31)$$

其中，ΔY 表示收入的增加量，ΔI 表示投资增加量。

假设是两部门经济，计划投资是一个常量。再假设消费函数为 $C = 1000 + 0.8Y$。将 C 代入国民收入决定公式（11-7），得 $Y = C + I = 1000 + 0.8Y + I$。

通过合并同类项并变形，可以得出国民收入 Y 的表达式为：

$$Y = \frac{1000 + I}{1 - 0.8}$$

若 $I = 600$，则 $Y = 8000$；若 $I = 700$，则 $Y = 8500$。

由此可见，当投资 I 增加 $\Delta I = 700 - 600 = 100$ 时，国民收入 Y 增加 $\Delta Y = 8500 - 8000 = 500$。

因此，投资乘数为：

$$K_I = \frac{\Delta Y}{\Delta I} = \frac{500}{100} = 5$$

这意味着，当投资增加 100 时，国民收入增加 500，投资增加引起国民收入增加 5 倍，也就是投资乘数的值。

（二）两部门经济中投资乘数的传导机制

投资之所以具有乘数效应，是因为在经济各部门之间引发连锁反应，从而导致国民收入的成倍增长。以一笔新增的 100 万元投资为例，该投资用于购置设备，设备供应商因此增加了 100 万元的收入，即社会国民收入增加了 100 万元。设备供应商获得这笔收入后，会将其一部分用于消费。假设边际消费倾向为 80%，则 100 万元的新增收入中将有 80 万元用于消费支出，形成新的消费需求。

为满足这 80 万元的新增消费需求，经济中需要新增 80 万元的投入，这又会导致另一笔 80 万元的投资和相应供应商的收入增加。这一过程不断重复，形成连锁反应，其简化的传导路径为：投资 100 万元→供应商 1 收入增加 100 万元→消费增加 80 万元→供应商 2 收入增加 80 万元→消费增加 64 万元→供应商 3 收入增加 64 万元…

最终，这一系列连锁反应所形成的累计国民收入可以用以下公式表示：

$$\text{累计国民收入} = 100 + 100 \times 0.8 + 100 \times 0.8^2 + 100 \times 0.8^3 \cdots$$

根据等比数列的求和公式，上式可以化简为：

$$\text{累计国民收入} = 100 \times \left(\frac{1}{1-0.8}\right) = 100 \times 5 = 500 \text{（万元）}$$

因此，初始的 100 万元投资通过乘数效应，最终在经济中产生了 500 万元的国民收入增加。

（三）两部门经济投资乘数的推导

假设新增投资 ΔI，国民收入增加 ΔY，在两部门经济中家庭边际消费倾向为 β，则投资增加引起一系列国民收入的增加为：$\Delta I, \beta\Delta I, \beta^2\Delta I, \cdots, \beta^{n-1}\Delta I$，即国民收入最终的增加量为 $\Delta Y = \Delta I + \beta\Delta I + \beta^2\Delta I + \cdots + \beta^{n-1}\Delta I$，可以计算出两部门经济的投资乘数 K_{I2} 为：

$$K_{I2} = \frac{\Delta Y}{\Delta I} = \frac{\Delta I + \beta\Delta I + \beta^2\Delta I + \cdots + \beta^{n-1}\Delta I}{\Delta I} = \frac{1}{1-\beta} \tag{11-32}$$

由此可见，投资乘数的大小与边际消费倾向 β 有关。边际消费倾向越大，投资乘数越大。两部门经济中投资乘数也可以表示为 1 减去边际消费倾向（MPC）后的倒数。又由于 $1-\beta = 1-\text{MPC} = \text{MPS}$，所以，$K_{I2}$ 可以表示为：

$$K_{I2} = \frac{1}{1-\text{MPC}} = \frac{1}{\text{MPS}} \tag{11-33}$$

可以看出，投资乘数可以表示为边际储蓄倾向的倒数。边际储蓄倾向越小，投资乘数越大。

需要注意的是，乘数效应是一把"双刃剑"。乘数效应不仅可以发挥正向作用，也可以发挥反向作用，即若投资减少，会引起国民收入倍数减少。在政府无法直接控制人们的边际消费倾向和投资活动的情况下，如果乘数效应很大，一个小量的扩张性或紧缩性需求，均会使国家的经济产生剧烈波动。因为从经济平稳运行的角度而言，不希望乘数效应太大。

（四）其他部门经济中投资乘数

类似地，可以推导出三部门和四部门经济中的投资乘数，分别用公式表示为：

$$K_{I3} = \frac{1}{1-\beta(1-t)} \tag{11-34}$$

$$K_{I4} = \frac{1}{1-\beta(1-t)+\gamma} \tag{11-35}$$

在边际消费倾向 β、比例税率 t 和边际进口倾向 γ 均为大于 0 而小于 1 的正数时，可以得出：

$$K_{I2} > K_{I3} > K_{I4}$$

这意味着，增加相同的投资，在两部门经济中均衡国民收入增加得最多，三部门次之，四部门最少。这是因为政府税收会减少家庭收入，影响到国民收入的增加；从国外进口商品或服务，部分国民收入会流失到国外，均衡国民收入会减少。

课堂练习——填空题

假设一个经济社会的消费函数为 $C = 1000 + 0.8Y$，投资是 500。

（1）均衡的国民收入、消费和储蓄分别是（　　）、（　　）、（　　）。

（2）如果投资增加到 1000，增加的均衡收入为（　　），增加的收入与增加的投资比率是（　　）。

（3）若消费函数变为 $C = 1000 + 0.9Y$，新的投资乘数为（　　），投资乘数变化了（　　）。

三、其他乘数

（一）政府购买支出乘数

政府购买支出乘数（Goverment Expenditure Multiplier），是指国民收入变动与引起这种变动的政府购买支出变动的比率。政府购买支出可以使资源的利用从私有部门转入公共部门，能有力地干预经济活动。政府购买支出乘数的公式为：

$$K_G = \frac{\Delta Y}{\Delta G} \quad (11\text{-}36)$$

式中，K_G 是政府购买支出乘数，ΔY 是收入增加量，ΔG 是政府购买增加量。

三部门经济包括家庭、企业和政府部门，如前所述三部门经济均衡收入的公式是

$$C + I + G = C + S + T$$

在比例税的情况下，在本章单元二中得出均衡国民收入为：

$$Y = \frac{\alpha + I + G}{1 - \beta(1-t)}$$

假设其他条件不变，只有政府购买支出 G 变化，则政府购买支出为 G_0 和 G_1 时的收入分别为：

$$Y_0 = \frac{\alpha_0 + I_0 + G_0}{1 - \beta(1-t)}$$

$$Y_1 = \frac{\alpha_0 + I_0 + G_1}{1 - \beta(1-t)}$$

此时，国民收入的变动量 ΔY 为：

$$\Delta Y = Y_1 - Y_0 = \frac{G_1 - G_0}{1 - \beta(1-t)} = \frac{\Delta G}{1 - \beta(1-t)}$$

因此，政府购买支出乘数为：

$$K_G = \frac{\Delta Y}{\Delta G} = \frac{1}{1 - \beta(1-t)} \quad (11\text{-}37)$$

如果不考虑税收，政府购买支出乘数可简化为：

$$K_G = \frac{1}{1 - \beta} \quad (11\text{-}38)$$

课堂练习——单选题

假定某地区目前的均衡收入是 5500 亿元，如果政府需要将均衡收入提高到 6000 亿元，在边际消费倾向为 0.9 的情况下，政府购买支出应增加（　　）。

A. 10 亿元　　　　B. 20 亿元　　　　C. 50 亿元　　　　D. 100 亿元

（二）税收乘数

税收乘数（Tax Multiplier）是指税收变动引起的国民收入变动与税收变动的比率。反映了因政府增加（或减少）税收而引起的国内生产总值或国民收入减少（或增加）的倍数

效应。由于税收是对纳税人收入的一种扣除，税收的高低会影响到投资，进而影响到国民收入。税收变动与国民收入呈反方向变化，即税收减少时，国民收入增加；税收增加时，国民收入减少。因此，税收乘数是负值。

税收有两种情况，固定税（即定量税）和比例税，这里以固定税为例进行说明。

在均衡国民收入 $Y = \dfrac{\alpha + I + G - \beta T}{1-\beta}$（公式11-21）中，假设其他条件不变，只有税收 T 发生变化，则税收为 T_0 和 T_1 时的均衡国民收入分别为：

$$Y_0 = \frac{\alpha_0 + I_0 + G_0 - \beta T_0}{1-\beta}$$

$$Y_1 = \frac{\alpha_0 + I_0 + G_0 - \beta T_1}{1-\beta}$$

国民收入的变动量为：

$$\Delta Y = Y_1 - Y_0 = \frac{-\beta T_1 + \beta T_0}{1-\beta} = \frac{-\beta \Delta T}{1-\beta}$$

可得税收乘数为：

$$K_T = \frac{\Delta Y}{\Delta T} = \frac{-\beta}{1-\beta} \qquad (11\text{-}39)$$

可见，固定税乘数是一个负数，表示增加固定税征税会降低均衡国民收入，两者变化方向相反。

除此之外，还有政府转移支付乘数和对外贸易乘数等其他类型的乘数效应。

四、乘数效应在社会生活中的应用

乘数效应是一种宏观经济现象，也是一种宏观经济控制手段。例如，加大投资或减少税收，对国民收入有加倍扩大的作用，从而产生宏观经济的扩张效应。

（一）消费券的乘数效应

消费券是实现经济政策的一种专用券。在经济不景气、民间消费能力大幅衰退时，政府通过发放消费券，可以促进个人和家庭的消费行为，刺激经济增长。

消费券的使用范围需要精心设计，否则可能发挥不了预期的乘数效应。能否达到这一乘数效应，与使用消费券的人所购买产品的产业链长度有直接关系，这也正是政府发放消费券要规定使用范围的原因之一。

比如拿消费券去买米，产业链的上游是农民，农民在获益后去扩大再生产，要受到粮食生长时间的限制，短期内难以马上实现；拿消费券去理发、看电影，这些服务的产业链较短，消费券很可能变成纯收入转化为储蓄，也无法发挥乘数效应。相反，如果拿消费券去买衣服、买电器，服装厂或家电厂家在增加收入后，会去购买原料、生产机器等，进一步扩大生产，这样乘数效应就能马上显现。请阅读案例11-5，了解消费券对经济的影响。

案例11-5　　　　　宁波6.6亿元消费券撬动消费71.57亿元

在宁波，消费券的"乘数效应"显著，成为刺激宁波消费市场的一大法宝。消费券有效提升了商户扩大消费供给的信心，并释放了因收入、信心等不确定性因素影响而被抑制的消费需求。

根据宁波市商务局发布的数据显示，2022年上半年，宁波共发放三期政府消费券，共投放6.6亿元（含超发周转资金），核销5.8亿元，直接撬动消费71.57亿元，核销率达95.1%。

（二）投资的乘数效应

政府投资建设公路，不仅可以提高交通效率，还可以促进经济发展。公路建设需要大量的劳动力和材料，这些来自其他行业，因此公路建设能够带动其他行业的发展，如建筑业、钢铁业、水泥业等。此外，公路建设还可以促进旅游业的发展，因为更多的人可以方便地到达旅游景点。

政府增加教育投入，可以提高人民的受教育水平，从而提高人民的素质和技能水平。这将有助于提高劳动力的生产力和创造力，推动经济发展。同时，教育投入还可以促进科技创新，因为受过良好教育的人更容易创造出新的科技成果。

（三）政府购买支出乘数效应

政府购买支出既包括购买进行日常政务活动的商品与劳务的支出，如行政管理费、国防费、社会文教费、各项事业费等，也包括购买用于投资所需商品与劳务的支出，如基本建设拨款等。政府购买支出可以直接增加总需求，从而刺激经济的增长，还可以引发乘数效应。请阅读案例11-6，深入理解政府购买支出带来的乘数效应。

案例11-6　　　　　　　　扩大内需与政府购买支出乘数效应

1998年，为了扩大内需，刺激经济增长，中国政府将全年基础设施投资增加到1万多亿元，其中预算决定铁路投资增加450亿元，公路投资增加1800亿元。这一措施显著提升了国内钢铁、水泥等建筑材料的市场需求，为经济正常运转提供了良好契机，使中国经济在1997年东南亚金融危机、1998年全国性特大洪灾的双重冲击下仍保持较高的增长势头，国内生产总值实现了7.8%的增长速度。

1万亿元投资用来购买生产资料，形成社会需求的第一次扩张。同时，这1万亿元的货币转化为生产资本，以工资、利息、利润、租金等形式流入生产要素者手中，使居民收入增加。随着收入的增加，居民消费也会增加。假定居民的边际消费倾向为0.8，那么居民会将1万亿元中的80%用来购买消费品，这又相当于用8000亿元购买生产这些消费品的生产物资，结果又将以各种生产要素收入的形式使生产要素所有者收入增加8000亿元，并形成社会需求的第二次增加……如此类推下去，1万亿元的公共支出实际上会产生5万亿元的社会总需求。

扩展阅读

乘数效应："四两拨千斤"的作用

模块十二
IS-LM 模型及其应用

学习目标

【知识目标】

了解投资与利率之间的关系。

理解 IS 曲线的含义、推导过程、斜率及移动。

掌握货币需求和供给的概念,理解货币需求的动机。

掌握流动性偏好陷阱的概念。

掌握货币需求函数的构建。

理解 LM 曲线的含义、推导过程、斜率及移动。

理解在产品市场和货币市场同时均衡条件下利率和收入的关系。

掌握均衡国民收入和利率变动的分析方法。

【能力目标】

能够推导 IS 曲线与 LM 曲线。

能够分析投资、储蓄、政府购买、税收等因素变动对 IS 曲线的影响。

能够绘制 LM 曲线的三个区域图,并分析其经济含义。

能够计算在产品市场与货币市场均衡条件下的利率和国民收入。

【素质目标】

具有经济学思维能力,能够理解现实中我国的减税降费政策、"一带一路"倡议等。

能够运用 IS-LM 模型相关理论解读我国所采取的财政政策、货币政策及效果。

单元一 IS 曲线——产品市场均衡

案例引入

大萧条

1929—1933 年,一场经济大萧条席卷了全球,危机发源于美国,后来波及英国、法国、德国和日本等国家。在最严重的 1933 年,美国 1/4 的劳动力失业,实际 GDP 比 1929 年的水平低 30%。凯恩斯认为 20 世纪 30 年代的大萧条是投资机会的枯竭和投资需求下降的结果。凯恩斯对大萧条解释的本质,包含在简单的总需求模型中。

知识学习

在国民收入决定理论的学习中,假定整个社会都在价格不变的条件下,提供相应的供给量,并具体分析产品市场的均衡状态。但是,市场经济不但涉及产品经济,也涉及货币经济,也就是既涉及产品市场,又涉及货币市场,两个市场相互影响、相互依存。只有产品市场和货币市场同时达到均衡,宏观经济才会稳定下来,均衡国民收入才能确定。

本章将详细阐述产品市场和货币市场的一般均衡状态,即 IS-LM 模型,该模型反映了产品市场和货币市场在同时均衡的条件下,国民收入和利率之间的关系。IS-LM 模型是宏观经济分析的一个重要工具,深刻描述了产品市场和货币市场之间的相互联系。这个模型由英国著名经济学家约翰·希克斯(John Richard Hicks)和美国凯恩斯学派的创始人阿尔文·汉森(Alvin Hansen)提出,是在凯恩斯宏观经济理论的基础上共同概括出的一个经济分析模式。

一、投资理论

投资,是指经济单位在增加资本存量和提升未来生产能力的支出行为,在宏观经济学的语境下特指实体经济的投资活动,涵盖固定资产投资、存货投资等多个方面,但不包括证券投资。影响投资决策的因素纷繁复杂,其中投资收益、投资风险及利率等因素尤为关键。企业在进行投资决策时,需权衡不同时期的成本与收益。企业的盈利目标驱使其仅在预期投资收益超过投资成本,即预期利润为正时,才会进行投资。

利率作为决定投资行为的首要因素,其变动对投资需求具有显著影响。在预期利润率保持不变的前提下,投资需求与利率呈负相关关系:利率上升时,投资需求量相应减少;利率下降时,投资需求量则相应增加。因此,投资需求可以视为利率的减函数。此外,除了受利率影响的投资,还存在与利率无关的自发性投资,这种投资在利率为零时依然存在,反映了市场中的非利率驱动的投资需求。

基于上述分析,可以构建线性投资函数以量化描述投资行为,该函数可表达为:

$$I = e - dr \qquad (12-1)$$

其中,I 表示总投资额,由自发投资和引致投资两部分构成。e 代表自发投资,是由人口变动、技术进步、资源禀赋等外生变量所引发的投资行为,与市场利率的变化无关。d 为系数,反映了投资对利率的敏感程度,受到投资者心理预期、风险偏好等因素的影响,其取值范围为大于 0 的正数。r 表示市场利率。dr 则代表引致投资,随利率的变动而反向变化,即利率上升时投资减少,利率下降时投资增加。

通过以上函数,我们可以更清晰地理解投资行为与市场利率之间的动态关系,为宏观经济政策的制定提供理论依据。

二、IS 曲线的定义及推导

（一）IS 曲线的定义

经济学家使用 IS 曲线来阐释产品市场均衡的条件。IS 曲线表示在产品市场均衡时，国民收入与利率之间的关系。在这条曲线上，每一组利率与国民收入的组合都能满足投资等于储蓄的条件，从而实现产品市场的均衡，即公式 $I=S$（公式 11-10）。

在两部门经济中，均衡国民收入公式为 $Y=\dfrac{\alpha+I}{1-\beta}$（公式 11-11）。将上述线性投资函数公式 $I=e-dr$ 代入，得到：

$$Y=\dfrac{\alpha+e-dr}{1-\beta} \qquad (12\text{-}2)$$

如图 12-1 所示，假设消费函数为 $C=500+0.8Y$，投资函数 $I=1000-200r$，代入公式 11-11 可得：

$$Y=\dfrac{\alpha+I}{1-\beta}=\dfrac{500+1000-200r}{1-0.8}=7500-1000r$$

若 $r=2$，则 $Y=5500$ 万亿元；若 $r=3$，则 $Y=4500$ 万亿元；若 $r=4$，则 $Y=3500$ 万亿元；若 $r=5$，则 $Y=2500$ 万亿元。这里的 $r=2$ 或 $r=3$ 等，即利率为 2%、3% 等情况。

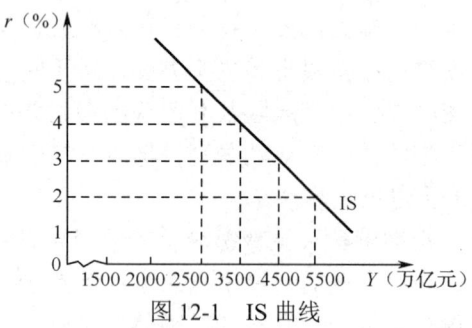

为方便直观分析，可以将利率与国民收入的关系画在一个坐标轴内，横坐标代表国民收入，纵坐标代表利率，这样就能得到一条反映国民收入和利率之间关系的曲线。这条曲线上的任意一点都代表一定的国民收入和利率的组合。在每一个组合中，投资和储蓄都是相等的，即 $I=S$，因此产品市场的均衡状态，就是 IS 曲线。

图 12-1　IS 曲线

（二）IS 曲线的推导

IS 曲线是从消费函数（储蓄与国民收入的关系）、投资函数（投资和利率的关系）和投资等于储蓄的关系推导出来的。西方学者经常用含有 4 个象限的图表来说明这个推导过程。

假定投资函数为 $I=1000-200r$，消费函数为 $C=500+0.8Y$，这些函数关系可以直接反映在坐标图上，如图 12-2 所示，并通过均衡时储蓄等于投资这一关系，推导出 IS 曲线。

象限 I 的曲线描述的是投资函数，纵轴表示利率 r，横轴表示投资 I。因为投资是利率的减函数，所以曲线向右下方倾斜。该曲线是根据投资函数 $I=1000-200r$ 绘制的。当 $r=1$（即利率为 1%）时，投资需求 $I=800$ 万亿元；当 $r=2$ 时，投资需求 $I=600$ 万亿元；当 $r=3$ 时，投资需求 $I=400$ 万亿元。

象限 II 的曲线表示投资与储蓄的均衡状态。纵轴表示储蓄 S，横轴表示投资 I。图中的 45° 线是投资等于储蓄的组合点的集合，线上任何一点都代表了产品市场的均衡点。当 $r=1$ 时，投资需求 I 为 800 万亿元，根据均衡条件 $I=S$，储蓄 S 也为 800 万亿元；当 $r=2$ 时，$S=I=600$ 万亿元；当 $r=3$ 时，$S=I=400$ 万亿元。

象限 III 的曲线是储蓄函数，纵轴表示储蓄 S，横轴表示国民收入 Y。因为储蓄是收入的增函数，所以曲线向右上方倾斜。由于 $Y=S+C$，推导出 $S=Y-C$，给定消费函数 $C=500+0.8Y$ 时，储蓄曲线可以表示为 $S=-500+0.2Y$。根据产品均衡条件下 $I=S$，当 $r=1$ 时，$S=I=800$ 万亿元，$Y=6500$ 万亿元；当 $r=2$ 时，$S=I=600$ 万亿元，$Y=5500$ 万亿元；$r=3$ 时，$S=I=400$，$Y=4500$ 万亿元。

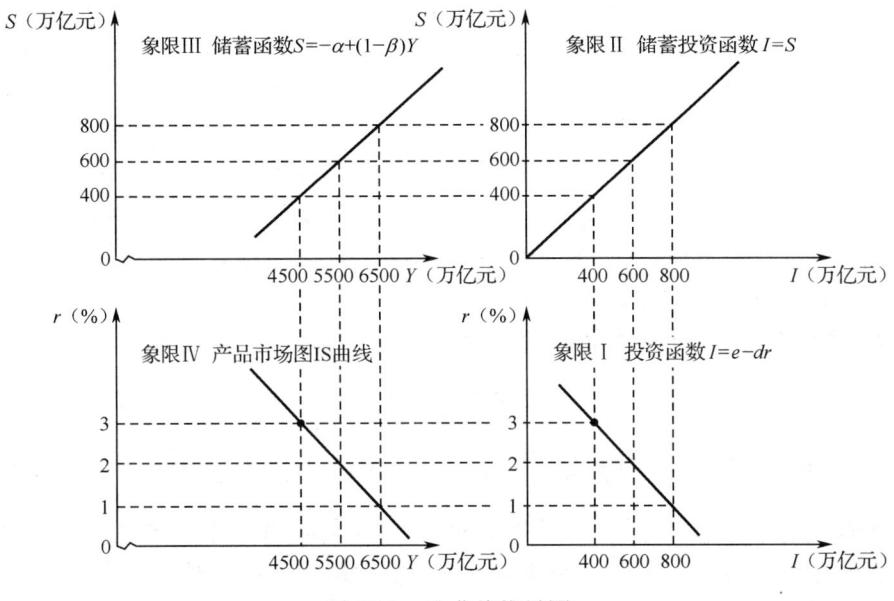

图 12-2 IS 曲线推导图

象限 IV 表示利率变化如何影响投资、储蓄和国民收入的变化，并使投资与储蓄达到均衡状态所形成的 IS 曲线，线上任意一点都是投资与储蓄相等时的均衡点。将 $Y=4500$ 万亿元向上延伸，同时将象限 I 的 r 向左延伸到象限 IV，得出一个能够维持产品市场均衡的利率和收入组合点（4500，3），即利率为 3% 时，使投资与储蓄相等的国民收入为 4500 万亿元。同理，将 $Y=5500$ 万亿元、$Y=6500$ 万亿元向上延伸，同时将象限 I 的 r 向左延伸到象限 IV，得出另外两个能够维持产品市场均衡的利率和收入组合点（5500，2）和（6500，1）。

由于利率下降意味着一个较高的投资水平，进而带来更高的储蓄和收入水平，因此，IS 曲线的斜率是负值。

三、IS 曲线的斜率

在两部门经济中，若实现产品市场均衡，均衡国民收入的表达式为 $Y=\dfrac{\alpha+e-dr}{1-\beta}$（公式 12-2），变形可得 $Y=\dfrac{\alpha+e}{1-\beta}-\dfrac{d}{1-\beta}r$，从而推导出利率 r 与国民收入 Y 之间的关系：

$$r=\dfrac{\alpha+e}{d}-\dfrac{1-\beta}{d}Y \quad (12\text{-}3)$$

这是一个线性方程，表达了产品市场均衡的条件。该线性方程右侧第一项是一个常数，并且 β 介于 0 和 1 之间，d 是常数且大于 0，因此，$\dfrac{1-\beta}{d}$ 大于 0，说明 r 与 Y 存在反向关系。这是因为利率下降使得投资成本降低，投资量增加。通过乘数的作用，总需求水平进一步提高。在没有供给限制的假设下，总需求水平的提高导致均衡国民收入增加，因此 IS 曲线的斜率为负值。

在两部门经济中，IS 曲线的斜率为 $-\dfrac{1-\beta}{d}$，即 IS 曲线的斜率取决于边际消费倾向 β 和投资对利率变动的敏感程度 d。

如果 β 较大，意味着投资乘数就大，即投资较小的变动会引起较大的收入增加，因而 IS 曲线就较平缓，表明 IS 曲线的斜率就小。反之，如果 β 较小，IS 曲线的斜率就较大。所以，IS 曲线的斜率与 β 成反比。

d 是投资对利率变动的反应程度，表示利率变动一定幅度时投资的变动程度。如果 d 较大，表示投资对利率反应比较敏感，即利率较小的变动引起投资较大的变动，进而引起更多收入的增加，IS 曲线就较平缓，IS 曲线的斜率就小。反之，如果 d 较小，IS 曲线的斜率就较大。所以，IS 曲线的斜率与 d 成反比。

在三部门经济中，由于存在税收和政府支出，消费成为可支配收入的函数。在固定税的情况下，IS 曲线的斜率仍是 $\dfrac{1-\beta}{d}$；在比例税的情况下，消费函数公式为 $C=\alpha+\beta(1-t)Y$（公式 11-19），IS 曲线的斜率则为 $\dfrac{1-\beta(1-t)}{d}$，可见 IS 曲线的斜率除了与 β 和 d 有关系，还与税率 t 的大小有关：当 β 和 d 一定时，t 越小，IS 曲线越平缓，t 越大，IS 曲线越陡峭。这是因为在边际消费倾向一定时，税率越小，乘数会越大，税率越大，乘数会越小。

经济学家认为，影响 IS 曲线斜率大小的因素，主要是投资对利率的敏感度，因为边际消费倾向比较稳定，税率也相对稳定。

四、IS 曲线的移动

IS 曲线的移动对于理解宏观经济均衡有着非常重要的意义，直观地反映了不同因素对经济均衡状态的影响。

在两部门经济中，均衡条件为 $I=S$，所以投资 I 或储蓄 S 的变动都会引起 IS 曲线的移动。在三部门经济中，均衡条件变为 $I+G=S+T$，此时，投资 I、政府支出 G、储蓄 S 或税收 T 中任何一个变量发生变动都会引起 IS 曲线移动。如果考虑到开放经济，还需考虑进出口的变动对 IS 曲线的影响。

设投资曲线 $I=1000-200r$，消费函数为 $C=500+0.8Y$。以图像来说明 IS 曲线的移动。

（一）投资变动引起的 IS 曲线移动

投资水平的增加，可能由于多种因素，如投资边际效率的提高、技术革新或企业家对经济前景的乐观预期等。这种增加在不同利率水平下都是恒定的。

如图 12-3 所示，原始投资曲线为 $I=1000-200r$，投资增加 200 万亿元，导致新的投资曲线变为 $I'=1200-200r$。投资曲线 I 向右移动了 200 单位至 I'，这将导致 IS 曲线向右移动。

IS 曲线的移动量可以通过投资乘数来计算。投资乘数 k 的函数为 $1/(1-\mathrm{MPC})$，由于消费函数为 $C=500+0.8Y$，因此边际消费倾向 MPC 为 0.8，投资乘数 $k=1/(1-0.8)=5$。因此，投资增加 ΔI 将导致 IS 曲线向右移动 $\Delta I\times k$ 的量，IS 曲线将向右移动 1000 单位，移至 I'S 的位置。

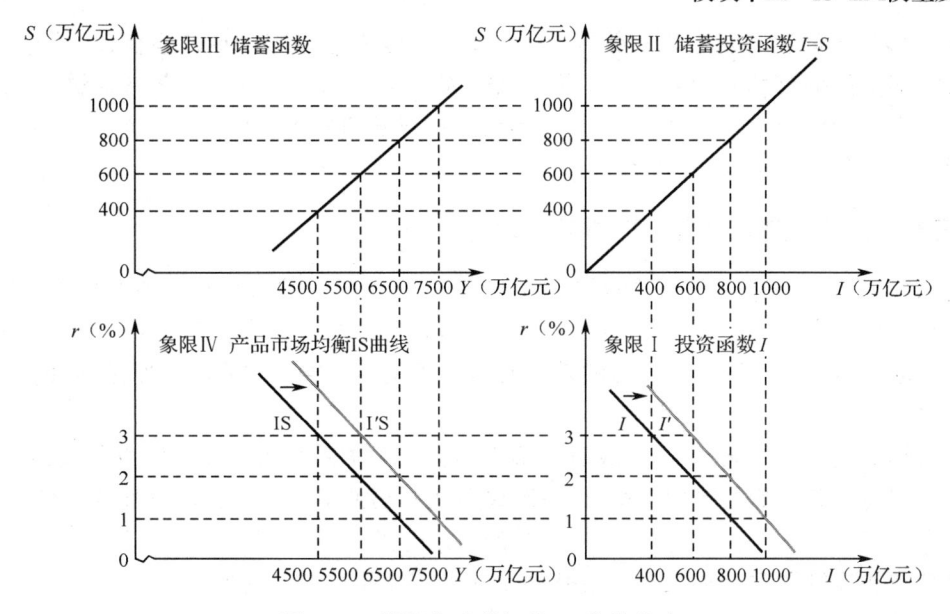

图 12-3 投资变动引起的 IS 曲线移动

（二）储蓄变动引起的 IS 曲线移动

根据消费函数 $C = 500 + 0.8Y$，储蓄函数 $S = Y - C$，代入消费函数得到 $S = -500 + 0.2Y$，这里的负号表示储蓄随国民收入 Y 的增加而增加。

如图 12-4 所示，假设在投资保持不变的情况下，人们的储蓄意愿增加，导致储蓄函数变为 $S' = -300 + 0.2Y$。这种变化意味着在任何给定的国民收入水平下，储蓄量都增加了，因此储蓄曲线向左移动。储蓄曲线的左移意味着在相同的投资水平下，为了达到产品市场的均衡，国民收入水平必须下降。这是因为增加的储蓄需要通过减少消费来平衡，从而导致总需求下降，进而导致国民收入下降。

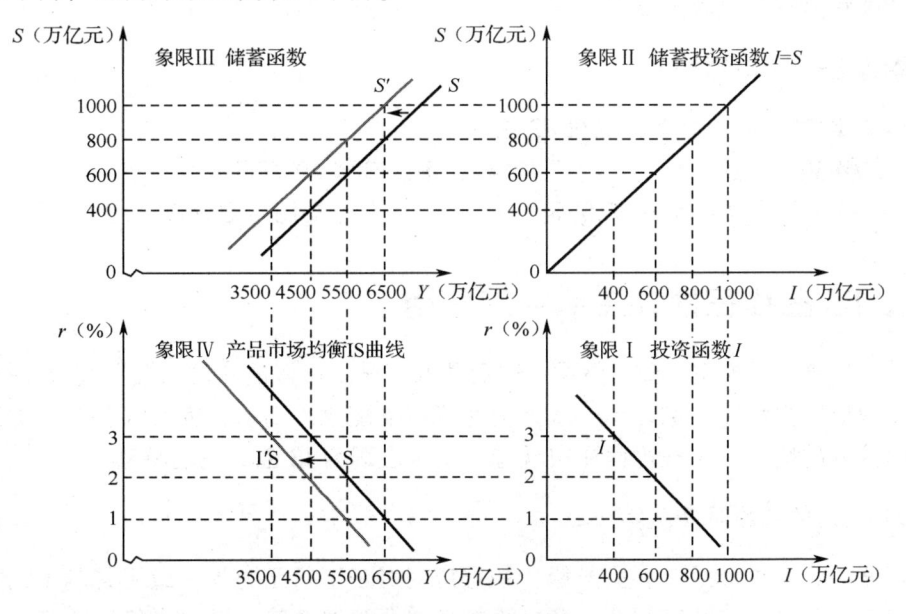

图 12-4 储蓄变动引起的 IS 曲线移动

IS 曲线的移动量可以通过乘数效应来计算。乘数 K 表示投资或储蓄变化对国民收入的最终影响。边际消费倾向 MPC = 0.8，因此乘数 $K = 1/(1 - MPC) = 5$。储蓄增加量为 $\triangle S = 200$ 万亿元（从-500 到-300），国民收入的下降量 $\triangle Y$ 的计算方式为 $\triangle Y = \triangle S \times K = 200 \times 5 = 1000$ 万亿元，IS 曲线向左移至 IS'位置。

（三）政府购买变动引起的 IS 曲线移动

在三部门经济模型中，政府购买支出的变化对国民收入的影响与投资变化的影响相似。政府购买支出的增加会通过乘数效应增加总需求，从而推动国民收入水平上升，导致 IS 曲线向右移动。相反，政府购买支出的减少会减少总需求，导致国民收入水平下降，使 IS 曲线向左移动。

政府购买支出乘数 k_G 描述了政府购买支出变化对国民收入变化的放大效应，IS 曲线的移动量可以通过政府购买支出乘数 k_G 与政府购买支出的变化量 $\triangle G$ 的乘积来确定：

$$移动量 = k_G \times \triangle G$$

这个乘积反映了政府购买支出变化对国民收入水平的最终影响。

（四）税收变动引起的 IS 曲线移动

税收政策的变动对国民收入具有显著影响，其效果与投资和消费的变化类似。税收的增加会减少企业和家庭的可支配收入，企业的税后利润会减少，家庭会减少消费支出或增加储蓄，从而抑制投资和消费，导致总需求下降，IS 曲线会向左移动。相反，税收的减少会增加企业和家庭的可支配收入，刺激投资和消费，从而增加总需求，IS 曲线会向右移动。

税收变动对国民收入的影响可以通过税收乘数 k_T 来表示。税收乘数描述了税收变化对国民收入变化的放大效应，IS 曲线的移动量可以通过税收乘数 k_T 与税收变动量 $\triangle T$ 的乘积来确定：

$$移动量 = k_T \times \triangle T$$

这个乘积反映了税收变动对国民收入水平的最终影响。

课堂练习——单选题

投资支出增加 30 万亿元，会使 IS 曲线（　　　　）。
A. 右移 30 万亿元　　　　　　　　B. 左移 30 万亿元
C. 右移支出乘数乘以 30 万亿元　　D. 左移支出乘数乘以 30 万亿元

五、IS 曲线在社会生活中的应用

在社会经济中，投资、政府购买、政府税收、进出口等的变动都会引起 IS 曲线的相应调整。以政府减少税收为例，这一政策使家庭可支配收入增加，促使消费支出提升，最终推动国民收入的增长。这一过程在宏观经济学中表现为 IS 曲线向右移动。

（一）我国的减税降费政策

近年来，为了推动经济转型升级，积极应对经济下行压力等，政府将制度性安排、阶段性政策与临时性措施紧密结合，实施大规模减税降费政策。通过增值税改革、个人所得税改革等制度性的减税措施,为企业和个人降低税收负担;通过对高科技企业的政策性减税措施,大力支持科技创新;通过对中小微企业实施普惠性减税政策,帮助中小微企业克服生存困难,增强市场活力。请阅读案例12-1,体会减税降费对经济的积极影响。

案例 12-1　　　　　　减税降费有力支持中国经济高质量发展

"一带一路"税收征管合作机制秘书处发布了《中国税收营商环境改革发展研究报告(2016—2020)》。该报告显示,近五年中国税收营商环境持续优化,减税降费政策力度较大,效果显著。其中,2016—2020年,中国新增减税降费规模超过7.6万亿元,大大减轻了企业和个人的税收负担,进一步激发了市场活力,有力地支持了中国经济高质量发展。

(二)次贷危机时我国实施的政策

2008年,全球金融体系遭受了自大萧条以来最严重的打击——次贷危机。面对这一挑战,中国政府迅速采取了一系列政策措施,以稳定经济和金融市场。

1. 财政政策的积极作用

政府增加公共投资,直接刺激了经济增长。这种投资不仅形成了有效需求,还通过乘数效应显著提升了国内生产总值,促使IS曲线向右移动,有效促进了就业和经济的增长。为了应对危机,中国实施了总额达4万亿元人民币的投资计划,这些资金不仅直接投资于基础设施建设,还带动了社会资本的参与,为经济的持续稳定发展提供了强劲动力。

2. 税收政策的调整

与此同时,中国政府实施了减税政策,以减轻企业和个人的税负。税收的减少相当于增加了投资或消费,进一步推动了IS曲线的右移和国民收入的增长。特别是对外向型企业而言,减税政策有效地缓解了金融危机带来的压力。为了进一步支持出口企业,中国还多次提高了出口退税率,扩大了退税范围,增强了我国产品的国际竞争力。

扩展阅读

"为什么要减税降费"的北京答案

单元二　LM曲线——货币市场均衡

案例引入

钱荒:货币市场的一次震荡

"钱荒"是一个在金融领域中经常被提及的词汇,形象地描述了市场中资金短缺,导致企业和个人难以获取所需资金的困境。在2019年9月，美国短期融资市场就经历了一次严重的"钱荒"事件。

当时，由于多种因素叠加，包括一些大型金融机构的流动性管理出现问题，以及市场对未来经济走势的担忧，导致美元流动性突然变得紧张。企业和金融机构在短期融资市场上寻找资金时，发现资金供应严重不足，难以满足其需求。这一情况下，隔夜回购利率——即金融机构之间为了短期借款而支付的利率，出现了飙升。原本维持在3%左右的利率，在短时间内迅速攀升至10%甚至更高。这意味着，即使是短期的借款，也需要付出高昂的利息成本，进一步加剧了市场的紧张氛围。

面对这样的局面，美联储——美国的中央银行，不得不采取行动来稳定市场，启动了十年来的首次隔夜回购操作，通过直接向货币市场投放巨资，增加市场的流动性供应，以缓解资金短缺的状况。

这一事件引起了广泛的关注，也让人们更加深入地认识到了货币市场的重要性和复杂性。这表明，货币市场的均衡并非一成不变，而是会受到多种因素的影响而发生变化。当市场出现失衡时，利率和其他经济指标也会相应地发生变化，从而对经济整体产生影响。

知识学习

一、货币供需理论

（一）货币供给理论

1. 货币的定义

货币是指固定充当一般等价物的特殊商品，是被人们普遍接受的交换媒介。历史上，家畜、烟草、贝类等物品都曾被用作商品货币。进入近代社会后，商品货币基本上被金属货币替代，进而出现了信用货币——纸币（以及近年来兴起的数字货币）。在现代经济社会中，货币的主要形式有硬币、纸币、银行存款、支票、电子货币等。货币发行权属于国家或中央政府，以保证实际经济中流通的货币数量保持在适宜范围内。

2. 货币层次

流通中的纸币或辅币属于通货范畴，只是货币的一部分，而非全部。货币包含的范围比通货广泛，可以根据不同标准划分为多个层次。

关于货币层次划分，各国有各自的划分标准，即便是同一国家在不同时期的货币层次，划分标准也有可能有差别。基本的划分思路是按照货币的流动性。关于我国货币层次的划分，学术界至今尚未形成统一观点。自1994年第三季度起，中国人民银行正式确定按季公布货币供应量指标。根据当时的实际情况，货币层次的划分如下：

M0 = 流通中的现金（即银行体系外的现金，包括居民手中的现金和企业的备用金）

M1 = M0 + 企业活期存款 + 机关、团体、部队存款 + 农村存款 + 个人持有的信用卡类存款

M2 = M1 + 城乡居民储蓄存款 + 企业存款中具有定期性质的存款 + 信托类存款 + 其他存款

M3 = M2 + 金融债券 + 商业票据 + 大额可转让定期存单

其中，M1 被称为狭义货币，M2 为广义货币，而 M3 则是为适应金融创新而增设的。

3. 货币供给理论及其公式

货币供给是指某国或货币区的银行系统向经济体中投入、创造并调控货币量的金融过程。货币供给是一个存量概念，是某一特定时点上家庭和企业持有的政府和银行系统以外的货币量总和。

货币供给进一步细分为名义货币供给 M 和实际货币供给 m，名义货币供给 M 是指不考虑一般物价变动因素的货币供给量，实际货币供给 m 是考虑物价变动因素后的货币供给量，等于名义货币供给量 M 除以物价水平 P 的值，计算公式为：

$$m = \frac{M}{P} \tag{12-4}$$

依据凯恩斯理论，一国货币供给量的规模主要受到中央银行调控行为的影响。中央银行具有发行现金、调整法定存款准备金率及再贴现率的权力，进而影响商业银行的信贷规模。此外，中央银行还能通过调整公开市场业务数量来调控广义货币的供给。由于货币供给是中央银行控制的外生变量，其变动并不直接受利率水平的影响，因此，货币供给曲线在图形上通常表现为一条垂直于横轴的直线，如图 12-5 所示。

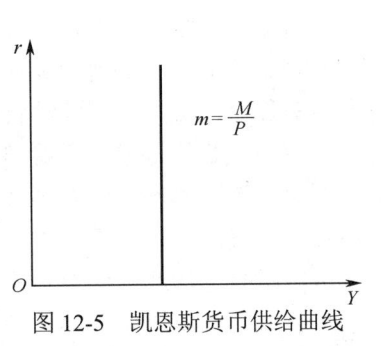

图 12-5　凯恩斯货币供给曲线

具体而言，当中央银行实施增发货币的宽松政策时，货币供给曲线将向右移动，表示货币供给量增加；反之，当中央银行采取提高存款准备金率等紧缩的货币政策时，货币供给曲线将向左移动，表示货币供给量减少。这一过程充分展示了中央银行在货币供给调控中的关键作用。

（二）货币需求理论

1. 货币需求动机

货币需求，又称流动偏好，是指个体出于特定动机所持有的货币数量。尽管持有货币没有收益（如现金）或收益性很低（如活期存款），为什么人们还要持有货币？凯恩斯认为，人们持有货币是为了满足日常交易、应对意外风险和追求投机获利的需要。因此，人们的货币需求动机分为交易性、预防性和投机性需求。

交易性需求，是指人们为了应对日常的交易活动而持有的货币量。家庭需要用货币购买生活日用品，企业需要用货币购买原材料、支付员工工资和各项税费等，这些形成了货币的交易性需求。不同家庭、企业对货币的需求量存在差异。按照凯恩斯理论，交易性货币需求量主要取决于收入，收入越高，对货币的交易性需求就越大。因此，可以把货币的交易性需求看作是收入的增函数。

预防性需求，是指人们为了应付不测之需而持有一定数量的货币。由于未来的不确定性，人们可能面临各种意外事件，如疾病突发、生产安全事故等，因而有必要持有一定数量的货币以应对不时之需。对个人来说，预防性需求受风险偏好和个人收入水平影响。对于一个国家来说，货币预防性需求主要取决于国民收入，国民收入越高，货币预防性需求越大。因此，预防性货币需求与国民收入呈正相关关系。

投机性需求，是指人们为了在市场上投机获利而持有的货币量。投机行为，即利用市场出现的价差进行买卖从中获得利润的交易行为。产品市场和货币市场都存在一定数量的投机机会。如证券市场中，人们希望低价买入、高价卖出有价证券以获得更高收益。影响投机性货币需求的因素有很多，如市场交易制度、监管制度、投机者收入、市场利率等，其中利率是影响投机性货币需求的最主要因素。凯恩斯认为投机动机的货币需求随利率的变动而变动，与利率呈负相关关系，即利率上升，需求减少；反之，则需求增加。

课堂练习——判断题

利率越高，用于投机的货币需求越少。   （   ）

2. 流动性陷阱

流动性是指一种资产在其价值不受损失的前提下，转变为现金的便捷程度。凯恩斯经济学理论强调，人们普遍偏好流动性较强的资产。由于货币是流动性最强的资产，因此人们持有货币的偏好就是流动性偏好。

流动性陷阱是凯恩斯经济学中的一个重要概念。当利率水平降至极低，几乎无法再行下调时，无论国家如何增加货币供应量，这些新增的货币都会被公众大量储存，而非用于消费或投资。在这种情况下，货币需求的弹性会变得极大，似乎无论供应多少货币，都能被市场吸收，形成一个看似无限大的"黑洞"，这种现象即为"流动性陷阱"。

在流动性陷阱中，尽管货币政策试图通过增加货币供应来刺激经济，但由于利率已降至极低，持有货币的成本也相应降低，导致公众更倾向于以现金或储蓄形式持有财富。因此，即使货币政策宽松，也难以改变市场利率，从而使货币政策失去其应有的调控效果。

3. 货币需求函数

根据前述分析，交易性需求与预防性需求均与国民收入水平呈正相关关系。若以 L_1 表示这两种动机下的货币需求量，Y 代表国民收入，则两者间的函数关系可表达为 $L_1 = L_1(Y)$，或进一步表达为：

$$L_1 = kY \quad (12\text{-}5)$$

其中，Y 表示国民收入，k 代表交易性需求与预防性需求对收入变化的敏感系数。在常规情况下，敏感系数 k 的取值范围为 0 到 1。

货币的投机性需求则与利率呈负相关关系。若以 L_2 代表投机性货币需求，r 表示利率，则投机性货币需求与利率之间的函数关系可表达为 $L_2 = L_2(r)$。基于负相关关系，该函数可进一步表示为：

$$L_2 = \beta - hr$$

其中，r 代表利率，h 为货币投机性需求对利率的敏感系数。为简化模型，有时可以忽略常数项 β，此时函数简化为：

$$L_2 = -hr \quad (12\text{-}6)$$

货币的总需求 L 为两种动机下的货币需求量之和，利用函数可表述为：

$$L = L_1 + L_2 = kY - hr \quad (12\text{-}7)$$

需注意的是，公式中的 L、L_1 和 L_2 均代表对货币的实际需求，即具有恒定购买力的货币需求量。因此，公式 12-5 为实际货币需求函数。k 和 h 是常数。k 衡量收入增加时货币需求的增加量，这是货币需求关于收入变动的系数；h 衡量利率提高时货币需求的变动量，这是货币需求关于利率变动的系数。

课堂练习——简答题

什么是货币需求，人们持有货币的三种主要动机是什么？

（三）货币供求平衡与利率的确定

依据前述分析，货币供给量通常由中央银行通过货币政策进行调节。货币供给曲线 m 表现为一条垂直于横轴的直线。相对应地，货币需求曲线 L 展示了在特定收入水平下，货币需求量与利率之间的逆向关系：利率上升导致货币需求量减少，而利率下降则使货币需求量增加。

如图12-6所示，曲线 m 与曲线 L 相交于点 E，该点决定了市场的均衡利率水平 r_0。在这一均衡状态下，货币供需达到平衡。若市场利率低于均衡利率，货币需求将超过供给，导致有价证券被卖出，证券价格下降，市场利率随之上升。利率的上升一方面抑制了货币的投机性需求，另一方面也减少了投资，进而导致国民收入下降，减少了货币的交易性需求和预防性需求。这一过程将持续进行，直至货币供需达到平衡。

反之，若市场利率高于均衡利率，货币供给将超过需求，促使人们购买有价证券，从而推高证券价格，降低市场利率。这一调整过程将持续进行，直至货币供给与需求相等，此时利率将保持稳定。

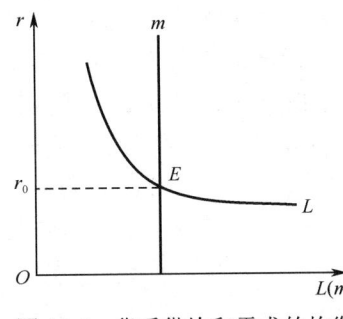

图12-6 货币供给和需求的均衡

二、LM曲线的定义及推导过程

（一）LM曲线的定义

LM曲线展示了在货币市场达到均衡时，国民收入与市场利率之间的关系。具体来说，其表示在货币供给等于货币需求的条件下，收入与利率的各种可能组合。在这条曲线上的任意一点，利率与收入的组合都能确保实际货币需求与实际货币供给相等，即 $L=m$。

利率由货币市场的供需关系决定，而货币供给通常由中央银行控制，被视为一个外生变量。在货币供给量固定的情况下，货币市场的均衡主要通过调整货币需求来实现。

货币市场均衡的条件是货币供给等于货币需求。根据公式12-4和公式12-7，可以得出货币市场均衡条件下国民收入 Y 与利率 r 的关系：

$$m = L = L_1 + L_2 = kY - hr \tag{12-8}$$

当货币供给量 m 固定时，如果货币的交易性和预防性需求 L_1 增加，为了维持货币市场均衡，货币的投机性需求 L_2 必须减少。L_1 随着国民收入的增加而增加，而 L_2 则随着利率的上升而减少。因此，当国民收入增加导致 L_1 增加时，利率也必须相应提高，以减少 L_2，从而保持货币市场的平衡。

通过公式12-8的变形，可以得到 $m = kY - hr$，推导出国民收入 Y 与利率 r 之间的关系如下：

$$Y = \frac{m}{k} + \frac{h}{k}r \tag{12-9}$$

实用经济学

或

$$r = -\frac{m}{h} + \frac{k}{h}Y \qquad (12\text{-}10)$$

货币市场均衡条件下国民收入 Y 与利率 r 的关系被称为 LM 曲线。

以一个具体的例子来说明 LM 曲线。假设货币的交易性和预防性需求函数为 $L_1 = 0.5Y$，投机性需求函数为 $L_2 = 1300 - 250r$。在货币市场均衡时，可以将这些关系简化为一个方程 $m = L = L_1 + L_2 = 0.5Y + 1300 - 250r$。

如果货币供给量 m 为 1550 万亿元，那么可以进一步简化这个方程为 $Y=500+500r$。根据这个方程，可以计算出在不同国民收入水平下的利率。例如，当 $Y = 1000$ 万亿元时，$r = 1$；当 $Y = 1500$ 万亿元时，$r = 2$，以此类推。

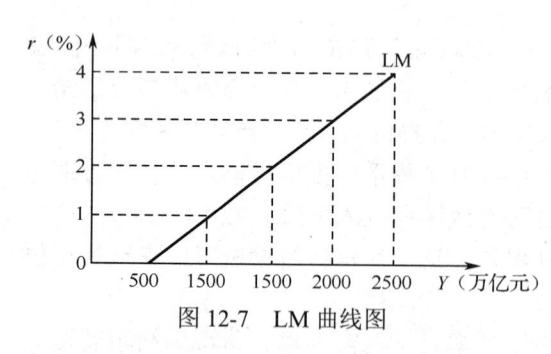

通过这些数据点，可以绘制出 LM 曲线，如图 12-7 所示，在坐标轴上呈现为一条向右上方倾斜的直线。这条曲线的纵轴代表利率，横轴代表国民收入。揭示了在货币市场均衡时，国民收入与市场利率之间的正向变动关系，国民收入的提高往往伴随着市场利率的提高，反之亦然。

图 12-7 LM 曲线图

（二）LM 曲线推导

LM 曲线是从货币的投机需求与利率的关系、货币的交易和预防需求与国民收入的关系及货币供给与货币需求相等的关系推导出来的。假定对货币的交易性和预防性需求为 $L_1 = 0.5Y$，对货币的投资性需求函数为 $L_2 = 1300 - 250r$，货币供给量为 $m = 1550$ 万亿元，货币市场均衡时，得出 $r = -1 + 0.002Y$。推导过程如图 12-8 所示。

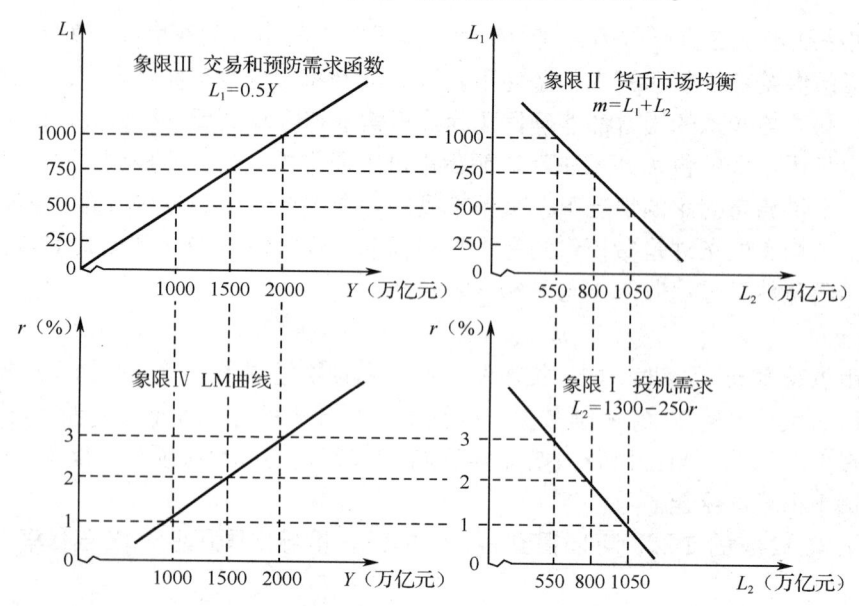

图 12-8 LM 曲线推导图

象限 I 中向右下方倾斜的曲线是货币的投机需求函数 $L_2 = 1300 - 250r$，利率 r 为 1% 向 2%、3% 提高时，货币的投机需求 L_2 分别为 1050 万亿元、800 万亿元、550 万亿元，逐渐减少。

象限 II 表示货币供给量（1550 万亿元）一定时用于交易和预防需求的 L_1 和用于投机需求的 L_2 的情况。由于公式 12-8 推导得 $m = L_1 + L_2$，当投机需求 L_2 分别为 1050 万亿元、800 万亿元和 550 万亿元时，用于交易和预防需求的 L_1 分别为 500 万亿元、750 万亿元和 1000 万亿元。

象限 III 是交易和预防需求函数 $L_1 = 0.5Y$。当 Y 分别为时 1000 万亿元、1500 万亿元和 2000 万亿元时，L_1 分别为 500 万亿元、750 万亿元和 1000 万亿元。

象限 IV 是货币市场均衡时国民收入与利率的一系列组合。当 r 为 1% 时，Y 为 1000 万亿元；当 r 为 2% 时，Y 为 1500 万亿元；当 r 为 3% 时，Y 为 2000 万亿元。在这条曲线上，任何一点所表示的利率与所对应的国民收入都会使货币供给等于货币需求。

（三）LM 曲线的三个区域

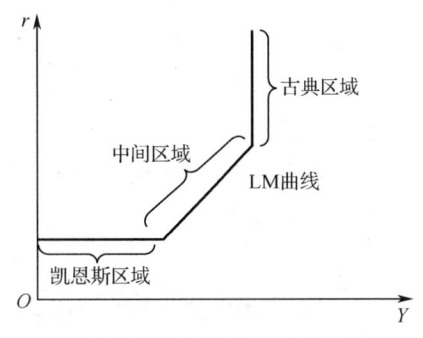

LM 曲线是一条具有正斜率的直线，这是最简单和常见的 LM 曲线。根据不同经济学派的不同假设，可以把 LM 曲线划分为三个区域，即凯恩斯区域、中间区域和古典区域，如图 12-9 所示。LM 曲线的水平区域为凯恩斯区域，LM 曲线的垂直区域为古典区域，LM 曲线向右上方倾斜的部分为中间区域。

图 12-9　LM 曲线的三个区域

1. 凯恩斯学派的观点

凯恩斯学派认为，在市场利率降至最低点时，投资者倾向于持有较大量货币以期更好的投资机会。在这种情况下，投机性货币需求对利率变化极为敏感，其敏感系数趋近于无穷大，导致 LM 曲线趋于水平。在"凯恩斯区域"中，由于利率已处于较低水平，政府实施的扩张性货币政策难以进一步降低利率或增加收入，因此货币政策在此阶段效果有限。相反，扩张性财政政策能够在不改变利率的情况下提升收入水平，显示出较大的效力。凯恩斯本人将 20 世纪 30 年代大萧条时期西方国家的经济状况视为此理论的实证，因此得名。

2. 古典学派的观点

与凯恩斯学派不同，古典学派认为交易信息在买卖双方之间是完全透明的，市场不存在可利用的投机机会。因此，利率的变动不会影响人们的投机性货币需求，投机敏感系数接近于零，LM 曲线呈现垂直状态。在此"古典区域"中，除了完成交易所需的必要货币持有量，人们不会因投机目的而持有货币。在这种情况下，扩张性财政政策效果不显著，而扩张性货币政策则效果显著。

3. 新古典综合学派的观点

新古典综合学派则持中庸之道，认为市场既不像古典学派所描述的那样完美无缺，也不像凯恩斯学派所认为的那样极端。他们认为，投机性货币需求对利率变化的反应是存在的，但敏感系数既非零，也非无穷大，而是介于两者之间。因此，LM 曲线是一条具有正值斜率的直线。

课堂练习——简答题

简述 LM 曲线的三个区域。

三、LM 曲线的斜率

根据 LM 曲线的公式 12-10，可以推断出 LM 曲线的斜率由多个因素决定。LM 曲线的斜率主要受货币的交易和预防需求曲线 L_1 的斜率 k 及投机需求曲线 L_2 的斜率 h 的影响。其中，k 反映了货币需求对国民收入 Y 的敏感程度，h 则衡量了货币需求对利率 r 的敏感程度。

LM 曲线的斜率 $\dfrac{k}{h}$ 在不同情况下表现出不同的特点。当投机需求对利率的敏感程度 h 趋近于零时，LM 曲线的斜率变得无穷大，此时 LM 曲线在古典区域呈现垂直状态；相反，当 h 趋向无穷大时，LM 曲线的斜率为零，曲线在凯恩斯区域呈水平状态。当 h 在 0 至无穷范围之间，由于 k 通常为正值，LM 曲线的斜率也为正值。

通常情况下，货币的交易和预防需求函数相对稳定，因此 LM 曲线的斜率主要取决于货币的投机需求函数。在 k 固定的情况下，如果 h 值增大，即货币投机需求对利率的敏感性提高，那么 LM 曲线的斜率会减小，曲线变得更加平缓。相反，当 h 固定时，如果 k 值增大，即货币的交易和预防需求对国民收入的敏感性提高，那么 LM 曲线的斜率会增大，曲线变得更加陡峭。

四、LM 曲线的变动

LM 曲线的位置会随着影响其决定因素的变化而发生相应的移动。具体来说，货币需求的变化对 LM 曲线的移动有直接影响。

在给定的国民收入水平下，如果对货币的需求增加，市场均衡利率将上升，导致 LM 曲线向左上方移动。这一现象表明，在较高的货币需求下，为了保持货币市场均衡，必须有更高的利率水平。相反，如果对货币的需求减少，那么在相同的国民收入水平下，市场均衡利率将下降，LM 曲线则向右下方移动。这表明在较低的货币需求下，较低的利率水平就能维持货币市场的均衡。

货币供给的变化也会影响 LM 曲线的位置。当货币供给增加时，在既定的国民收入水平下，市场均衡利率会下降，促使 LM 曲线向右下方移动。这意味着在货币供给增加的情况下，为了达到货币市场的均衡，需要降低利率。反之，如果货币供给减少，LM 曲线将向左上方移动，因为在货币供给减少的情况下，为了维持市场均衡，需要提高利率。

课堂练习——多选题

（　　）将导致 LM 曲线向左移动。

A. 货币供给的增加　　　　　　　　B. 货币供给的减少

C. 货币需求增加　　　　　　　　　D. 货币需求减少

五、LM 曲线在社会生活中应用

（一）次贷危机期间我国采取的货币政策

面对国际金融危机不断加剧及国内通胀压力逐渐减缓的形势，自 2008 年 7 月起至当年年底，我国央行积极调整金融机构宏观调控策略，连续三次下调存贷款基准利率，并两次降低存款准备金率。同时，取消了对商业银行信贷规划的约束，以引导商业银行扩大贷款总量，有效缓解市场资金紧张状况。

为应对此次危机，我国货币政策发生了重大转变，由稳健转向全面宽松。央行通过多次降息、降低存款准备金率、增加贷款及货币发行量等措施，刺激总需求，防止经济进一步下滑。经过这些政策的实施，我国在短短一年内便稳定了经济形势，物价、房价等关键经济指标开始回升，并开启了新一轮的增长周期。

（二）银行降息潮

降息作为一种宽松的货币政策，其目的在于通过降低利率水平来刺激经济活动。在货币市场中，LM 曲线代表着货币市场的均衡状态。降息意味着在保持一定产出水平的前提下，降低利率水平仍能保持货币市场的均衡。请阅读案例 12-2，深入思考各大央行降息的原因，以更好地理解这一政策工具在宏观调控中的作用与效果。

案例 12-2　　　　　　　　　全球央行降息潮

自 2019 年初开始，全球央行纷纷采取降息措施以应对经济下行的压力，多个国家或地区实施了不同程度的降息政策。在这一趋势中，印度的央行尤为突出，连续进行了数次降息操作。同时，美联储在当年的 7 月议息会议后也宣布了降息举措，这一决策在全球范围内引发了广泛的关注和讨论。

进入 2020 年，全球央行降息潮持续发酵。据统计，仅上半年，全球范围内各家央行的降息次数便显著上升，远超 2019 年全年的水平。这一趋势凸显了当时全球经济面临的严峻挑战及各国央行通过货币政策刺激经济的决心。

时至 2023 年，中国国内经济环境中的利率水平继续呈现下行趋势。随着大中型商业银行新一轮存款利率的调整，主要商业银行的各类存款挂牌利率纷纷降至历史低位。经过多轮降息后，六大国有银行同步下调了存款挂牌利率，不同期限的定期存款挂牌利率均有所下调。然而，需要注意的是，具体的降息幅度（如 10BP、20BP 等）和利率水平（如三个月期定存挂牌利率为 1.15% 等）可能随着时间和经济形势的变化而有所变动。

此次密集调整期后，国有大行的定期存款挂牌利率普遍下降，整体利率水平已处于相对较低的水平。

扩展阅读

利率是纽带

单元三　IS-LM 模型

案例引入

次贷危机，金融世界"大地震"

次贷危机也称次级房贷危机，是指因为次级抵押贷款机构破产而导致的投资基金被迫关闭，股市震荡剧烈的金融风波。

在 1990 年末至 2000 年初，美国的房地产市场经历了一个繁荣期，房价不断上涨，导致不少购房者无法承受高额的房屋贷款。为了满足这部分市场需求，一些金融机构开始向信用评级较低、贷款风险较高的人群提供次级贷款。这些贷款通常拥有较高的利率和较低的信用质量，因此伴随着更高的违约风险。

然而，一些金融机构却把这些次级贷款打包成复杂的金融产品，以较高的收益率销售给投资者。这些复杂的金融产品被称为抵押担保证券，是基于房屋抵押贷款池中的一组贷款，并通过不同的信用评级分成多个等级，以满足投资者的多元化需求。但由于次级贷款的质量较低，这些金融产品在贷款违约率不断攀升时出现了严重的流动性问题，投资者开始抛售这些产品，进一步加剧了市场的混乱。

次贷危机实际上是通过影响商品市场和货币市场的均衡状态，进而对整个经济体系产生冲击。这种冲击不仅体现在金融领域，更对实体经济造成了深远的影响。在 IS-LM 模型的分析下，我们可以更加清晰地看到次贷危机对经济的系统性影响，也为我们提供了更加有力的工具来应对和防范类似危机的发生。

知识学习

在产品市场上，国民收入决定于消费、投资、政府支出和净出口加起来的总支出或总需求水平。一方面，总需求尤其是投资需求要受到利率 r 的影响，利率由货币市场供求情况决定，即货币市场要影响产品市场。另一方面，产品市场上所决定的国民收入又会影响货币需求，从而影响利率，这是产品市场对货币市场的影响。可见，产品市场和货币市场是相互联系、相互作用的。

一、产品市场和货币市场同时均衡

IS 曲线是指产品市场均衡时，国民收入与利率之间的关系。在 IS 曲线上，存在一系列利率与国民收入的组合，使产品市场均衡。LM 曲线是指货币市场实现均衡时，国民收入与市场利率之间的相互关系。在 LM 曲线上，同样存在一系列利率和国民收入的组合使货币市场均衡。然而，能够使产品市场和货币市场同时均衡的利率和国民收入的组合只有一个，这一均衡组合可以在 IS 曲线和 LM 曲线交点上求得。将代表商品市场均衡的 IS 曲线与代表货币市场均衡的 LM 曲线置于同一个坐标系中，就可得到商品市场与货币市场同时均衡的点，即 IS-LM 模型。

如图 12-10 所示，IS 曲线与 LM 曲线相交于 E 点，E 点就是商品市场和货币市场同时达到均衡的利率和国民收入组合点。由此点确定的均衡利率为 r_0，均衡国民收入为 Y_0。IS-LM 模型的含义如下：

第一，IS 曲线与 LM 曲线的交点 E 表示的是使商品市场和货币市场同时实现均衡的唯一利率和国民收入的组合。

第二，在均衡点 E 以外的 IS 曲线和 LM 曲线上的任何一点，都只代表一个市场的均衡，而非两个市场的共同均衡。

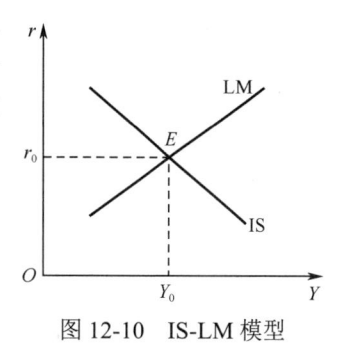

第三，IS 曲线和 LM 曲线外的任何一点，表示两个市场都不均衡。

第四，在两个市场都处于非均衡状态时，可通过对利率和国民收入的调整，逐步实现两个市场的共同均衡。

图 12-10 IS-LM 模型

可以通过代数求解 E 点。在两部门经济中，由产品市场 IS 曲线上的公式 12-3，推导出如下公式：

$$Y = \frac{\alpha + e}{1 - \beta} - \frac{d}{1 - \beta} r$$

在两部门经济中，货币市场 LM 曲线上有公式 12-9：

$$Y = \frac{m}{k} + \frac{h}{k} r$$

可以看出上述两个方程，针对 r 和 Y 两个变量，联立求解能够得到利率 r 和国民收入 Y。

假定在产品市场上，投资函数为 $I = 1000 - 200r$，消费函数为 $C = 500 + 0.8Y$，则储蓄函数为 $S = Y - C = -500 + 0.2Y$，要使产品市场均衡，必须满足 $I = S$，可得 IS 曲线方程为 $Y = 7500 - 1000r$。

假定在货币市场上，货币供应量 $m = 1550$ 万亿元，价格水平 $P = 1$，货币需求函数为 $L = 0.5Y + 1300 - 250r$，为了使货币市场均衡，需满足 $L = m$，可得 LM 曲线方程 $Y = 500 + 500r$。

以上两个方程联立，可以求得 $r = 4.6667$，$Y = 2830$ 万亿元。

课堂练习——单选题

产品市场和货币市场同时均衡的组合有（　　）。
A. 零个　　　　　　B. 一个　　　　　　C. 两个　　　　　　D. 无数个

二、产品市场和货币市场非均衡的调整

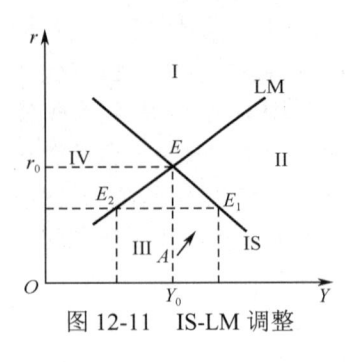

如图 12-11 所示，IS-LM 曲线分成四个区域 I、II、III、IV。从产品市场看，区域 I、II 位于 IS 曲线的右上方，意味着投资小于储蓄，也就是总需求小于总供给；区域 III、IV 位于 IS 曲线的左下方，意味着投资大于储蓄，也就是总需求大于总供给。从货币市场看，区域 II、III 位于 LM 曲线的右下方，意味着货币需求大于货币供给；区域 I、IV 位于 LM 曲线的左上方，意味着货币需求小于货币供给。在 E 点之外任一区域，所有利率与国民收入的组合都是非均衡组合，这四个区域中的非均衡关系如表 12-1 所示。

图 12-11 IS-LM 调整

表 12-1 四个区域非均衡关系

区 域	产品市场 IS	国民收入 Y	货币市场 LM	利率 r
I	$I<S$（超额产品供给）	减少	$L<m$（超额货币供给）	下降
II	$I<S$（超额产品供给）	减少	$L>m$（超额货币需求）	上升
III	$I>S$（超额产品需求）	增加	$L>m$（超额货币需求）	上升
IV	$I>S$（超额产品需求）	增加	$L<m$（超额货币供给）	下降

产品市场与货币市场的非均衡状态会引起国民收入和利率的变动，以趋向均衡。产品市场不均衡会导致国民收入变动：若投资小于储蓄，则国民收入趋于减少；若投资大于储蓄，则国民收入趋于增加。货币市场不均衡会导致利率变动：若货币需求小于货币供给，则利率趋于下降；若货币需求大于货币供给，则利率趋于上升。图 12-11 也可以说明产品市场和货币市场从不均衡到均衡的调整过程。

点 E_1 在 IS 曲线上，意味着该状态下产品市场是均衡的，即投资等于储蓄。然而，由于该点位于 LM 曲线的右下方，意味着在货币市场，货币需求大于货币供给，从而引起利率上升，投资减少，使得投资小于储蓄，进而导致国民收入趋于减少，最终点 E_1 会向点 E 靠拢。

点 E_2 在 LM 曲线上，意味着该状态下货币市场是均衡的，即货币需求等于货币供给。然而，由于该点在 IS 曲线的左下方，意味着投资大于储蓄，国民收入趋于增加，从而用于交易和预防的货币需求随之增加，在货币供给保持不变的情况下，利率趋于上升，最终点 E_2 向点 E 靠拢。

点 A 位于区域 III，此时在产品市场上，投资大于储蓄，国民收入趋于增加；在货币市场上，货币需求大于货币供给，导致利率趋于上升。因此，利率与国民收入的组合由点 A 沿对角线的箭头向上移动到点 E_1。随着这一过程的持续，利率与国民收入的组合最终移到能使产品市场与货币市场同时均衡的点 E。

三、均衡国民收入和利率的变动

假定期初两个市场同时是在均衡点 E，均衡的国民收入是 Y_0，但这一均衡未必是充分

就业的均衡，若充分就业的均衡国民收入是 Y'，则均衡国民收入低于充分就业时的国民收入。在这种情况下，靠市场的自发调节无法实现充分就业均衡，需要政府采用财政手段或货币政策进行干预，如图 12-12 所示。

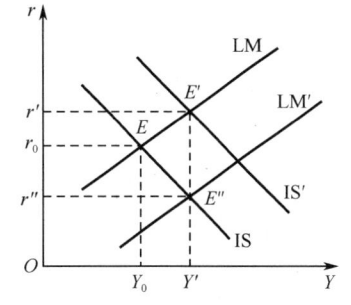

图 12-12　均衡收入和均衡利率的变动

（一）需求变动对国民收入和利率的影响

需求变动会引起 IS 曲线移动，从而使国民收入和利率变动。在 LM 曲线不变的情况下，投资增加，会使 IS 曲线向右上方平行移动，这将导致均衡利率和国民收入水平都提高。相反投资减少会使 IS 曲线向左下方平行移动，从而使均衡利率和国民收入水平都下降。

IS 曲线的移动主要受政府财政政策的影响。在 LM 曲线不变的情况下，当政府采取扩张性的财政政策时，如增加政府支出、兴建公共工程、降低税率等，总需求的规模就会扩大，使 IS 曲线向右上方移动。导致在国民收入和利率水平都提高的情况下，IS 曲线移动到 IS′曲线位置，宏观经济达到新的均衡点 E'，此时国民收入为 Y'，利率为 r'。相反，如果政府采取紧缩性的财政政策，如削减政府开支、提高税率等，总需求减小，IS 曲线将向左下方移动。导致国民收入水平降低，利率水平下降，宏观经济再次达到均衡。

（二）货币量变动对国民收入和利率的影响

货币量的变动会引起 LM 曲线移动，从而使国民收入和利率发生变化。在 IS 曲线不变的情况下，货币供给量的增加，导致 LM 曲线向右下方平行移动，从而使均衡利率水平下降，国民收入水平上升。相反，货币供给量的减少，会使 LM 曲线向左上方平行移动，从而使均衡利率水平上升，国民收入水平减少。

LM 曲线的移动主要取决于中央银行的货币政策。在 IS 曲线不变的情况下，当央行采取扩张性货币政策时，增加货币供给量，如降低法定存款准备金率、调降央行再贴现率、积极从事公开市场操作，会使 LM 曲线向右下方移动到 LM′曲线位置，使得国民收入水平提高、利率水平下降，宏观经济达到新的均衡点 E''，此时国民收入为 Y'，利率为 r''。反之，如果央行采取紧缩的货币政策，减少货币供给量，会使 LM 曲线向左上方移动，导致国民收入水平降低、利率水平提高，宏观经济达到新的均衡。

综上所述，IS-LM 模型深入分析了储蓄、投资、货币需求与货币供给等因素，如何影响国民收入和利率。这一模型不仅精练地概括了总需求分析的框架，而且为分析财政政策和货币政策的影响分析提供了一个有力的理论工具。因此，该模型被称为宏观经济学的核心。

扩展阅读

"一带一路"助力经济高质量发展

模块十三
失业和通货膨胀理论及其应用

学习目标

【知识目标】

理解失业和通货膨胀的理论基础。
掌握失业率和通货膨胀率的计算方法和衡量指标。
掌握不同类型的失业及成因，包括自然失业、周期性失业和隐蔽性失业。
掌握不同类型的通货膨胀及成因，如爬行式、加速式、超速式和受抑制的通货膨胀。
了解失业的基本治理政策，包括主动和被动的失业治理策略。

【能力目标】

能够辩证地分析失业和通货膨胀的成因及对社会生活的影响。
掌握应对失业和通货膨胀的基本策略和方法。

【素质目标】

能够主动关注就业信息和国家宏观调控政策与措施。
具有广阔的知识视野、国际视野和历史视野，尊重时代规律。
能够突破传统思维，勇于探索，具有创新精神。

单元一 失业理论及其应用

案例引入

大裁员

2024年1月12日，华尔街多家知名银行公布了去年第四季度的财报，盈利情况都不太乐观。例如，摩根大通银行的净利润为93亿美元，低于去年同期的110亿美元；富国银行净利润34.46亿美元，环比下降40%；美国银行净利润31.44亿美元，比起一年前同时期相比缩水了近60%。

相比之下，花旗银行的数据更显"苍凉"，亏损18.39亿美元，被普遍认为是过去15年来最差。花旗集团首席财务官马克·梅森宣布，将在未来裁员20000人，裁员人数约占其员工总数的10%，该举措可能耗资高达18亿美元。不过，裁员计划完成后，预计每年可为该行节省多达 25 亿美元的成本。裁员计划面向全球展开，预计会在 3 年内完成。到 2025 或 2026 年，其总员工人数可能从去年初的 24 万人下降至 18 万人。

知识学习

一、失业的定义与衡量

（一）失业的定义

失业，是指在法定年龄范围内有劳动能力者愿意工作而没有工作，且在积极寻找工作的状态，处于失业状态的劳动力称为失业者。失业有如下限定条件。

1. 在法定年龄范围内

目前，世界上多数国家法定工作年龄范围为 16—65 岁。在我国，法定工作年龄的范围，男性为 16—60 岁、女性为 16—55 岁。值得一提的是，自 2015 年 3 月 1 日起，行政事业单位中的处级女干部和具有高级职称的女性专业技术人员退休年龄延至 60 周岁。

2. 有劳动能力且愿意工作

根据定义，丧失劳动能力或有劳动能力而不愿参与工作者，不计入失业统计范畴。

3. 没有工作且在积极寻找工作

根据定义，没有工作且未积极寻找工作机会的个体，不计入失业统计范畴。

在我国，还有一种特殊情况需说明，劳动者有工作意愿，但劳动时间少于法定工作时间，且劳动报酬低于当地最低工资标准但高于城市居民最低生活保障标准时，被定义为"不充分就业"。收入低于当地城市居民最低生活保障标准的就业人员，被视为失业。

课堂练习——思考与讨论

全日制在读大学生、全职家庭主妇、放弃求职的待业者属于失业人员吗，为什么？

（二）失业衡量指标

1. 失业率

失业率是衡量一个国家失业状况的核心指标，其计算方式为失业人数占劳动力人数的百分比，数学公式表示为：

$$失业率 = \frac{失业人数}{劳动力人数} \times 100\% \qquad (13\text{-}1)$$

其中，劳动力人数为就业人数与失业人数之和。

长期以来，失业率一直被视为反映整体经济状况的重要指标，被誉为经济指标中"皇冠上的明珠"，是市场上最敏感的月度经济指标之一，能够直观地反映出一个国家劳动力市场的活跃程度，以及经济运行的健康状态。

课堂练习——计算题

假设某一经济体某一时期有 2 亿成年人，其中 1.2 亿人有工作，0.5 亿人在寻找工作，0.2 亿人没有工作也没有找工作。试求：

实用经济学

（1）劳动力人数。
（2）失业率。

2. 充分就业

在现实经济生活中，充分就业并非指人人都有工作，而是指在一定工资水平下，所有愿意并能够接受工作的人都能获得就业机会。这种状态允许存在一定程度的自然失业，这种失业主要属于摩擦性和结构性失业，且失业间隔期相对较短。通常，当失业率与自然失业率相等时，便认为达到了充分就业的状态。充分就业率的高低受劳动力市场完善程度、经济状况等多种因素的共同影响，各国政府会根据实际情况制定不同的充分就业率目标。

二、失业类型及成因

根据失业产生的根源，通常可以将失业划分为自然失业、周期性失业与隐蔽性失业三种主要类型。

（一）自然失业

自然失业指的是在充分就业状态下仍存在的失业现象。这种失业源于经济中某些难以避免的因素，如劳动力的正常流动等。自然失业是经济体系动态变化中的必然现象，因为人员流动和产业兴衰不会停止，总会有一部分劳动者处于失业状态。

自然失业按具体原因不同，可细分为摩擦性失业、结构性失业和季节性失业。

1. 摩擦性失业

摩擦性失业是指劳动者在从一个工作转换到另一个工作过程中所产生的失业现象。在动态经济中，各行业、各部门和各地区之间的劳动需求时常变动，劳动者在转换工作时往往需要经历一个过渡期。即使在充分就业状态下，由于人们从学校毕业、迁居新城市寻找工作，或是寻求更高薪酬的工作机会，总会存在短暂或长期的工作转换期。对于单个劳动者而言，摩擦性失业是暂时的；但从整个经济层面来看，摩擦性失业则是长期存在的。

摩擦性失业的规模受多种因素影响，其中主要包括失业工人与就业机会之间的信息不对称、就业知识的缺乏，以及快速流动所必需的条件不足等。此外，摩擦性失业还与劳动者自由寻找新工作和随意变换工作的行为密切相关。在自由经济体系中，摩擦性失业是一种常态化的失业现象。为减少摩擦性失业，应着重提高劳动力的流动性，并加强有关就业机会的信息传递和知识普及。

课堂练习——讨论题

请分析摩擦性失业在现代劳动力市场中的具体表现，并讨论如何通过政策和个人努力来有效减少摩擦性失业的负面影响？

2. 结构性失业

结构性失业，又称技术性失业，源于技术进步或市场需求变化导致的经济结构调整。随着科学技术的飞速发展，某些产业部门逐渐衰落或被淘汰，而新兴部门则大量涌现。这使得从旧部门转出的劳动者需经历一段培训和学习过程，以适应新的工作岗位。若劳动者不接受必要的培训或学习，他们可能面临长期失业的风险。

此外，随着人们生活水平的持续提高，消费者需求也在不断演变，进而促使市场需求发生变化。一些劳动者在职业选择、技能掌握、工种适应及地区分布等方面，往往难以迅速适应这些变化，导致部分人失业，形成了"失业与职业空位"并存的局面。例如，人口老龄化的趋势使得家政服务、老年护理等职业需求日益增加，甚至男性护士的需求也呈上升趋势，这背后反映的正是劳动力市场的结构特性。

在纯粹的摩擦性失业的情境中，劳动力供给结构与劳动力需求结构基本匹配，每个寻找工作的人理论上都有一个适合他的职位空缺，只是由于信息不完全或供求匹配不够精准，导致寻找者尚未找到这个空缺。而结构性失业则表现为劳动力的供给结构与需求结构之间的显著不匹配，寻找工作者难以找到与自身技能、居住地区相匹配的工作岗位。一般而言，摩擦性失业者的失业时间相对较短，而结构性失业者则可能面临更长的失业期，承受更大的心理压力和经济困扰。

3. 季节性失业

季节性失业是指由于某些行业生产活动的时间性或季节性变动所导致的失业现象。这种失业形式具有鲜明的地理区域性和行业性差异，呈现出明显的规律性和有限的失业持续期。在特定行业中，生产活动的繁忙季节对劳动力的需求显著增加，而生产淡季则导致劳动力需求锐减，从而引发具有季节性特征的失业问题。

在农业、旅游业、建筑业等行业中，季节性失业的现象尤为突出。以沿海旅游城市为例，旅游旺季时，度假村、酒店等旅游相关产业对劳动力的需求量大增，雇佣人数显著上升。然而，一旦进入淡季，这些企业则不得不削减员工数量，导致大量劳动者面临失业的风险。这种季节性变化往往由客观条件或自然条件所决定，因此很难从根本上改变。

为了缓解季节性失业问题，政府和企业可以采取一系列措施，如加强职业培训、提供就业指导、鼓励跨行业就业等，以提高劳动者的就业能力和适应市场变化的能力。同时，通过发展多元化的经济活动，减少对季节性产业的过度依赖，也是解决季节性失业问题的有效途径。

课堂练习——多选题

下列属于季节性失业的情况有（　　）。

A. 某地冬天的冰雪节过后某些导游失业
B. 某工地由于春季雾重而停止装修，使工人失业
C. 某大型公司由于采用高新技术而裁减一些员工，导致某些人失业
D. 某市由于经济不景气，导致一大部分人找不到工作而失业
E. 某重工业城由于结构调整，导致一些人下岗失业

（二）周期性失业

1. 周期性失业与成因

周期性失业又称需求不足的失业，是经济衰退导致劳动力需求小于劳动力供给的失业，是一种非自愿失业。当整体经济陷入衰退，总需求严重不足时，生产和消费活动都会受到抑制。工厂减产、商店关门，企业为了保持盈利或减少亏损，不得不减少员工数量，从而

引发大规模的失业。

以 20 世纪 30 年代的西方发达国家为例，那一时期，全球经济遭受了严重的打击，许多国家都经历了长时间的经济大萧条。在这场经济危机中，失业率飙升，许多人长时间无法找到工作。工厂关闭、商店倒闭，大批工人被迫离开工作岗位。同时，由于消费者购买力下降，市场需求进一步减少，形成恶性循环，导致失业问题愈发严重。

周期性失业人数在经济增长时会明显减少，而在经济衰退时则会逐月增加。这种失业现象不仅影响个人生计和家庭的稳定，还会对整个社会的经济发展和社会稳定产生负面影响。

2. 周期性失业与摩擦性失业、结构性失业的主要区别

周期性失业与摩擦性失业、结构性失业的主要区别在于，后两者在劳动力市场处于均衡状态时也会存在，而周期性失业则是由于经济周期性的波动，特别是经济衰退导致的劳动力需求不足而引起的失业。在周期性失业中，劳动力市场必然处于非均衡状态，大量劳动者愿意工作却找不到合适的岗位。

与摩擦性失业不同，周期性失业不是由于信息不完全或劳动者与工作机会不匹配导致的；与结构性失业也不同，周期性失业不是由于经济结构变化或技术进步导致的劳动力供需不匹配。周期性失业主要是由于整个经济体系的需求不足，导致企业减少生产规模或倒闭，从而引发大规模的失业。

课堂练习——单选题

周期性失业是指（　　）。

A. 经济中由于正常的劳动力流动而引起的失业
B. 由于总需求不足引起的失业
C. 由于经济中一些难以克服的原因引起的失业
D. 由于经济中一些制度上的原因引起的失业

（三）隐蔽性失业

隐蔽性失业，顾名思义，是指那些表面看似拥有工作，但实际上对生产并无实质性贡献的人群，即"有职无工"的现象。这种现象在经济活动中屡见不鲜。当经济中出现就业人员减少，而产量却未受影响时，即可判断存在隐蔽性失业。换言之，这些工人的边际生产力接近于零。最直观的体现便是某些单位中"一个人的工作量，却有三个人来分担"的情况，机构庞大却效率低下，人员冗余却贡献微薄。举例而言，若一个经济体拥有 5000 万工人，当减少 500 万工人后，其国内生产总值依然保持不变，这便意味着该经济体中约存在 10% 的隐蔽性失业。

隐蔽性失业的存在，严重阻碍了经济的健康快速发展，同时也给经济带来了巨大的损失。因此，消除隐蔽性失业，对于提升经济效益而言，显得尤为重要。

三、社会生活中的失业理论

失业作为社会生活中的普遍现象，时常困扰着人们的生活。高失业率不仅凸显了经济层面的困境，更揭示了深层次的社会问题。从经济视角来看，高失业率意味着资源的闲置与浪费；从社会视角来审视，高失业率使失业者陷入经济困顿，承受巨大的生活压力。在

高失业率时期，经济贫困成为难以承受之重，对人们的情绪与家庭生活造成了严重影响。

（一）失业的多重影响

1. 对个人生活的冲击

自愿失业或许能为个体带来短暂的休闲与放松，但非自愿失业则对个人及家庭构成了沉重的打击。由于失去了通过劳动获得的稳定收入，失业者及家庭的经济状况恶化，生活水平下降。同时，失业也影响了失业者在社交圈中的地位和影响力，可能导致其在情感上遭受创伤。

2. 对企业运营的负面影响

对于企业而言，失业意味着人力资本的流失。人力资本是企业发展的核心要素，包括员工所受的教育、工作经验及长期形成的工作习惯。失业导致的人力资本损失不仅降低了企业的生产效率，还可能影响产品质量和市场竞争力。随着失业率的上升，企业面临销售市场萎缩、有效需求下降等困境，生产能力闲置，利润下滑。为应对这一局面，企业不得不减少投资，限制新生产力的形成，从而进一步加剧了经济困境。

3. 对社会经济的制约作用

从社会经济层面来看，失业导致了大量潜在生产力的浪费。原本可由失业工人生产出来的商品及劳务因缺乏劳动力而无法实现，这对社会经济的增长构成严重制约。就如同无数汽车、房屋、衣物等商品被遗弃，社会经济资源的配置效率因此大幅降低。

4. 对社会秩序的潜在威胁

失业问题也对社会秩序产生了不可忽视的影响。随着失业率的攀升，政府和社会需要投入更多的资源用于失业救济和最低生活保障，这无疑增加了财政压力。当越来越多的社会成员因失业而陷入生活困境时，他们中的一些人可能选择铤而走险，通过非法手段来维持生计，从而对社会秩序构成潜在威胁。高失业率还可能引发一系列社会问题，如犯罪率上升、社会不稳定等，对社会的安定和谐造成影响。

（二）失业的治理策略

现代经济学家倾向于对失业问题实施综合治理，其策略主要可以归为两大类，主动的失业治理政策和被动的失业治理政策。

1. 主动的失业治理政策

主动的失业治理政策旨在根据失业的根源，提出相应的解决方案，以改善失业状况，其主要措施涵盖以下三个方面。

（1）提升经济活动水平。

失业率与国民收入增长率之间呈现反向变动的关系。因此，要降低失业率，必须提高国民收入，而这又以提升经济活动水平为前提。因此，西方经济学家普遍认为，提升经济活动水平是治理失业的根本之道。政府应通过增加投资、提高投资效率、实施积极的宏观经济政策等手段，扩大总需求，进而增加国民收入，提高国民收入增长率，吸纳更多劳动力，从根本上改善失业状况。具体措施包括降低税收、降低利率以刺激投资需求，或增加政府开支、提升居民购买力等，以促进经济发展。

（2）强化职业培训。

结构性失业问题的主要原因之一，是劳动者技术素质无法适应就业岗位日益提高的技术要求。为消除此类失业，必须提升劳动者的技术素质。因此，相关部门应加强对劳动者的职业培训，此举不仅有助于提升劳动者素质，还能增加接受培训人员的就业机会。具体可通过规定企业提取一定比例的收入用于职工培训、为失业人员提供免费就业培训、为失业者提供寻找正式工作的技能培训和其他再教育、培训青年和发展职业教育等方式，加强劳动力培训，提高其就业技能。

（3）完善劳动力市场信息服务，促进劳动力流动。

劳动力供求信息的不完全性是导致失业的重要因素之一。以某些地区的职业培训和认证制度为例，这些制度可能未能充分反映劳动力市场的实际需求，导致劳动者技能与岗位需求之间不匹配，限制了劳动力的流动。为了打破这一瓶颈，政府应深化职业培训和认证制度的改革，确保劳动者能够紧密对接市场需求，提升其就业竞争力。

此外，为了弥补劳动力市场信息的不完全性，政府还应积极扶持劳动力中介市场的发展。这些中介机构能够汇聚各类就业信息，为求职者提供全面、及时的服务，帮助他们更加精准地了解市场需求，找到适合自己的岗位。同时，政府还可以通过搭建公共就业服务平台、举办招聘会等方式，进一步拓宽求职者的信息获取渠道，促进劳动力的合理流动和优化配置。

2. 被动的失业治理政策

被动的失业治理政策主要着眼于对失业现象的补救措施，缓解失业带来的负面影响。

（1）构建并优化社会保障制度。

社会保障制度的建立与完善，关键在于失业保险制度的落实。具体而言，劳动者在就业期间，企业与个人分别向社会保险机构缴纳一定比例的保费。一旦劳动者失业，即可向相关保险机构申领失业保险金，从而保障其基本生活需求。

（2）设立失业救济专项基金。

失业救济专项基金旨在为失业者提供一定标准的补助金，以维持其正常生活。实施这一制度，首先需确立失业救济专项基金的发放标准与最低生活保障线，随后经过审核确认，向符合条件的失业者发放救济金，确保其基本生活不受影响。

需要指出的是，上述两类失业治理政策各具特色，应当相互补充，共同构成综合治理失业的有效手段。

请认真阅读案例13-1，以深入理解失业保险金在缓解失业问题中的重要作用。

案例 13-1　　　　　　　　　　　失业保险金

李某是某互联网公司的一名员工，长期为公司贡献着自己的力量。然而，今年8月，公司为了应对市场竞争压力，提高运营效率，决定进行人员优化，与部分员工解除了劳动合同。不幸的是，李某也在这批被解聘的员工之列。

面对突如其来的失业，李某感到十分迷茫和无助。然而，幸运的是，他所在的公司一直为他缴纳失业保险金。这意味着，在失业后的一段时间内，李某可以从相关部门领取失业保险金，以保障他在找到新工作之前的基本生活。

在得知这一消息后，李某迅速前往当地劳动就业部门办理了失业保险金的申领手续。经过审核确认，他符合领取失业保险金的条件。于是，从失业的那一刻起，李某开始按月领取失业保险金，这为他提供了必要的生活支持，也减轻了他的经济压力。

在领取失业保险金的同时，李某也没有放弃寻找新的工作机会。他积极参加各种招聘活动，投递简历，与用人单位沟通联系。经过一段时间的努力，他最终找到了一份新工作，重新回到了职场。

回顾这段失业经历，李某深刻体会到了失业保险金的重要性。这不仅仅是一份经济支持，更是一种心理上的安慰和保障，让他在失业期间能够保持积极的心态，从容面对生活的挑战。同时，这也让他更加珍惜现在的工作机会，更加努力地投入到工作中去。

扩展阅读

数读中国这十年

单元二 通货膨胀理论及其应用

案例引入

流通中的钱多了，也会"伤"钱

1914 年，第一次世界大战爆发前，德国的物价指数为 100，然而，到了 1923 年 12 月，物价指数达到了 143000000000000。当月某天的火腿三明治是 24000 马克一块，而前一天在同一咖啡馆里每块只花 14000 马克。工资刚刚到手，工人们就冲刺跑向商店，因为商店的物价随时都在上涨，跑得慢一点，面包和黄油的价格就会上涨一大截。有个家庭主妇装了满满一手推车的钱（仅够购买一点儿食品）去买点儿吃的，一个小偷趁她不注意，把一车钱推倒在地上，推着车子飞快地跑了。街头，一些儿童用大捆大捆的马克纸币玩堆积木的游戏。一位正在煮饭的妇女，她烧的不是煤，而是本应该用来买煤的纸币……物价上涨得太疯狂了！在这样严重的经济危机中，德国人民遭受了极大的苦难。老人们积攒了一辈子的积蓄顷刻间化为乌有，工人罢工，农民罢产。没有工作、没有粮食，却走投无路。德国人民对政府极为不满，德国各地斗争、骚乱不断发生，处于严重的社会动荡之中。

知识学习

一、通货膨胀的定义与衡量指标

（一）通货膨胀的定义

通货，即流通中的纸币和铸币，是社会经济活动中不可或缺的一部分。关于通货膨胀

(Inflation)的概念,不同经济学派别持有不同观点,至今尚未形成统一的定义。但一般而言,通货膨胀被理解为物价水平普遍且持续上升的现象。

通货膨胀的界定需满足两个核心条件:其一,必须是物价水平的普遍上升,即整体物价总水平的上升,而非仅限于一种或几种商品的物价上涨;其二,这种上升必须是在一定时期内的持续现象,而非短暂的一次性波动。通常情况下,若物价总水平在连续六个月(即两个季度)内呈现持续上升趋势,即可将其界定为通货膨胀。

课堂练习——思考与讨论

某地农贸市场上多种商品的价格逢节即涨,节后回落,这是通货膨胀吗?请说明理由。

1. 生产者物价指数

生产者物价指数(Producer Price Index,PPI),又称商品批发物价指数,是一个关键的宏观经济指标,用于衡量原材料、半成品及最终产品在不同生产阶段的价格变动情况。这一指数不仅反映了工业企业产品出厂价格的变动趋势和程度,还为我们提供了观察生产领域价格变动的重要视角。因此,PPI 在政府制定经济政策和进行国民经济核算时扮演着举足轻重的角色。PPI 指数的计算公式如下:

$$PPI = \frac{当年的价格}{基年的价格} \times 100\% \quad (13\text{-}2)$$

PPI 的优点在于其能够在最终产品价格变动之前,就提供关于生产投入品及非零售消费品价格波动的信息。这使得政策制定者能够提前预判这些价格变动对最终进入流通的零售商品价格可能产生的影响,从而作出更为精准的决策。PPI 也存在一定的局限性,其主要关注的是商品在生产与批发环节的价格变动,而未能涵盖劳务产品及商品最终销售价格的波动情况。因此,PPI 所反映的价格波动幅度通常小于零售商品的价格波动幅度,这在一定程度上限制了其作为全面衡量价格变动指标的效用。

2. 消费价格指数

消费价格指数(Consumer Price Index,CPI),又称零售物价指数或生活费用指数,在我国现行的统计体系中,常作为"物价"的指代。CPI 是反映居民个人消费商品和劳务零售价格变动情况的重要指标,涵盖了食品、衣着、医疗保健和个人用品、交通和通信、娱乐教育文化用品、居住、杂项商品和服务八大类别。这一指数的变化不仅能够揭示家庭及居民个人日常消费价格水平的变动程度和趋势,还能反映百姓生活所承受的价格上涨压力。CPI 指数的计算公式如下:

$$CPI = \frac{一组固定商品按当期价格计算的价值}{一组固定商品按基期价格计算的价值} \times 100\% \quad (13\text{-}3)$$

CPI 的优点在于其能够及时反映消费品供给与需求之间的关系,且数据易于收集,能够迅速直接地反映影响居民生活的价格变动趋势。其缺点也较为明显,即覆盖范围相对狭窄,仅包含社会最终产品中的居民消费品部分,难以全面反映整体情况。例如,品质的改善可能导致部分消费品价格上涨,但并不一定意味着商品劳务价格总水平的上升,而消费价格指数在这方面可能无法准确反映,从而夸大物价上涨幅度的风险。

在国际上,CPI 常被用作观察某个国家或地区是否发生通货膨胀或通货紧缩的重要指标。

以上两种价格指数从不同维度反映通货膨胀率，计算出的变动趋势大致相同。然而，由于各种指数所涵盖的范围各异，计算出的具体数值存在差异。在三种指数中，CPI 与人们的生活水平关系最为紧密，通常作为衡量通货膨胀率的主要指标。

二、通货膨胀的类型及成因

（一）通货膨胀的类型

根据通货膨胀的严重程度与特征，通常将其划分为以下四种类型。

1. 爬行的通货膨胀

爬行的通货膨胀，又称温和的通货膨胀，表现为物价水平持续但较低地上升，上涨率一般控制在两位数以下，不超过 10%。这种通货膨胀是可预期的，经济学家认为，适度的价格上升对经济和收入的增长具有积极的刺激作用。在此情境下，物价相对稳定，货币信任度较高，人们愿意签订长期货币合同，因为相对价格变动较小。

2. 加速的通货膨胀

加速的通货膨胀，又称奔腾的通货膨胀或急剧的通货膨胀，特点在于通货膨胀率较高，价格总水平以每年两位数甚至三位数的速度迅猛上涨。这种通货膨胀导致货币信心动摇，经济和社会秩序紊乱，是一种危险的通胀形态。例如，20 世纪 70—80 年代的阿根廷、智利和巴西就经历了高达 50%~700% 的年通货膨胀率。在此情境下，货币贬值迅速，人们减少货币持有量，资本外逃，金融市场萎缩，经济行为发生严重扭曲。

3. 超速的通货膨胀

超速的通货膨胀，又称恶性的通货膨胀，其特点在于通货膨胀率极高，通常达到三位数以上，且完全失控。这种通货膨胀会导致金融体系崩溃，经济陷入绝境，甚至引发政权更迭。这种极端的通胀形态在经济发展史上较为罕见，通常发生在战争或社会大动乱之后。

请阅读案例 13-2，了解恶性通货膨胀对社会生活的影响。

案例 13-2　　　　　　国民党政府 1945—1949 年的恶性通货膨胀

1945 年 8 月抗日战争结束时，法币的发行额是 5569 亿元，比 1937 年 6 月的 14.1 亿元，增加了惊人的 392 倍，但与此后的法币发行量相比，这一数字仅是冰山一角。1945 年底，法币发行量已突破 1 万亿元大关，飙升至 10319 亿元，与同年 8 月相比，几乎翻了一番；1946 年底更增至 37261 亿元，比上年底增加了 2.6 倍；1947 年 12 月高达 331885 亿元，在 1946 年的基础上又增加近 8 倍；1948 年 8 月 21 日，发行量竟然高达 6636946 亿元，短短的 8 个月里增加了 19 倍，币值已贬到不及其本身纸价及印刷费的价值。

面对这一局势，国民党政府孤注一掷，决定发行新的通货金圆券来取代法币，以 1∶300 万的比例收兑无限膨胀的法币。1948 年 8 月 19 日新方案正式实施，规定新币每元含金量为纯金 0.22217 公分，发行总限额为 20 亿元。但政府当局很快自食其言，1948 年 12 月，金圆券的发行量已达 83.2 亿元，超过限额 4 倍多；1949 年 1 月，再飙升至 208 亿元，相当于发行最高额的 10.4 倍；1949 年 5 月上海解放前夕，更猛增至 679458 亿元，是金圆券发行限额的 33972 倍。如果以 1∶300 的兑换率折合成法币，数值竟高达 2038374000000 亿元，相当于 1937 年 6 月的 144565531900 倍。票面额也日益庞大，从 100 元到 1 万元、10 万元，最后竟出现 50 万元、100 万元一张的巨额大票。当人们拿着这 100 万元的大钞也换不了一袋大米时，金圆券最后遭到了人民的拒用。

4. 受抑制的通货膨胀

受抑制的通货膨胀，又称隐蔽的通货膨胀，是指虽然社会经济中存在通货膨胀的压力或潜在的价格上升危机，但由于政府实施严格的价格管制政策，通胀并未真正爆发。一旦政府放松或解除价格管制，就可能引发严重的通货膨胀。一些计划经济体制国家在经济改革过程中遇到的通胀问题，即属于此类情形。例如，前苏联解体后的俄罗斯，在价格管制放开后，五年内价格飙升了1000倍，给民众带来了巨大痛苦。

（二）通货膨胀的成因

通货膨胀的成因较复杂，主要有以下几种。

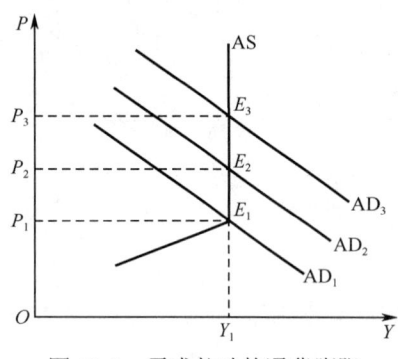

1. 需求拉动的通货膨胀

需求拉动的通货膨胀是从需求的角度来解释通货膨胀的成因，其核心在于总需求的过度增长。当总需求超过总供给时，市场上商品和服务的供应无法满足需求，从而导致物价普遍上涨，形成通货膨胀。

根据凯恩斯的有效需求理论，国民收入与物价水平由总供给曲线AS与总需求曲线AD的交点决定。以横轴代表国民收入，纵轴代表物价水平，如图13-1所示。

一种情况是，Y_1表示充分就业时的实际国民收入，即总供给的最高限。当总需求水平为AD_1时，AD_1与AS相交于点E_1，此时E_1为总供求均衡点。E_1对应的国民收入Y_1为均衡国民收入，该收入与充分就业的国民收入相等，此时的物价水平为P_1。然而，当某种原因导致需求增加时，总需求曲线从AD_1移动到AD_2。由于经济已经处于充分就业状态，实际的总供给无法再增加，因此AS曲线在充分就业后会变为垂直。AD_2与AS相交于E_2点，由于供给保持不变而需求增加，市场将出现供不应求的情况，进而推动物价上涨，使物价水平从P_1上升到P_2。若需求继续增加，如增加到AD_3水平，物价将进一步上涨至P_3。

图13-1 需求拉动的通货膨胀

由此可见，在充分就业之后，总需求的增加必然导致物价上涨，从而形成通货膨胀。这种由需求过度引起的通货膨胀被称为纯粹的需求拉动通货膨胀，凯恩斯将其称为"真正的通货膨胀"。

另一种情况是，如图13-2所示，最初总需求为AD_1，均衡点为E_1，此时的均衡国民收入为Y_1，均衡价格为P_1。当需求增加到AD_2时，由于社会还没有实现充分就业，企业具备增产潜力，因此新的均衡点为E_2，此时均衡国民收入由Y_1增加到Y_2，但物价水平也由P_1升到P_2。如果需求继续增加至AD_3，新的均衡点为E_3，均衡国民收入为Y_3，物价不平上升为P_3。在E_3点社会已实现充

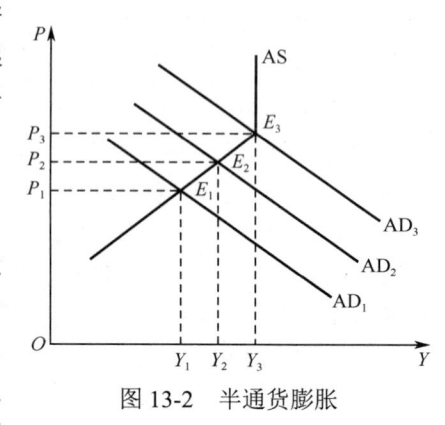

图13-2 半通货膨胀

分就业，如果继续增加需求，则供给量无法再增加，之后的供求均衡情况则和上一种情况相同。这说明，在社会没有实现充分就业时，尽管供给量可以增加，但过度的需求仍然会使物价上升。凯恩斯称这种现象为"半通货膨胀"。

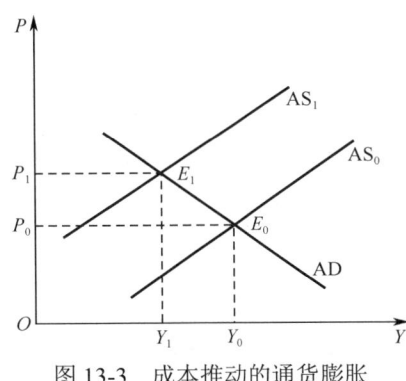

2. 成本推动的通货膨胀

成本推动的通货膨胀是从总供给的角度来分析通货膨胀的成因。该理论认为，从总供给的角度看，引起通货膨胀的根源在于成本的上升。成本的增加意味着只有在高于以前的物价水平下，才能达到与以前相同的产量水平，即总供给曲线向左上方移动。在总需求不变的情况下，总供给曲线向左上方移动使国民收入减少，物价水平上升，这种物价上升就是成本推动的通货膨胀。

如图 13-3 所示，原来的总供给曲线 AS_0 与总需求曲线 AD 决定了均衡的国民收入为 Y_0，均衡的物价水平为 P_0。成本增加，总供给曲线向左上方移动到 AS_1，这时总需求曲线没有变化，均衡的国民收入为 Y_1，均衡的物价水平为 P_1。物价水平由 P_0 上升到 P_1，是由于成本的增加引起的，这就是成本推动的通货膨胀。

3. 供求混合推动的通货膨胀

供求混合推动的通货膨胀是从总需求与总供给相互作用的角度，深入分析通货膨胀形成的根本原因。如果通货膨胀起初由需求拉动引发，过度的需求将直接推动物价上升。随着物价的上涨，企业的生产成本，尤其是劳动力成本，也会随之增加，即供给成本上升。这种成本上升又会进一步推动成本推动型的通货膨胀，形成一种正向的循环效应。

图 13-3 成本推动的通货膨胀

反之，如果通货膨胀最初由成本推动引发，那么工资的上升和利润的增加将促使消费意愿和消费能力增强，从而导致总需求不断增加。随着总需求的攀升，物价水平将进一步受到拉动，最终演化为需求拉动型的通货膨胀。

因此，供求混合推动的通货膨胀是一个复杂的动态过程，其中总需求与总供给相互作用，互为因果，共同推动通货膨胀的形成与发展。

4. 结构性通货膨胀

结构性通货膨胀源于经济结构的特点，表现为不同经济部门之间的供需失衡。经济体系中，部门之间可分为产品供不应求与供过于求两类。供不应求的部门为满足市场需求，需扩大生产规模，增加生产要素投入。而供过于求的部门则面临生产缩减、资源与劳动力过剩的困境。

在理想情况下，若资源与劳动力能迅速从供过于求的部门流向供不应求的部门，结构性通货膨胀则不会发生。然而，现实中受到多种因素制约，如行业壁垒、技能不匹配、地域限制等，使得资源与劳动力的流动并不顺畅。因此，供不应求的部门因资源与人力的短缺，导致资源价值上升，工资水平提高。而供过于求的部门尽管资源与人力过剩，但其资源价值并未下降，工资水平亦呈上升趋势。

此外，不同经济部门的劳动生产率存在差异，如加工部门劳动生产率高，而服务部门劳动生产率相对较低。在此情况下，由于各部门间的工资攀比行为，整体社会的工资增长率可能超过劳动生产率,进而引发通货膨胀。这种因经济结构特点与劳动生产率差异导致的通货膨胀,亦属于结构性通货膨胀的范畴。

综上所述,结构性通货膨胀是经济结构特点、供需失衡及劳动生产率差异共同作用的结果,表现为成本上升和工资水平增长,进而引发整体物价水平的上升。

课堂练习——思考与讨论

随着智能手机和电动汽车的普及,锂电池需求大幅增加,导致锂电池原材料价格持续上涨。请问这种原材料价格上涨是否可能引发通货膨胀?如果是,那么背后的主要成因是什么?

三、社会生活中的通货膨胀理论

在社会生活中,人们会经常购买产品,无论是生活必需品还是奢侈品,都需要货币进行交易,这个时候人们就要考虑一些问题,手中的货币能够购买到多少物品,商品价格会不会上涨,货币购买力是否会下降,银行存款是否会贬值?为了解决这些疑虑,就需要了解社会生活中的通货膨胀理论。

(一)通货膨胀对经济的影响

在通货膨胀的初始阶段,通常表现为短暂的经济繁荣,但随着时间的推移,其负面影响逐渐显现。从长期来看,通货膨胀对经济的危害性极大,对生产、流通、分配和消费都有破坏性作用。

1. 通货膨胀对生产的影响

(1)通货膨胀会破坏社会再生产的正常运行。在通货膨胀期间,由于物价上涨的不均衡,造成各生产部门和企业之间利润分配失衡,导致经济中的一些稀有资源被错误地配置到非生产领域,造成资源浪费,妨碍社会再生产的正常进行。

(2)通货膨胀使生产性投资减少,不利于生产的长期稳定发展。商品价格的持续上涨使企业的生产成本迅速上升,资金利润率下降,促使原生产领域的资金流向获利高的流通领域和金融市场,最终导致生产投资规模减小,生产活动受到抑制。

(3)通货膨胀增加了企业技术革新的成本,企业不愿意或没有能力进行技术改造,这种情况必将导致技术进步变慢,生产效率降低。

2. 通货膨胀对流通的影响

(1)通货膨胀使流通领域原有的平衡被打破,正常的流通受阻。物价上涨不均衡,商品会冲破原有的流通渠道,向价格上涨快的地区流动,这破坏了企业原有的购销渠道,阻碍了商品的正常流通。

(2)通货膨胀还会在流通领域加剧供给与需求之间的矛盾。由于物价持续上涨,货币购买力下降,人们不愿意储蓄货币,提前进行消费。同时,投机者会利用市场动荡趁机哄抬物价、囤积商品,导致市场供需矛盾严重,流通领域的秩序变得更加混乱。

(3)通货膨胀期间,由于币值降低,潜在的货币购买力会逐渐转化为现实购买力,这进一步加大了货币供应量,加快了货币流通速度,也进一步加剧通货膨胀,使流通领域的混乱状况更加严重。

3. 通货膨胀对分配的影响

（1）通货膨胀改变了社会成员间原有的收入和财富占有比例。虽然通货膨胀可能导致人们的名义货币收入增加，但由于社会各阶层收入来源的差异，部分人的实际收入可能下降。固定收入者和低收入者，如依赖固定工资、固定退休金和福利救济金生活的人群，往往成为通货膨胀的最大受害者。这种不公正的国民待遇再分配现象容易引发社会不稳定。

（2）通货膨胀阻碍了国民收入的初次分配和再分配的顺利进行。从以企业为主的初次分配来看，币值降低导致企业销售收入失真。企业据此支付工资、提取折旧及企业留利时，部分资金无法换取相应的生活资料和生产资料，从而影响了企业再生产的正常进行。从财政再分配的角度看，由于物价上涨，财政分配的货币资金无法完全转化为实际物资，导致财政分配在实物形态上无法实现。此外，追加的财政支出给财政平衡带来了困难。从银行融资的角度来看，物价上涨导致银行存款实际利率下降，使得存款者减少存款，增加现金持有量。同时，企业为保证生产需求不断增加对银行贷款的依赖，加剧了银行信贷资金的供需矛盾，严重时甚至可能引发信用危机。

4. 通货膨胀对消费的影响

（1）在通货膨胀的情境下，物价普遍上涨，货币购买力下降，导致居民通过分配所获得的货币无法维持在原有的消费水平，实际上降低了居民的收入。

（2）物价上涨的不均衡性和市场上的投机囤积行为，进一步加剧了消费者所承受的经济压力，使其损失更为显著。

综上所述，通货膨胀虽然可能带来短暂的经济刺激，但其对经济的长期危害不容忽视。因此，抑制通货膨胀，有利于维护经济的稳定和保障消费者的利益。

（二）抑制通货膨胀的对策

从长期来看，通货膨胀的消极影响深远而显著，积极作用相对有限，因此，各国政府都把抑制通货膨胀作为重要的宏观经济目标。

1. 控制货币供应量

由于通货膨胀形成的直接原因是货币供应过多，治理通货膨胀的主要对策之一，就是中央银行运用各种货币政策工具，有效地控制货币供应量，实行适度从紧的货币政策，控制货币投放与货币需求量相匹配，稳定币值，进而稳定物价。

2. 调节和控制社会总需求

对于需求拉动的通货膨胀，调节和控制社会总需求至关重要。各国政府对于社会总需求的调节和控制，主要是通过制定和实施正确的财政政策和货币政策来实现。在财政政策方面，主要是大力压缩财政支出，努力增加财政收入，确保收支平衡，避免赤字财政。在货币政策方面，主要采取紧缩信贷、控制货币投放、减少货币供应总量的措施。

3. 增加商品的有效供给，调整经济结构

治理通货膨胀必须从两个方面同时入手，一方面是控制总需求，另一方面是增加总供给。一般来说，增加有效供给的主要手段包括降低成本、减少消耗、提高投入产出比，进而提升经济效益。同时，还需调整产业和产品结构，重点支持短缺商品的生产。

4. 抑制通货膨胀的其他政策

除了控制需求、增加供给和调整结构，还可采用限价、减税、指数化等其他的治理通货膨胀的政策。

总之，通货膨胀是一个复杂多变的经济现象，其产生的原因是多方面的。因此，在治理过程中需根据具体原因有针对性地采取不同对策，以实现精准施策，有效治理。

扩展阅读

通货膨胀压力逐渐传导　北欧国家食品价格持续上涨

模块十四 经济增长理论及其应用

学习目标

【知识目标】

理解经济增长的理论基础及衡量指标。

掌握经济增长的六个基本特征。

掌握经济增长的决定因素,包括人力资源、自然资源、资本形成、技术变革与创新等。

理解经济增长在社会生活中的应用,包括其益处和可能的代价。

【能力目标】

能够全面总结经济增长的特征及其对社会生活的影响。

能够辩证地分析经济增长与经济发展的关系,理解经济增长可能对经济发展产生的影响。

【素质目标】

能够宏观关注全球经济增长数据,并运用相关知识初步分析经济走势。

形成改革创新的时代精神,理性看待中国的经济发展。

加深对中国和世界经济关系的认识,培养国际视野和责任感。

单元一 经济增长理论

案例引入

高收入国家、中等收入国家与低收入国家之间的差异

在世界各国,人们不难发现生活水平存在显著差异。部分高收入国家的人均收入竟高达低收入国家的十余倍,这种悬殊的收入差距直接体现在生活质量的巨大鸿沟上。

高收入国家普遍拥有更多的汽车、先进的高科技产品、优质的食品供应、安全舒适的住房条件、卓越的医疗保健体系,以及较长的预期寿命。即便在同一个国家内,从长时间来看,生活水平的变迁亦显著。以美国为例,过去一个世纪,按人均实际 GDP 衡量的平均收入以每年约 2%的速度稳步增长。尽管这一数字看似微小,但这种增长率实则意味着每 35 年,平均收入便能翻一番。因此,当今美国人的平均收入已是一个世纪以前的八倍之多。

不同国家和地区之间的经济增长率存在巨大差异。例如,在东亚的一些国家和地区,如新加坡、韩国、中国香港和中国台湾,近几十年来,平均收入以每年约 7%的速度迅猛增长。这一增长率意味着每10年，平均收入便能实现翻番。这些国家和地区在短短一代人的时间内，便成功地从全球低收入行列跃升至富裕之列。相较之下，部分非洲国家的平均收入增长则长期缓慢甚至停滞不前。

那么，究竟是什么原因导致了这些不同的情况？高收入国家是如何维持其高水平的生活质量，而低收入国家又应如何制定有效的政策，以加速经济增长，追赶中高收入国家呢？

知识学习

一、经济增长的定义

经济增长，指的是一个国家或地区在特定时间段内（通常为一年）所实现的国内生产总值或国民收入的增量，即总产出量的提升。衡量这一概念，通常将国内生产总值或国民收入的变动率作为核心指标。而经济增长率，则具体反映了该国在一年内实际总产出的年增长率或人均实际收入的年增长率，是评估经济发展状况的关键数据。

二、经济增长的特征

诺贝尔经济学奖得主库兹涅茨（Kuznets）归纳了经济增长的六个基本特征，这些特征共同刻画了经济增长的多元面貌。

第一，显著的人口增长与产量高增长并存，是经济增长过程中的一大特点。统计资料充分证明，自1750年以来，发达国家的人均产量以年均约2%的速度增长，同时人口也以年均约1%的速度增长，从而推动总产量年均增长约3%。

第二，生产率本身的增长也是迅速的。这体现在所有生产要素的投入产出率均保持高位，特别是劳动生产率和其他要素生产率的显著提升。技术进步是推动生产效率提高的关键因素，进而促进了产量的高增长，即使在人口迅速增长的情况下，人均产量依然保持高增长态势。

第三，经济结构的变革速度迅猛，涉及从农业向非农业，以及从工业向服务业的转移，生产单位规模的变化，劳动力职业状况和消费结构的转变等。库兹涅茨对产业结构的变化进行了深入分析，指出农业部门在国民收入和劳动力中的比重持续下降，而工业部门和服务部门的比重则有所上升，尤其在服务部门，劳动力的相对比重几乎在所有国家都呈上升趋势。

第四，社会结构与意识形态的迅速变革是经济增长的又一显著特征。城市化进程加速，教育与宗教逐渐分离，这些都是社会现代化的重要组成部分，也是经济增长的必然结果。

第五，经济增长的影响在全球范围内迅速扩大。发达国家凭借其技术优势，特别是运输和通信技术，通过和平或战争的方式将增长的影响扩展至世界其他地区，使全球经济增长成为一个不可分割的统一体。

第六，世界范围内的增长情况呈现出不平等性。目前，仍有占世界人口四分之三的国家处于落后状态，部分国家的经济成就远低于现代技术潜力所能达到的最低水平。在国际范围内，贫富差距正在拉大。

这六个特征中，前两个主要涉及总量的增长，中间两个涉及结构的转变，后两个则涉及国际间的扩散与不平等。这些特征相互关联，共同标志着一个特定的经济时代。

三、经济增长的衡量指标

经济增长的衡量，通常采用国内生产总值（GDP）的增长率作为核心指标。然而，在运用此指标时，需特别注意以下几个问题。

第一，必须剔除 GDP 增长中物价上涨的因素。这是因为 GDP 有名义值和实际值之分，真正反映经济增长的，应当是实际 GDP 的变动情况。举例来说，若某年 GDP 名义上增长了 20%，但物价同样上涨了 20%，那么实际 GDP 并未实现增长。

第二，人口变动因素亦不可忽视。若某一国家在某时期内 GDP 增长了 3%，同时人口也增长了 3%，那么按人口平均计算的 GDP 并未增加，人们的实际生活水平并未得到实质性提升。

第三，衡量经济增长时，不能仅凭国内生产总值是否增加来判断。这是因为经济增长研究的是经济中的长期趋势，而非短期现象。短期内观察到的经济增长现象，并不能代表长期内的经济增长情况。经济发展具有周期性变化，每个经济周期内，复苏阶段的经济水平可能高于谷底阶段，而高峰阶段的经济水平又可能高于复苏阶段。因此，简单地根据短期内的数据得出经济增长的结论是不科学的。衡量经济是否增长，应至少观察一个完整经济周期的长度，只有在下一个经济高峰超过上一个高峰时，才能确认实现了真正的经济增长。

四、经济增长与经济发展的关系

经济增长可视为"量"的概念，而经济发展则是一个更为复杂的"质"的概念。

从广义上讲，经济发展不仅涵盖了经济增长，还涉及国民生活质量的提升，包括教育水平、健康标准、人均住房面积等关键指标的提高，以及整个社会经济结构与制度结构的整体进步。

通常，经济发展具备五个显著特征：一是人均产值增长率保持在较高水平；二是生产力迅速提升；三是经济结构转变迅速；四是社会结构和思想观念发生深刻变革；五是加强与国外经济的联系。因此，经济发展是一个综合性概念，全面反映了经济社会的总体发展水平。鉴于经济发展问题的复杂性，经济学中有一门专门研究经济发展的学科，即"发展经济学"，而宏观经济学则侧重对经济增长理论的探讨。

经济增长是经济发展的基础，只有在实现了一定量的增长后，才能谈及质量的提升。经济发展是经济持续增长的自然结果。然而，经济增长并不等同于经济发展。虽然某些经济增长能够推动经济发展，但也存在高投资、高消耗、高污染的增长模式，这种增长可能导致经济结构扭曲、贫富分化加剧、资源破坏及环境恶化等问题，进而阻碍可持续发展。

请阅读案例 14-1，了解唐朝贞观之治时期经济发展的卓越成果。

案例 14-1　　　　　　　　　　　　贞观之治

贞观年间，唐王朝的富强是当时的人们有目共睹的。百姓丰衣足食，安居乐业，夜不闭户，路不拾遗，牛马遍野，呈现一派繁荣景象。经济高度发达、人民的负担相对较轻。

实用经济学

大量的荒地得以开垦，粮食充盈，货币充裕。国家司法清明，一年内判处死刑者仅二十余人，基本上做到了不使用刑罚。唐王朝在国际上的威望也达到了顶点，对外战争接连取得胜利，疆域空前扩大。生活在贞观之治时期的绝大多数人民都是很幸福的，因为那个时候经济发达，人民的生活水平很高，国家拥有强大的经济实力和军事实力，民众免受战乱之苦。

经济发展就是贞观之治的一个重要标志。

课堂练习——思考与讨论

请说明经济增长与经济发展之间的关系，经济增长的主要特征有哪些？

扩展阅读

2023 年中国 GDP 同比增长 5.2%

单元二　经济增长的决定因素

案例引入

新加坡的绝地崛起

新加坡的发展史是世界上具备传奇、戏剧色彩、励志、正能量的篇章。新加坡面积只有 719 平方公里，相当于北京市面积的 1/22，等同于边长为 27 公里的正方形土地，一辆时速 120 公里的汽车，只需要 14 分钟就可以横穿整个新加坡。独立后的新加坡经济突飞猛进，一跃成为"亚洲四小龙"之一。根据 2023 年的数据，新加坡的人均 GDP 高达 82807 美元，位列亚洲第二，世界第六。

知识学习

无论是高收入国家、中等收入国家还是低收入国家，经济增长均依赖于以下四个核心要素。第一，人力资源，涵盖了劳动力的供给、教育水平、纪律性及激励机制；第二，自然资源，包括土地、矿产、燃料及环境质量；第三，资本，涉及机器设备、工厂设施、道路交通等基础设施；第四，技术，涵盖科学研究、工程技术、管理实践及企业家的创新能力。这四个要素共同构成了推动经济增长的四大支柱，缺一不可。

一、人力资源

劳动力投入包括劳动力的数量和劳动大军的技术水平。经济学家普遍认为,所投入的劳动力的质量,如劳工技术能力、知识储备和纪律性,是一国经济增长的核心要素。一个国家可以购买最先进的通信设备、计算机、发电装置和战斗机,但这些先进设备只有那些具备专业技能、受过良好训练的劳动力才能使用,并充分发挥作用。因此,提高劳动力的知识水平、健康状况、纪律性及操作技能,都将极大地提高劳动生产率。

请阅读案例 14-2,了解以深圳为例的省市对人力资源的重视。

案例 14-2　　深圳人才日:汇聚全球英才,共筑创新之城

"创新之道,唯在得人;得人之要,必广其途以储之。"近年来,深圳始终贯彻习近平总书记关于新时代人才工作的重要论述,以先行示范区的姿态,积极担当,锐意改革,不断创新。深圳紧紧抓住粤港澳大湾区建设高水平人才高地的历史机遇,全力开创新时代人才工作新篇章,为建设世界重要人才中心和创新高地不懈努力,广纳英才,以人才之力推动城市发展。

每年的 11 月 1 日,深圳都会迎来一个特别的节日——"深圳人才日"。这一节日的设立,不仅是深圳为吸引全球人才而设立的专属节日,更是深圳致力于"聚天下英才而用之"、打造创新人才高地的具体行动。在这一天,深圳向全球人才发出诚挚的邀请,展示其开放包容、尊才爱才的城市形象,同时,也向全球传递出深圳坚定不移地吸引和汇聚全球优秀人才的决心与魄力。"深圳全球创新人才论坛"作为"深圳人才日"的重要活动之一,更是吸引了众多顶尖人才的参与。这一论坛不仅为人才提供了一个交流思想、分享经验的平台,也进一步彰显了深圳对人才的重视和期待。

深圳人才日的设立,是深圳人才工作的重要里程碑,标志着深圳在吸引和培育人才方面迈出了坚实的步伐。未来,深圳将继续以更加开放的姿态、更加优惠的政策、更加完善的服务,吸引更多的全球英才来到这里,共同书写创新发展的新篇章。

二、自然资源

自然资源作为产出的重要传统要素之一,涵盖了耕地、石油和天然气、森林、水力及矿产资源等诸多方面。高收入国家如加拿大和挪威,凭借其丰富的自然资源禀赋,在农业、渔业和林业等领域取得了显著的发展成效,从而实现了生产要素的高效利用。美国得益于其广袤而肥沃的土地,成为全球最大的谷物生产和出口国。

然而,需要指出的是,在当今全球经济格局下,自然资源的拥有量并非经济发展的唯一决定因素。以美国纽约为例,其经济繁荣主要归功于高度发展的服务业。同样,一些自然资源相对匮乏的国家,如日本,通过大力发展劳动密集型和资本密集型产业,也实现了经济的昌盛。此外,中国香港尽管在面积和资源上与俄罗斯相差甚远,但其国际贸易的发展却远胜于后者。

三、资本形成

在经济学中，资本作为生产过程中的重要要素，其积累与运用对经济发展具有深远影响。历史长河中，资本积累的故事层出不穷，构成了经济学说史中的核心篇章。

19世纪，横跨北美大陆的铁路建设不仅将工商业引入了美国的心脏地带，更通过资本的投入与积累，推动了当地经济的腾飞。进入20世纪，汽车、公路和电厂的投资热潮更是极大地提升了生产率，为构建全新的工业体系奠定了坚实基础。而在当今时代，电脑和信息高速公路则成为新的资本积累焦点，其在推动21世纪经济发展中的作用，可以与昔日的铁路和高速公路相媲美。

资本的形式多种多样，不仅包括物质资本，如工厂、设备，还包括金融资本和人力资本等。这些不同形式的资本在经济发展中相互交织、共同作用，形成了推动经济增长的强大动力。然而，资本的积累往往需要以牺牲当前消费为代价，特别是在经济快速增长的国家，新资本品的投资往往占据重要地位。

除了直接生产工具的投资，政府在社会基础资本方面的投入也至关重要。这些投资涉及公路、灌溉和引水工程、公众医疗保健事业等大型项目，虽然整体性强、不可分割，但对于推动经济发展和提升社会福利具有重大意义。由于这些工程通常具有外部经济或溢出效应，私人公司往往难以承担其投资与经营，所以政府必须介入，以确保社会基础设施投资的有效进行。

资本作为经济发展的重要驱动力，其积累与运用对于推动经济增长、提升社会福利具有不可或缺的作用。在未来，随着科技的进步和经济的发展，资本的形式和运用方式也将不断演变和创新，为经济发展注入新的活力。

四、技术

除上述讨论的三个传统因素外，一个国家人民生活水平的快速提高还依赖于第四个重要因素——技术的进步。历史上，一个国家经济发展从来不是一种简单复制的过程，如单纯增加钢铁厂或电厂的数目。事实上，欧洲、北美和日本的生产力之所以取得巨大提升，正是得益于发明和技术创新。

技术变革是指生产过程中的技术发明或新产品、新服务的引进。蒸汽机、发电机、内燃机、巨型喷气发动机、复印机和传真机等作业流程方面的技术发明，显著地提高了劳动生产率。这类基础性的生产发明还包括电话、收音机、飞机、照相机、电视机和盒式录像机等。对当今社会最有影响的技术进步发生在计算机领域，一台小巧的笔记本电脑的性能已远胜于20世纪60年代速度最快的电脑，这些发明都是技术变革中的里程碑事件。实际上，技术变革由一系列或小或大的技术进步组成，共同推动社会进步和经济发展。

课堂练习——思考与讨论

经济增长的关键要素是什么？

> **扩展阅读**

坚持科技创新引领发展

单元三　社会生活中的经济增长

> **案例引入**

共建"一带一路"，为世界经济增长开辟新空间

十年砥砺前行，十年春华秋实。十年来，弘扬和平合作、开放包容、互学互鉴、互利共赢的丝路精神，"一带一路"成为各方共商共建共享的和平之路、繁荣之路、开放之路、绿色之路、创新之路、文明之路，为世界经济增长注入新动能，为全球发展开辟新空间，为国际经济合作打造新平台。

共建"一带一路"开辟了更广泛的区域经济合作空间。围绕基础设施，以"六廊六路多国多港"为基本架构，加快推进共建国家多层次、复合型基础设施网络建设，基本形成"陆海天网"四位一体的互联互通格局。围绕产业合作，深化钢铁、资源能源、农业等传统行业合作，探索数字经济、新能源汽车、核能与核技术、5G 等新兴产业合作。围绕产业链、供应链，增强共建国家之间产业链的融合性、互动性、协调性，推动产业链升级，提升在全球产业链、供应链、价值链中的整体位置。

（来源：光明日报）

> **知识学习**

一、经济增长的好处

经济增长带来的益处是多方面的。首先，经济增长能够普遍提升人民的生活水平，通过增加就业机会、提高工资水平等方式，有效提高社会成员的生活质量。其次，经济增长有助于促进收入分配的平等化。随着国民产出的不断增加，收入分配得以更为合理地调整，减少了贫富差距，有助于社会稳定。此外，经济增长还能够推动生活方式的转变。随着人们平均收入水平的提高，人们的需求层次也随之提升，从而促进了生活方式的多元化和升级。最后，经济增长能够增强国家的综合实力，提升国家和民族在国际舞台上的地位。

二、经济增长的代价及引发的争议

（一）经济增长的代价

经济增长在推动社会物质繁荣的同时，也引发了环境污染、资源耗竭、社会问题和心理压力等负面效应。经济学家米香对此进行了深入剖析，他指出，技术进步虽然在一定程度上提升了人们的生活质量，但与之相伴的是人们日益加剧的孤立与隔阂，以及社会不平等的扩大，这些都导致人们的生活质量在某种程度上有所下降。

（二）增长极限论的核心观点

罗马俱乐部提出的增长极限论，主张经济增长和人口扩张的现有模式将不可避免地导致地球资源的耗竭和环境的崩溃。该理论认为，由于地球的自然资源有限，且环境对污染的吸收能力存在极限，因此，经济增长和人口增长最终将达到一个无法逾越的极限点。为避免这一灾难性的后果，增长极限论主张通过全球性的合作与协调，实现经济和人口的零增长或负增长，以确保地球资源的可持续利用和环境的稳定。

（三）零增长观点的争议

零增长观点，即主张通过停止或大幅减缓经济增长来避免资源枯竭和环境破坏，引发了广泛的争议。

支持者认为，当前的经济增长模式已对地球环境造成了巨大压力，只有通过减少生产和消费，才能实现可持续发展。他们认为，技术进步虽然重要，但并不能完全解决资源短缺和环境破坏的问题，因此，必须从源头上控制经济增长的速度和规模。然而，反对者则指出，零增长观点过于悲观和理想化。他们认为，经济增长是消除贫困、提高生活水平和推动社会进步的关键动力，简单地追求零增长可能导致经济停滞和社会不稳定。此外，反对者还强调，技术进步和制度变革有望为人类提供更高效、更环保的经济发展方式，从而在不损害环境的前提下实现持续增长。

综上所述，关于经济增长的代价及引发的争议仍在持续。我们需要更加深入地研究和探讨如何在保障经济增长的同时，实现环境保护和社会公平，以推动人类社会朝着更加可持续和繁荣的方向发展。

课堂练习——思考与讨论

请结合所学内容，分析经济增长对一个国家或地区带来的优势与劣势，并探讨如何在实现经济增长的同时，有效应对和缓解其带来的负面效应。

扩展阅读

锚定绿色低碳 建设美丽中国

模块十五 经济周期理论及其应用

学习目标

【知识目标】

理解经济周期理论及特征。

掌握经济周期的阶段划分，包括经济衰退、萧条、复苏、繁荣四个阶段，以及顶峰和谷底两个转折点。

掌握经济周期的四种主要类型及特点，包括康德拉季耶夫周期、朱格拉周期、基钦周期和熊彼特周期。

【能力目标】

能够根据经济表现识别经济周期的不同阶段。

掌握经济周期的衡量指标及其在实际经济分析中的应用。

能够运用经济周期理论对经济波动现象进行分析与解释。

能够综合外因论、内因论、消费不足理论和心理理论，辩证地分析经济周期的成因。

【素质目标】

了解中国特色社会主义市场经济体制，培养创造和奋斗精神。

立足全球视野，了解国际经济环境的走向，培养国际经济分析能力。

单元一 经济周期理论

案例引入

逃不开的经济周期

《逃不开的经济周期》中有这样一段话："如此多的老练商人，因为不懂得经济衰退而变得身无分文……在未来不长的几年里，一些热爱探究经济周期规律的人，从打工者变得富裕自立。人们一生都会历经数次经济的增长、衰退、停滞和危机，对于未来生活的看法总是从乐观的高峰跌落悲观的深渊，又在某种契机下重燃希望。"如此循环往复的经济波动，就是经济周期，对于经济周期，该如何理解和把握呢？

一、经济周期的定义

经济周期,是指经济运行中周期性出现的经济扩张与经济紧缩交替更迭、循环往复的一种现象,表现为国民总产出、总收入和总就业的波动。早期的经济学家对经济周期的定义,是建立在实际的国民收入或总产量绝对量的变动基础上的,认为经济周期是指国民收入上升和下降的交替过程。现代关于经济周期的定义,是建立在经济增长率变化的基础上的,认为经济周期是指经济增长率上升和下降的交替过程。根据这一解释,衰退不一定表现为国民收入绝对量的下降,只要国民收入增长率下降即可称为衰退。因此,西方经济学中,有"增长性衰退"的说法。

二、经济周期的特征

一般而言,经济周期呈现以下三个特征。

第一,经济周期在持续时间和变化幅度上表现出显著的差异性。不同的经济周期可能具有截然不同的长度和振幅,这使得经济周期呈现出多样化的特征。

第二,每个经济周期的高峰阶段并不必然超越前一个周期的高峰。但从长期经济发展的视角来看,经济活动的整体水平呈现出上升趋势。这表明,虽然存在周期性的波动,但经济整体仍在不断发展壮大。

第三,经济周期的波动会触发经济体系内的自动调节机制,从而有助于减缓波动的幅度。这种自动调整作用在一定程度上平衡了经济周期的波动性,使经济体系更加稳定。

三、经济周期各阶段划分和特点

(一)经济周期各阶段划分

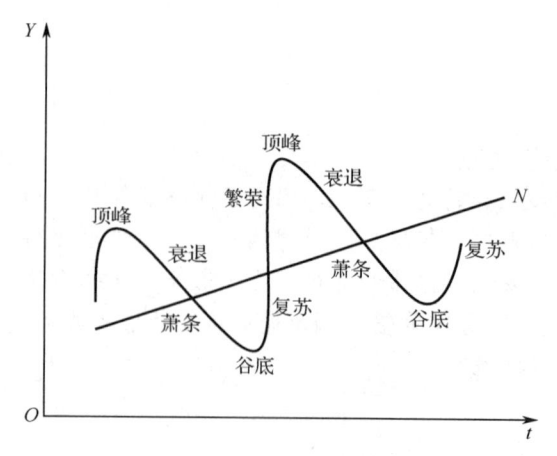

图 15-1 经济周期各阶段划分

一个典型的经济周期通常被细分为四个阶段和两个转折点,四个阶段依次是衰退、萧条、复苏、繁荣。其中,衰退与萧条阶段属于经济收缩期,复苏与繁荣阶段则为经济扩张期。衰退是从繁荣到萧条的过渡阶段,复苏是从萧条到繁荣的过渡阶段。两个转折点是顶峰和谷底,分别代表着整个经济周期的最高点和最低点,是收缩阶段与扩张阶段的转折点。

图 15-1 可以来说明经济周期的阶段划分及各阶段的特点。图中,纵轴表示国民收入 Y,横轴表示时间 t,向右上方倾斜的直线 N 是一条趋势线。可以看出,经济活动和国民收入的

变动趋势是：顶峰→衰退→萧条→谷底→复苏→繁荣→顶峰→衰退→萧条→谷底……如此周而复始。从一个顶峰到下一个顶峰的完整过程，即为一个完整的经济周期。

（二）经济周期各阶段的特点

1. 顶峰阶段

顶峰是经济活动变化的最高点，也是经济周期的上转折点。在此阶段，经济从扩张转为收缩。由于企业开工充足，实现了充分就业，现有生产能力得到充分利用，就业和产量水平达到顶峰。然而，随着价格开始下降，公众的情绪正由乐观转向悲观。

2. 衰退阶段

衰退阶段是从繁荣阶段到萧条阶段的一个过渡时期。在此阶段，经济活动水平在达到顶峰后开始下降，由于生产过剩，价格、就业和产量水平随之下降，公众对未来感到悲观。当经济继续衰退，低于正常水平时，将转化为萧条阶段。

3. 萧条阶段

萧条阶段是经济活动低于正常水平的一个时期。在此阶段，生产急剧减少，投资减少，信用紧缩，劳动力、原材料和银行贷款都显得过剩，供大于求的现象十分严重，价格水平大幅下跌，失业问题严重。萧条阶段的最低点即为谷底，此时，国民经济的总产出量达到最小。

4. 谷底阶段

谷底是经济活动变化的最低点，也是经济周期的下转折点。在此阶段，经济从收缩转为扩张。由于企业倒闭增多，失业人数增加，社会上存在大量的失业工人和闲置的生产设备，就业和产量水平跌至谷底。但价格水平开始回升，公众对未来的看法正由悲观转为乐观。

5. 复苏阶段

复苏阶段是从萧条阶段到繁荣阶段的一个过渡时期。在此阶段，经济活动走出谷底并开始回升，随着投资的逐渐增加，闲置的机器设备得到利用，价格水平和就业量也开始上升，公众对未来感到更加乐观。当经济继续复苏并高于正常水平时，将转化为繁荣阶段。

6. 繁荣阶段

繁荣阶段是经济活动高于正常水平的时期。在此阶段，生产迅速增长，投资增加，信用扩张。劳动力、原材料和银行贷款变得短缺，供不应求现象频繁发生，价格水平上涨，可能出现通货膨胀。繁荣阶段的最高点即顶峰，此时，国民经济的总产出量达到最大。此后，经济将进入衰退阶段。

课堂练习——思考与讨论

经济周期各个阶段的特征是什么？

扩展阅读

凝聚匠心　穿越周期

单元二　经济周期的类型

案例引入

巴菲特的滚雪球智慧

著名的投资大师沃伦·巴菲特曾深刻阐述："人生就像滚雪球,其精髓在于找到湿润的雪地与绵长的山坡。"这一比喻巧妙地揭示了财富积累的关键——找到适宜的时机与环境,让财富如雪球般滚动增长。

正如古代人们遵循二十四节气进行农耕活动,春耕、夏耘、秋收、冬藏,这是顺应自然规律的生存法则。同样,经济社会的发展也遵循着内在规律,经济周期、政策周期等无一不在影响着市场的起伏波动。

那么,踏准经济周期的脉搏,究竟能对财富积累产生多大的影响呢?仔细观察巴菲特的财富积累轨迹,我们不难发现一个显著的特点:巴菲特的净资产在52岁之后开始实现爆发性增长。可以说,巴菲特绝大部分的财富都是在52岁之后累积的。

从经济周期的角度来看,1972—1981年正值第四轮康波周期中的萧条阶段,这一时期各类资产价格普遍超跌。然而,巴菲特独具慧眼,在52岁(1982年)之后,当第四轮康波周期中的上升阶段正式开启时(1982—1991年),他果断抄底购入那些超跌的优质资产。这些资产在随后回升的复苏期中迎来了新生,巴菲特的资产也因此实现了快速增长。

在萧条期抄底,在回升复苏期收获回报,这正是巴菲特的智慧所在。他深谙经济周期规律,能够准确判断市场趋势,从而在合适的时机进行投资,实现财富的快速积累。这种对经济周期规律的精准把握,无疑是巴菲特成为投资大师的重要原因之一。

知识学习

一、康德拉季耶夫周期

康德拉季耶夫,这位俄国杰出的经济学家,在1925年发表《经济生活中的长期波动》一文中,首次提出了著名的"长波周期理论",又称康德拉季耶夫周期或康波周期。他深入研究后得出结论,资本主义经济中存在着平均长约50年的长期波动。通过对历史数据的分析,他将18世纪80年代至1920年的时期划分为三个明显的长波周期,每个周期都包含上升和下降两个阶段,并详细描述了各阶段的起止时间。

此外,康德拉季耶夫还就经济周期提出了五点深刻见解。第一,在每个长波的上升与下降阶段中,繁荣与萧条交替出现,上升阶段中繁荣年份较多,下降阶段中萧条年份较多。第二,在长周期的衰退期间,农业部门往往会经历较长时间的萧条。第三,虽然重大发明在长周期的衰退期间频繁出现,但这些发明往往在下一个长周期的高涨开始时才能得到大规模应用。第四,长周期繁荣的开始通常伴随着黄金产量的增长和世界市场的扩大。第五,在长周期的上升时期，战争与革命往往频繁发生。

二、朱格拉周期

1862 年，法国医生兼经济学家克里门特·朱格拉在其著作《论法国、英国和美国的商业危机及发生周期》中首次提出经济周期理论。他观察到经济周期一般为 9~10 年，并以国民收入、失业率及大多数经济部门的生产、利润、价格波动为标志。这一中等长度的经济周期后来被称为"朱格拉周期"或"朱格拉"中周期。

朱格拉在研究人口、结婚、出生、死亡等统计数据时，发现了经济事物存在的规则性波动现象。他认为，经济危机或恐慌并非孤立现象，而是社会经济运动繁荣、危机与萧条这三个阶段的组成部分。这三个阶段的循环往复构成了经济周期现象。他还指出，经济危机如同疫病一般，是发达工商业社会的一种固有现象，虽然这种周期波动在一定程度上可以被预见或采取措施缓和，但并非可以完全抑制。他强调，政治、战争、农业歉收及气候恶化等因素并非周期波动的主要根源，只是加剧了经济恶化的趋势。周期波动是经济自动发生的现象，与人民的行为、储蓄习惯及他们对资本与信用的运用方式密切相关。

三、基钦周期

英国经济学家约瑟夫·基钦于 1923 年提出了基钦周期理论。他认为，经济周期实际上包括大小两种周期。其中，小周期的平均长度为 40 个月，大周期则通常包含 2~3 个小周期（与朱格拉周期相呼应）。基钦通过分析美国和英国 1890—1922 年的利率、物价、生产和就业等统计数据，发现当厂商生产过剩时，会形成存货，从而减少生产。他将这种 2~4 年的短期调整称为"存货"周期，并观察到在 40 个月的周期内存在有规则的上下波动。

四、熊彼特周期

1936 年，奥地利经济学家约瑟夫·熊彼特以其"创新理论"为基础，对各种周期理论进行了深入的综合分析。他认为，每个长周期包含 6 个中周期，每个中周期又包含 3 个短周期。具体来说，短周期约为 40 个月，中周期约为 9~10 年，而长周期则为 48~60 年。他以重大的创新为标志，划分了三个长周期：第一个是从 18 世纪 80 年代到 1842 年的"产业革命时期"，第二个是从 1842—1897 年的"蒸汽和钢铁时期"，第三个则是从 1897 年开始的"电气、化学和汽车时期"。在每个长周期中，中等创新所引起的波动形成了若干个中周期，而在每个中周期中，小创新又引起了波动，形成了若干个短周期。

此外，经济周期还可分为主要周期和次要周期。次要周期的长度通常小于主要周期长度的一半。大多数西方经济学家认为，主要周期能够更好地展现出周期演进中的核心特征，因此应将研究重点集中在主要周期上。几乎每个主要周期都具备两个显著特点：一是生产与就业的周期波动与商品交易的货币流量相吻合；二是资本品和耐用品生产的周期性波动尤为剧烈。

> 扩展阅读

经济周期的研究

单元三　社会生活中的经济周期理论

案例引入

桑顿的苦恼

作为一位资深银行家,桑顿深感,无论时代如何变迁,在经历数年的经济繁荣之后,恐慌与危机似乎总是难以避免。回顾他所生活的那个世纪,英格兰便多次陷入经济困境:1702年、1705年、1711—1712年、1715—1716年、1718—1721年、1726—1727年、1729年、1734年、1739—1741年、1744—1745年、1747年、1752—1755年、1762年、1765—1769年、1773—1774年、1778—1781年、1784年及1788—1791年。

在这漫长的18次经济危机中,尽管经济最终总能实现自我复苏,并在多数情况下达到更高水平的稳定状态,但令人遗憾的是,这种稳定状态往往只能维持短短几年。随后,新的危机便会接踵而至,再次将经济推向崩溃的边缘。

知识学习

研究经济周期的实际应用,深入剖析其成因是至关重要的。

一、经济周期成因

19世纪以来,对导致经济周期性波动的原因,西方经济学家做了大量探讨。

(一)外因论

外因论认为,周期源于经济体系之外的因素,如太阳黑子活动、革命、战争、选举或新能源的发现、科学突破或技术创新等。

1. 太阳黑子理论

太阳黑子周期理论认为,太阳黑子活动等自然现象会影响农业收成,而农业收成又进一步影响工业生产,进而波及整个经济活动。这是因为农业收成的好坏直接影响以农产品为原料的加工工业,并通过农产品价格的波动来影响实际工资水平和购买力,进而影响投资决策，从而导致整个经济活动的波动。当气候正常、农业丰收时，农产品价格下跌，以农产品为原料的工业和非农产品工业的利润增加，工人的实际工资上涨，农民的购买力也增强，这就使工业品价格上升，促进了投资增长，推动整个经济走向繁荣。相反，太阳黑子活动异常对农业造成的不利影响则会使整个经济陷入萧条状态。太阳黑子的活动是有周期性的，从而经济也相应地经历周期性的波动。

2. 创新理论

美籍奥地利经济学家约瑟夫·阿罗斯·熊彼特在1912年所著的《经济发展理论》一书中，首次提出了具有深远影响的创新理论。熊彼特所定义的"创新"是一种从内部改变经济循环流转过程的变革性力量，本质是"建立一种新的生产函数"，即实现生产要素和生产条件的新组合，创新包括五种情形：

（1）研制新产品或发掘产品的新属性。

（2）采用全新的生产方法。

（3）开辟新兴市场。

（4）控制原材料或配件新的供应渠道。

（5）实现任何产业的新组织形态，如形成垄断地位，或者打破垄断格局。

该理论的内涵可以表示为：创新→生产效率提高→创新者盈利→其他企业效仿→对资本品需求增加→经济繁荣→创新普及→盈利机会减少→对资本品需求下降→经济危机。

在"创新理论"基础上，熊彼特又提出了他的"经济周期理论"。他认为，一种"创新"在扩散的过程中能刺激大规模的投资，进而推动经济高涨；经济高涨往往伴随着价格下跌，一旦投资机会消失，经济便会陷入衰退。由于"创新"的引进不是连续平稳的，而是时高时低的，这样就产生了经济波动或"经济周期"。

3. 政治性周期理论

根据政治性周期理论，西方经济学家将经济周期性循环的原因归结为政府的周期性决策，主要是为了循环解决通货膨胀和失业问题。政治性周期的产生依赖于三个基本条件：

（1）凯恩斯国民收入决定理论，为政策制定者提供了刺激经济的工具。

（2）选民偏好高经济增长、低失业及低通货膨胀的时期。

（3）政治家追求连选连任。

以下是两位经济学家对该理论的主要观点：

（1）卡莱斯基认为，萧条与失业促使政府实施扩张性政策，进而实现充分就业、经济繁荣与通货膨胀，随后人为制造停滞和衰退，引发民众反抗，政府再次采取措施治理失业，形成新的循环。

（2）萨谬尔森描述道，选举结束后，政府为减轻通货膨胀压力，会采取紧缩经济政策，提高失业率并关闭工厂，造成经济萧条。而在大选前夕，若政治家希望连任，便会采取扩张经济政策，减少失业，推动经济繁荣。因此，在美国，政治性经济周期通常表现为四年一循环，前两年经济衰退，后两年经济增长。若后两年经济未能实现增长，总统可能面临下台的风险。

（二）内因论

内因论认为，周期源于经济体系内部，是收入、成本、投资在市场机制作用下的必然现象。

1. 纯货币理论

纯货币理论主要是由英国经济学家霍特里提出的。该理论认为，经济周期本质上是一种货币现象，货币流通中货币量的增减和货币流通速度的快慢直接决定了名义国民收入的波动。货币因素是引起整个经济波动的根本因素，其他因素只会对经济产生局部影响，从而引起经济的局部波动。

纯货币理论进一步阐释，货币流通的波动又是由于银行体系交替地扩大和紧缩信用造成的。其中，短期利率的变动起着重要的作用。具体地说，当银行体系降低利率、扩大信用时，商人就会增加向银行的贷款，从而增加向生产者的订货，推动生产的扩张和收入的增加，引起商品需求增加和物价水平上升，经济活动因此扩张，经济进入繁荣阶段。然而，银行信用是不可能无限扩张的，为了稳定货币和防止国际收入逆差过度扩大，信用扩张必然要受到一定的限制。当银行信用被迫停止扩张，转而紧缩信用时，商人得不到借款，或利率提高无法借款。这时商人就不得不减少订货，由此出现生产过剩性危机，经济进入紧缩的萧条阶段。在萧条时期，资金逐渐回到银行，银行可以通过贴现等方式再次扩大信用，从而使经济又进入复苏阶段，并开启下一个经济周期。

2. 投资过度理论

投资过度理论是从投资的角度分析经济周期的形成。其中心论点是，由于投资过多，与消费品相比资本品生产发展过快，这种过度发展促使经济进入繁荣阶段，但随后资本品的生产过度发展引起了消费品生产的减少，进而造成经济结构的失衡。同时资本品生产过剩必将引起资本品过剩，于是出现生产过剩危机，经济因此进入萧条阶段。这样，投资的变动成为引发经济周期性波动的关键因素。投资过度理论按对投资原因的不同解释，进一步分为货币投资过度理论和非货币投资过度理论两大流派。

奥地利经济学家米塞斯和哈耶克，以及英国经济学家罗宾斯教授等人认为货币量增加引起投资增加。他们认为，银行信用的扩张会引起投资增长，这种增长首先表现为对资本品需求的上升及资本品的价格的攀升，这就进一步刺激了投资的增加和信用的膨胀，这一过程将导致一部分用于生产消费品的资源转向资本品生产，消费品的缺乏引起消费者的强迫储蓄。当投资增加，经济繁荣时，人们的收入相应增加，消费逐渐恢复到正常比例，这就会引起消费品价格上升，生产资源转向消费品生产。但是，资本品生产的过度扩张需要依赖投资的持续增长，一旦银行停止信用扩张，危机就会爆发。这种危机表现为，扩张阶段利用银行信用正在进行的投资由于资本缺乏而不得不中断，或者已经生产出来的资本品由于资本缺乏而销路不畅，价格猛跌。

德国经济学家施皮特霍夫（Spiederhoff）和瑞典经济学家卡塞尔（Gustav Cassel）等人认为，造成投资过度的是诸如新发现、新发明、新市场的开辟等非货币性外生因素。例如，新技术的采用往往会刺激投资增长，从而引起信用扩张，增加对资本品的需求，促进资本品经济的上升和资本品生产的增加，经济进入繁荣阶段。但由于繁荣时期收入增加，消费需求相应增加，储蓄不足，信用无法进一步扩大，投资受到限制，资本品生产过剩，经济转入萧条阶段。只有在又出现新技术发明或其他外生因素刺激时，经济才会进入下一次繁荣和新的经济周期。

3. 消费不足理论

消费不足理论源远流长，可追溯至早期经济学家西斯蒙第（Simonde）和马尔萨斯

（Thomas Robert Malthus）的论述，近代则以霍布森（Hobson）为代表。该理论核心观点在于将经济的衰退归因于消费品的生产超过民众的实际需求。这种消费不足，从根本上讲，源于国民收入分配不公所造成的过度储蓄。

19世纪初，法国经济学家西斯蒙第率先提出，广大劳动人民的贫困化所引起的消费需求不足，是资本主义制度下生产过剩经济危机必然性的重要论据。他认为大规模机器生产使许多小生产者破产，随着机器生产的发展，劳动者的状况随着机器生产的扩张日益恶化，富人增加的消费比起破产和贫困化人群所减少的消费来说微不足道。因此，生产与消费之间的矛盾不断加剧，导致生产过剩的经济危机频发。

马尔萨斯提出了过度危机论，强调生产与有效消费需求之间应保持适度平衡，提出增加不劳动者和非生产性劳动者的消费，来避免储蓄过度而引起的消费需求不足，防止普遍的生产过剩危机。

英国经济学家霍布森进一步深化了对消费不足理论的研究。他强调资本主义的分配制度是导致消费不足和经济危机的重要因素。霍布森认为，国民收入分配的不公导致大部分财富集中在少数人手中，而广大劳动人民的收入相对较低，无法充分满足消费需求。这种消费不足限制了生产的发展，进而引发周期性经济衰退。

4. 心理预期理论

凯恩斯是心理预期影响经济行为这一理论的杰出代表。该理论深入剖析了心理预期在企业家决策过程中的核心作用，尤其是在规划未来投资时的影响。企业家的决策往往建立在对未来利润率的预期之上，然而，这种预期本质上充满了不确定性，因为这是一种心理现象。

当某种外部因素刺激投资活动，推动经济高涨时，企业家往往会产生过于乐观的预期。这种乐观情绪一旦超出合理范围，便会推动投资持续增长，进而引发经济的繁荣。然而，随着投资过度现象负面影响的显现，乐观情绪会迅速转变为悲观，导致投资急剧减少，从而引发经济萧条。

在持续的萧条期间，企业家的信心会逐渐恢复，经济开始迈入复苏阶段，随着经济复苏的推进，过度乐观的预期再次抬头，推动经济走向新的繁荣。

该理论的逻辑链条可以总结为：特定原因激发投资活动→经济繁荣→乐观预期盛行→消费与投资增长→经济进一步繁荣→过度繁荣暴露问题→悲观预期占据主导→消费与投资锐减→经济萧条。这一循环揭示了心理预期在经济波动中的核心作用，为我们理解经济现象提供了新的视角。

课堂练习——思考与讨论

请概述不同经济学理论对经济周期（经济波动）根源的解释，并阐述这些理论对于经济波动性质及政府在其中所扮演角色的观点是什么？

二、经济周期的应用

在市场经济的大环境下，企业经营者和个人投资者应当密切关注经济发展的态势，即所谓"经济大气候"的变迁。

一个企业的生产经营状况，既受到其内部条件的制约，又深受外部宏观经济环境和市场环境的影响。虽然企业无法单方面决定其外部环境，但可以通过优化内部条件，积极适应外部环境的变化，充分利用外部环境中的有利因素，并在一定范围内调整自身的小环境，从而增强企业的活力，扩大市场占有率。因此，经济周期对于企业经营者而言具有重要意义。只有深入了解经济周期的波动趋势，企业才能及时采取相应策略，适应周期性的变化，避免在波动中丧失竞争力。

对于普通投资者而言，准确把握经济周期的各个阶段并非易事。试图追逐经济周期性波动带来的收益，反而可能面临损失的风险。投资市场受到众多政策等变量的影响，并非所有人都能准确预测经济周期。在投资决策过程中，投资者还需考虑宏观政策方向、市场热点和重大事件等因素，并据此进行必要的调整，这无疑增加了投资的复杂性和难度。

扩展阅读

经济周期：繁荣与衰退的轮回

模块十六 解读宏观经济政策

学习目标

【知识目标】

了解宏观经济政策的目标及工具。

理解宏观调控中财政政策及货币政策的具体含义和作用机制。

理解扩张性和紧缩性宏观经济政策措施的特点及应用场景。

掌握财政政策及货币政策的手段与实际应用。

【能力目标】

能够分析宏观经济政策各目标之间的相互关系和影响。

能够阐述各类宏观经济政策的传导机制及在经济活动中的作用。

能够运用财政政策及货币政策的相关知识,分析政策出台的背景、原因及实施效果。

【素质目标】

培养对宏观经济政策的学习兴趣,主动关注并分析经济政策的实施效果。

了解国家对经济工作的集中统一领导,认识政府在宏观经济政策实施中的作用。

感受我国宏观经济政策实施的制度优势和治理效能,树立民族自信心和自豪感。

单元一 宏观经济政策概述

案例引入

看得见的手

在经济低迷之际,工厂纷纷倒闭,工人失业问题凸显。为应对此局面,政府采纳经济学家的建议,决定启动公共工程项目,雇用两百人从事挖坑工作。这两百人的挖坑活动随即催生了对两百把铁锹的需求,进而带动了铁锹生产企业的复工、钢铁生产企业的复苏,以及木材生产企业的启动。工人们因挖坑工作而获得工资,进而推动了衣食住行等相关行业的复苏。待大坑挖掘完毕,政府又雇用两百人将坑填平,再次引发对铁锹的需求……如此循环往复,萧条的市场逐渐走向复苏。随着经济的恢复,政府通过税收偿还了挖坑时发行的债券,经济秩序得以恢复如常。

这正是凯恩斯在《就业利息和货币通论》中提出的"挖坑"理论。该理论以生动的方式阐释了在经济不景气时,政府应迅速采取宏观调控措施,通过"看得见的手"干预经济生活，引导经济重回正轨。

课堂练习——简答题

请结合上述案例分析，探讨宏观调控对经济运行产生的具体影响。

知识学习

一、宏观经济政策目标

宏观经济政策，即政府对宏观经济运行所采取的干预和调节手段，旨在实现一系列特定的目标。在不同的国家和时期，政府的政策目标会各有侧重。总体而言，实施宏观经济政策的核心目标在于实现充分就业、促进经济增长、维持物价稳定及保持国际收支平衡。

（一）充分就业

充分就业是指所有生产要素均有机会参与生产，并能获得其愿意接受的报酬。需明确的是，充分就业并不意味着每个人都处于就业状态，而是允许一定程度的失业存在。为了降低失业率，实现经济资源的充分利用和高效配置，充分就业成为宏观经济政策的核心目标。政府需积极采取措施，创造更多的就业机会，以推动充分就业的实现，从而维护社会经济的稳定与繁荣。

（二）经济增长

经济增长指的是在一定时期内，经济社会所生产的人均产量和人均收入实现持续增长的态势，通常用一定时期内实际国民生产总值的年均增长率来衡量。经济增长会增加社会福利，但并不是增长率越高越好。增长率过高可能诱发通货膨胀，增长率过低也会导致严重的失业问题。同时，在实现经济增长的过程中，也要考虑本国实际情况。一方面，经济增长会受到各种资源条件的制约，特别是在经济高度发达的国家；另一方面，经济增长也要付出代价，如环境污染等问题。总体来讲，实现经济增长就是实现与本国具体情况相符的适度增长率。

（三）物价稳定

物价的大幅度波动对经济生活有显著的负面影响，如果价格急剧上涨，导致通货膨胀，就会诱发盲目投资和重复建设，经济效益就会下降；如果价格急剧下跌，形成通货紧缩，就会抑制投资，减少生产，失业率就会上升。为了减轻物价的大幅度波动对经济的冲击，政府把物价稳定作为宏观经济政策的核心目标之一。物价稳定不是每种商品的价格固定不变，也不是要求价格总水平保持不变，而是追求价格指数相对稳定，即避免严重的通货膨胀，允许存在轻微的通货膨胀。

（四）国际收支平衡

国际收支是指一个国家或地区与其他国家或地区之间因各种交易所引起的货币收付和

以货币表示的财产转移。影响国际收支的重要因素主要有两点，一是进出口贸易状况，二是资本流动情况。如果一国的国际收支出现不平衡，尤其是出现较大顺差或逆差时，对本国经济是不利的，需要采取适当措施加以调节，以确保国际收支基本平衡。

二、宏观经济政策工具

宏观经济政策工具是达成宏观经济政策目标的重要手段。在宏观经济政策工具中，常用的有需求管理政策、供给管理政策和国际经济政策。

（一）需求管理政策

需求管理政策是通过调节总需求来达到一定政策目标的宏观经济政策工具，包括财政政策和货币政策。需求管理政策是以凯恩斯的总需求分析理论为基础制定的，是凯恩斯主义所重视的政策工具。

需求管理就是通过调整总需求，实现总需求和总供给相等，从而达到既不失业也不通货膨胀的理想状态。当有效需求不足，即总需求小于总供给时，政府应采取扩张性政策措施，刺激总需求增长，克服经济萧条，实现充分就业。在有效需求过度增长的情况下，即当总需求大于总供给时，政府应采取紧缩性政策措施抑制总需求，以缓解需求过度扩张引起的通货膨胀。

（二）供给管理政策

供给管理政策是通过调整总供给来实现一定政策目标的宏观经济政策工具。短期内影响供给的主要因素是生产成本，尤其工资成本；长期看，影响供给的主要因素是生产能力。

（三）国际经济政策

国际经济政策是对国际经济关系的调节。鉴于当今各国经济的开放性和相互依存性日益增强。一国宏观经济政策目标的实现不仅取决于国内经济政策，还受到国际经济政策的影响。因此，国际经济政策应作为宏观经济政策体系的重要组成部分，以促进国际经济关系的和谐发展。

扩展阅读

助力实现全年经济增长目标 系列宏观调控政策呼之欲出

单元二　财政政策

案例引入

财政政策惠企利民见成效

实施系列税费支持政策、加大涉农财政资金投入……为全面贯彻落实党的二十大精神，各地将"积极的财政政策要加力提效"这一要求落实落细。

落实落细税费支持政策，赋能经营主体

扎根农业大省，山东三星集团的"长寿花"系列健康食品近年来迅速打响品牌。"2022年，我们享受高新技术企业所得税减免、支持'三农'政策减免、研发费用加计扣除减免共计2327万元，有更多流动资金用于科技研发和设备节能降耗改造，推出了零反式脂肪高养玉米油、甘油二酯食用油等多个新产品。"公司董事长王亚群说，新产品上市使得公司今年一季度营收实现较快增长。

财政投入增量提效，助力乡村振兴

"地力提升了，水稻亩产从2018年的623公斤增长到2022年的700公斤，而且可以进行稻蔬轮作。"永丰村负责人告诉记者，在财政支持下，永丰村从2009年便开始推进高标准农田建设，2015年实现了耕、种、播、收的全程机械化。2022年12月，眉山市东坡区永丰片区"天府粮仓"核心区建设专项规划正式发布，永丰片区被定位为样板区。目前，村里的3340亩高标准农田改造提升项目的农田沟渠、田间道路建设已全面完成。

（来源：人民日报）

课堂练习——简答题

请结合案例分析，财政政策有哪些主要手段？

知识学习

一、财政政策的主要手段

作为一种资源配置系统，市场在大多数情况下表现为一种有效率的运行机制。但是，市场的资源配置功能并不是万能的，垄断、信息不充分及外部效应等因素往往导致市场失灵。同时，市场机制本身也存在固有的局限性，难以妥善解决公共物品的供给和公共需求的满足问题。在此情景下，政府的介入和干预就显得尤为必要和合理。

政府广泛地执行着社会、政治职能，而其涉足经济系统时，其经济职能也得以显现。对于经济中的不协调现象，政府可以采取行政或法律手段进行干预，也可以组织公共生产，但这些方式有时显得政府游离经济系统之外。实际上，政府更常见的做法是直接参与经济活动，这便产生了财政的概念。财政，就是以国家或政府为主体的经济行为或经济现象。

财政政策是国家制定的指导财政分配活动和处理各种财政分配关系的基本准则。财政政策具有独特性，既不直接生产公共物品，也不直接提供公共物品，而是以税收、收费、国债等形式筹集收入，并通过投资、公共支出、补贴等手段形成支出，从而以这种方式调节经济运行。很明显，政府财政就像是一个资源调配的枢纽：一方面吸纳资源，另一方面释放资源。与此相对应，财政的构成也就一目了然了，包括政府收入和政府支出两部分，其中政府收入包括税收和公债，政府支出包括政府购买和转移支付，这些被称为财政政策的工具。

（一）政府收入

1. 税收

税收既是国家财政收入的主要来源，也是国家实施财政政策的重要手段，具备显著的乘数效应，也就是说，税收的变动会引起国民收入以倍数形式变化。税收的乘数作用分为两种：一种是税率变动影响总收入，另一种是税收绝对数的变动间接影响总收入。因此，税收作为一种财政政策工具，通过改变税率或改变税收总量，有效地干预经济、刺激或抑制社会总需求。一般来说，在经济衰退时，减税有助于提升总需求和国民产出。相反，在经济过热时，增税有助于抑制社会总需求和国民产出的过快增长。因此，当总需求不足时，可以通过减税来缓解经济衰退；当总需求过于旺盛时，增税可用于抑制经济过热。请阅读案例16-1，体会税收政策在财政运行中的作用。

案例16-1　　　　　　　　减税降费政策助力企业发展

"去年，公司停业一个月，经营几乎难以为继。正筹划裁员时，国家开始实施大规模增值税留抵退税政策。我们及时向税务部门提出申请，36.9万元退税款很快就打到了公司账户上。"山东观唐盛世文化旅游发展有限公司财务总监王庆说，有了这笔钱，员工留住了，在建的"温水乡"项目保住了，"眼下消费已经回暖，节假日游客达到2000多人，我们对未来的发展很有信心。"

2022年，我国实施了系列税费支持政策，积极的财政政策提升效能，更加注重精准、可持续，加大减负纾困力度，增强经营主体活力。受访企业普遍反映，各项政策落地及时，为企业缓解资金压力，增添创新动能。目前，相关政策惠企效应还在持续释放。

（来源：人民日报）

课堂练习——简答题

请具体分析，案例中运用了哪种政策手段调控宏观经济，效果如何？

2. 公债

当政府税收不足以覆盖支出时，政府就会通过发行公债来平衡一定时期的财政赤字。因此，公债也是政府财政收入的又一组成部分。与税收相似，都是政府取得财政收入的方式，但是二者有本质的区别。公债是一种特殊的财政收入形式，政府运用信用形式获取收入，具有自愿性和有偿性的特点，也就是说，人们自愿购买政府公债，政府有还本付息的义务。

公债可细分为中央政府的国债和地方政府的地方债。按发行期的不同，公债可分为短期公债、中期公债和长期公债。短期公债一般通过发行国库券取得，期限在1年以内；中、长期公债一般通过发行中、长期债券取得，其中期限在1年以上5年以下的为中期债券，5年以上的为长期债券。

政府发行公债，不仅增加了财政收入，还成为实施财政政策的关键手段。此外，公债对金融市场，特别是货币市场和资本市场，具有显著的调控作用，能够影响货币供求，进而调节社会总需求水平。因此，公债在宏观经济调控中占据重要位置，成为重要的经济政策工具。请阅读案例16-2，以深入了解国债发行的历史演变及影响。

案例 16-2　　　　　　　　国债发行的"前世今生"

新中国成立之初，为了进一步推动经济恢复发展，弥补政府财政赤字，我国在1950年首次发行折实公债，这是新中国成立后首次发行国债。1968年，全部公债本息还清后，在"零负债"观念下，暂停国债发行。国债发行的初步尝试为弥补财政赤字、支持建国初期经济发展做出了重要贡献，也为国债的后续发行奠定了基础。

改革开放后，为支持社会主义市场经济建设，1981年，国债恢复发行。当年国债发行规模为48.70亿元，到1988年，国债发行规模增长到92.20亿元，发行规模稳步增长。在改革开放的浪潮下，国债的重启发行为财政赤字提供了解决方式，为经济建设提供了资金支持。

国债恢复发行后，历经多次改革，国债市场体系逐步建立。1988年，国债开启流通转让，财政部提出了《开放国库券转让市场试点实施方案》，允许国债上市流通交易。1995年，《中国人民银行法》以法律形式规定财政不得向央行透支，发行国债成为弥补财政赤字的唯一手段。国债年发行规模从1993年的314.80亿元，迅速增长至1994年的1028.60亿元，我国国债存量大幅增长，为国债市场快速发展提供了基础。到亚洲金融危机前，我国已经初步建立起国债市场体系。

亚洲金融危机后，国债发行规模攀升，在宏观经济中发挥日益重要的作用。1998年亚洲金融危机使我国经济面临巨大挑战，为了减少金融危机冲击，我国逐步扩大国债发行规模，1998年国债发行规模首次突破3000亿元，到2003年，国债年发行规模突破6000亿元。国债发行规模快速增长，为阶段性积极财政政策提供资金，也进一步提升国债在国民经济中的作用。

恢复国债发行40多年以来，我国国债累计发行约46.27万亿元，存量国债20.87万亿元，国债年发行规模与国债存量规模均在世界各国前列，我国已经形成了健全的国债发行、流通市场。

国债是央行公开市场操作的重要工具，央行公开市场业务中逆回购、中期借贷便利、常备借贷便利等一系列操作，均需要金融机构向央行进行国债质押。央行充分发挥货币政策的有效性，能够精准灵活地进行货币政策调控，若使其货币政策意图得到及时、有效的传导，必须具备一个发展成熟、完善的国债市场。经过40余年的发展，我国国债市场已经发展为容量巨大、流动性高、市场参与者数量多，一二级市场紧密联动的债券市场，为央行进行常规公开市场操作提供工具。

经历40年来发展，国债市场取得了辉煌的成就，为我国社会主义建设事业发挥了重要作用。展望未来，愿我国国债市场继续平稳、健康发展，助力新发展格局下的经济社会建设。

（来源：中国财经报）

（二）政府支出

政府支出是指整个国家中各级政府支出的总和，由许多具体的支出项目构成，主要可分为政府购买和转移支付两类。

1. 政府购买

政府购买是指政府对商品和劳务的采购行为，包括但不限于军需品、机关办公用品、政府雇员的薪酬及公共项目工程所需的支出等。政府购买是一种实质性支出，直接形成社会需求和购买力，成为国民收入的一个重要组成部分。在总支出水平偏低时，政府可以提高购买性支出水平，刺激社会整体需求，以此来抑制经济衰退。反之，当总支出水平过高时，政府可以采取减少购买的措施，降低社会总体需求，以此抑制通货膨胀。因此，变动政府购买支出是财政政策中的一项有效调控手段。请阅读案例16-3，体会政府购买政策对社会发展的积极影响。

案例 16-3　　　　　　　政府购买助力养老服务开新局

2020年年底，湖南省长沙市望城区星城敬老院的孤寡老人肖发芝迎来了他的百岁寿诞。街道、村（社区）、敬老院的党员干部和志愿者齐聚敬老院，为肖发芝送上生日祝福，场面温馨又让人感动。老人们纷纷感叹生逢盛世，声声感谢政府恩情。这是望城区试点政府购买社会服务，助力养老服务的一个缩影。

近年来，望城区财政抓住政府购买服务改革试点的契机，通过一群充满活力并坚强有力的社会组织，创新推动治理结构和治理能力现代化，让养老服务制度更加完善，让养老服务发展更有质量，让村居治理更有水平，让老人更有幸福感。

和长沙市其他五区相比，望城区农村地域占比较大，基层民政领域服务、养老服务设施和体系建设起步晚、成效慢，有一定差距。

2017年望城区纳入全国居家和社区养老服务改革试点区县；2018年再与政府购买服务试点改革相结合；2019年望城区乡镇（街道）社工站建设实现全覆盖，社工服务实现全天候。

2018年，望城区被确立为财政部政府购买服务改革联系点。望城区财政局立足于雷锋家乡学雷锋的传统优势，率先发挥党建引领作用，通过建章立制，明确重点任务、时间表、路线图，先行先试，积极推进此项改革，在助推政府公共服务效能提升方面做出了有益探索。

通过推进政府购买服务预算批复与公开，规范购买服务行为。政府购买服务预算从2019年起随部门预算一并批复，从2021年起纳入预算公开范围。同时，积极衔接事业单位改革，激发事业单位生机与活力。大力推进行业协会、商会与行政机关脱钩。成立社会组织孵化基地，近年来共计投入600余万元用于支持社会组织孵化培育，累计孵化培育社会组织50余家。2018—2020年，支持社会组织承接区内政府部门购买服务事项达到3667万元。

此外，积极推进绩效管理，探索购买主体开展自评、财政部门对重点项目及部门购买服务整体工作开展绩效评价模式，2018—2020年，望城区先后对环卫清扫、绿地维护等12个项目开展第三方绩效评价，并将区民政局2020年政府购买服务整体工作作为试点纳入2021年第三方绩效评价，设置政府购买服务整体工作的绩效评价指标。

为充分监测政府购买养老服务的成效，望城区财政局与民政局还委托第三方湖南发展集团运营区级居家养老服务信息平台，完善全区养老服务大数据，并运用大数据提升养老服务的现代化水平，为政府科学决策和社会治理提供辅助，推进政府管理和社会治理模式创新，实现政府决策科学化、社会治理精准化、养老服务高效化。

（来源：中国财经报）

课堂练习——简答题

请结合案例分析，什么是政府购买，为什么要进行政府购买？

2. 转移支付

政府支出的另一个重要组成部分是转移支付。与政府购买性支出不同，转移支付是指政府在社会福利保险、贫困救济和补助等方面的支出。这是一种货币性转移，政府在付出这些货币时并无相应的商品和劳务的交换发生。因此，转移支付不能算作国民收入的组成部分，本质在于将社会财富在不同社会成员间进行转移和重新分配。一般情况下，在总体支出不足，失业率上升时，政府应加大社会福利支出，增加人们的可支配收入，社会有效需求因此增加；在总支出水平过高，通货膨胀压力增大时，政府应减少社会福利的支出，从而降低人们的可支配收入和社会总需求水平，以维持经济的平稳运行。

二、财政政策的自动稳定器

政府的财政收支变动无疑对宏观经济运行产生直接或间接的影响。更为显著的是，当政府的财政措施形成一套持续实施的制度时，便具备了自动稳定经济波动的功能，这一特殊功能被形象地称为"自动稳定器"。自动稳定器的作用至关重要，第二次世界大战结束后，尽管西方国家经济依然呈现周期性波动，但与20世纪30年代的大危机相比，其波动幅度大幅减小，衰退持续时间也显著缩短。其中的原因固然复杂多样，但西方财政政策的自动稳定功能也发挥了重要作用。

那么，财政政策的这种自动稳定作用是如何实现的呢？自动稳定器，也被称为内在稳定器，是指经济系统本身所固有的一种机制，能够有效减少各种干扰对国民收入的冲击。这种机制能够在经济繁荣时期自动抑制通货膨胀，在经济衰退时期则自动缓解萧条，无须政府采取任何有意识的干预措施。财政政策这种内在稳定经济的功能主要体现在以下三个方面。

（一）政府税收的自动调节机制

政府根据既定的税率对私人部门的收入进行征税，这一税收制度具备随国民收入变化而自动调整的特性。在经济萧条阶段，由于国民收入水平下滑，税收相应减少，政府收入也随之降低。此时，政府部门与私人部门共同分担了经济萧条带来的压力，从而减缓了私人部门收入下降的幅度，使之小于国民收入下降的幅度。这一机制有助于缓解总需求的下降趋势，为经济恢复提供缓冲。

相反，当经济处于过度繁荣阶段，国民收入水平显著提升，税收也随之增长，政府收入增加。在此情况下，国民收入的一部分流向政府部门，使得私人部门的收入上升幅度小于国民收入上升幅度。这种税收的自动调节机制有助于抑制消费支出和投资支出的过快增长，从而减缓总需求的过度膨胀，为经济的平稳运行提供支撑。

综上所述，西方学者普遍认为，税收制度所具备的随经济变动而自动调整的内在机动性和伸缩性，是一种有效的自动稳定机制，有助于减轻经济波动，维护经济的稳定发展。

（二）政府支出的自动调节机制

政府支出的自动调节机制主要指政府的转移支付。政府转移支付通常涵盖失业救济金和其他各类福利支出。当经济陷入萧条时期，民众收入普遍下滑，失业人数增加，从而需要援助的人数也随之上升。此时，政府的转移支付会自动增加，以保障民众的基本生活需求，使得民众的可支配收入下降幅度小于国民收入的下降幅度，从而有助于减缓消费支出和总需求的下降趋势。

相反，在经济过度繁荣阶段，民众收入普遍增加，失业率降低，导致需要援助的人数减少。在此情境下，政府的转移支付会自动相应减少，使民众的可支配收入上升幅度小于国民收入的上升幅度，从而有助于抑制消费支出和总需求的过度增长，维持经济的平稳运行。

（三）农产品价格稳定机制

在经济萧条时期，国民收入普遍下降，与大多数商品价格变动趋势相符，农产品价格也呈现下降趋势。然而，为应对此局面，政府通过实施农产品价格稳定机制，按照支持价格收购农产品，以确保农产品价格维持在合理水平。这一措施旨在保持农业生产的稳定性，同时确保农民收入不低于一定基准，进而稳定农民的消费水平，起到刺激消费和总需求的作用。

相反，在经济繁荣时期，农产品价格会随之上涨。此时，政府将减少农产品的收购量，并抛售其持有的农产品库存，以抑制农产品价格的过快上涨，防止通货膨胀的加剧。

综上所述，农产品价格稳定机制在减轻经济波动、稳定经济方面发挥着重要作用。请阅读案例16-4，理解农产品价格保险在农业中的作用。

案例16-4　　　　　　唐山市财政助力守护居民"肉案子"

"去年我养了2000头猪，全部投保了生猪期货价格保险，年底市场行情不好，多亏有这个保险兜底，才没有'伤筋动骨'！" 1月15日，玉田县生猪期货价格保险赔付仪式举行。获赔49万元后，生猪养殖户代表张福强说，有了这个保险，今年一定能打个"翻身仗"。

为减少生猪养殖业周期性波动给农户带来的影响，2023年唐山市两会期间，唐山市政协农业和农村委员会一名议政咨询委员作了题为《健全农村金融服务体系，助推"保险+期货"，助力乡村振兴战略》的发言，引起广泛关注。唐山市政协农业和农村委员会积极协调，推动"保险+期货"模式落地落实。2023年9月，唐山市首家"保险+期货"试点落地玉田县，9个生猪养殖户为12000多头猪投了财政补贴性生猪期货价格保险，总保费125万元，其中大连商品交易所补贴40%、县级财政补贴40%、养殖户仅承担20%。

"这个保险在生猪价格下行的情况下，能有效保障养殖户收入，稳定生猪养殖产业链的安全。" 唐山市政协农业和农村委员会四级调研员杨小军介绍，保险约定，每吨猪肉价格低于16800元，将由保险公司进行赔偿。由于2023年底市场行情波动，生猪价格持续下跌，截至2023年12月15日，9家农户总共获得赔偿312.3万元，有效弥补了养猪亏损，通过稳定生猪生产，进一步守护了居民的"肉案子"。

据了解，2024 年唐山市将积极推广"保险+期货"模式，加强政策引导，加大资金引领，强化示范引领，充分利用保险公司的各级分支机构，为广大农户和农业生产经营者进行宣导，扩大保障品类，为有意向参保者提供专业化服务，积极助力种植养殖产业链高质量发展，有效保障农民稳定增收。

（来源：河北新闻网）

课堂练习——简答题

请结合案例分析，生猪肉价格保险的实施有何效果？

自动稳定器作为经济波动的首要缓冲机制，在整体经济防护体系中占据着举足轻重的地位。然而，这些自动调节机制的作用往往有限，即使各种自动稳定器协同作用，也主要局限于应对轻微的经济失衡。一旦遭遇剧烈的经济波动，政府不能袖手旁观，仅依赖于自动调节的效能。为确保经济的稳定，政府必须审时度势，采取主动行动，通过一系列财政措施来干预。涉及有意识地调整政府收入水平和支出水平，以精准调控总需求，最终达成既定的经济目标。

三、财政政策在社会经济生活中的应用

根据财政政策的定义，政府通过调整收入和支出来实施财政政策。而这些政策手段的实施，无疑会对国民收入等关键经济变量产生显著影响，从而构成财政政策的应用。那么，在收入和支出发生变动后，相关的经济变量会如何变动呢？

在经济萧条时期，政府可采取一系列财政政策来刺激经济。一方面，通过减税政策，政府可以减轻个人和企业的税收负担，增加他们的可支配收入，进而刺激消费需求，推动生产和就业的增长。尽管减税措施可能导致货币需求增加，进而使利率上升，对私人投资产生一定的抑制效果，但总体而言，国民收入的增长仍然是显著的。另一方面，政府还可以通过扩大政府购买来刺激经济。这包括增加对商品和劳务的购买，以及兴建公共设施。这些措施不仅能够扩大私人企业产品的销路，还能够通过公共项目的建设带动就业和消费，进而刺激总需求的增长。虽然此举同样可能增加对货币的需求，导致利率上升，对部分私人投资产生影响，但总体上，生产和就业的增长仍然能够得以实现。

此外，政府还可以采取增加转移支付的措施，通过多渠道向私人投资提供津贴和补贴，直接刺激私人投资，从而进一步促进生产和就业的增长。请阅读案例 16-5，深入理解财政政策对就业的具体影响。

案例 16-5　　　　　　　　辽宁省强化财政政策稳就业

发布需求、筛选简历、解答问题……京东物流辽宁分公司的招聘专员麻旭格外忙碌。而就在去年，麻旭还是一名见习人员。

"得益于政府对见习人员的生活费、指导管理等进行补贴，我们培养和留用人才更有动力。在我们公司，见习人员与正式员工同工同酬，还能参与各类岗位培训。"企业人力资源相关负责人介绍，近年来，京东物流在辽宁累计提供见习岗位 400 余个，留用率近 80%。

计划 2023 年全年募集不少于 2.2 万个就业见习岗位，通过"免申即享"的方式实施失

业保险稳岗返还政策，延续实施一次性扩岗补助政策，辽宁省多措并举稳岗位、促就业、保民生。

企业是吸纳就业的主体，此次优化政策举措，财政加大补贴力度、丰富补贴政策。强化政策供给的同时，辽宁省持续优化服务，实现"政策找人""服务上门"。"税务干部上门辅导，还为我量身定制税费优惠清单，显示我可以申报2.4万元的税费减免。"新民市博伽思电气设备维修厂负责人王曾博高兴地说，"这让我更有信心走稳创业这条路！"

（来源：人民网）

课堂练习——简答题

如何看待案例中的财政政策，积极的财政政策有哪些作用？

政府在应对经济萧条时，通常会采取一系列财政措施，其根本目的在于刺激需求、增加生产和就业。这种政策导向被统称为扩张性财政政策。相反，在经济过热时，政府则会通过增税、减少政府支出等措施来实施紧缩性财政政策，以遏制经济过热。至于何时采取扩张性财政政策，何时采取紧缩性财政政策，政府需根据经济发展的实际情况进行深入分析和权衡。

然而，财政政策在实施过程中常会受到多种因素的制约，影响其效果的发挥。首先，财政政策的实施可能遭遇社会阻力。例如，增税可能引发公众的不满，减少政府购买可能遭到大垄断资本的反对，削减政府转移支付则可能引发普通民众的抵触。其次，财政政策具有"时滞"性。政策从决策到实施，再到其效果完全显现，需要经历一定的时间。这种时间差被称为宏观经济政策的时滞，可细分为内部时滞和外部时滞。内部时滞主要涉及决策到政策制定、实施的过程，受政府立法程序、行政组织、管理协调等因素影响；外部时滞则指政策实施后，社会经济系统对政策的反应和灵敏度。此外，公众的行为可能偏离财政政策的预期目标。例如，在政府实施增支减税以扩大总需求时，公众可能选择将增加的收入储蓄起来，而非增加消费。最后，财政政策的实施还可能受到非经济因素的影响，如政治因素中的选举等。

扩展阅读

减税降费政策有力支持中国经济高质量发展

单元三　货币政策

案例引入

货币政策有力支持经济发展恢复向好

凭借数控加工优势和个性化五金产品，浙江安吉嘉豪五金制造有限公司今年收获了大批订单。然而，这却让企业负责人陈宪才喜忧参半："国内外订单量远远超出了我们的生产能力，急需增加机器设备和流水线，但短时间内上哪弄这么多钱。"

了解企业实际情况后，浙江农商银行系统辖内安吉农商银行为企业匹配了"浙科贷"专属融资服务项目，不到两天，企业顺利获得300万元低利率信用贷款，并享受当地政府的贴息专项资金补贴。

"新设备到位之后，我们的产能扩大了近30%，放手接下大订单。"陈宪才告诉记者，目前企业订单已经排到了8月，在技术创新和金融支持下，企业发展的步履更加坚实。

今年以来，我国经济增长企稳回升，市场需求逐步回暖，像嘉豪五金公司一样，很多企业出现了产销两旺的局面，需要大量资金扩大产能，精准有力的货币政策成为企业发展的重要支撑。中国人民银行近日发布的2023年第一季度《中国货币政策执行报告》（以下简称《报告》）认为，今年以来，货币政策坚持稳健取向，实现了较好的调控效果，有力支持经济发展恢复向好。

《报告》还提出，稳健的货币政策要精准有力，总量适度，节奏平稳，搞好跨周期调节，保持流动性合理充裕，保持货币供应量和社会融资规模增速同名义经济增速基本匹配，着力支持扩大内需，为实体经济提供有力、稳固支持，兼顾短期和长期、经济增长和物价稳定、内部均衡和外部均衡，提升支持实体经济的可持续性。

（来源：人民网）

课堂练习——简答题

请结合案例分析，谈一谈什么是货币政策？

知识学习

一、现代银行制度与货币政策

货币政策作为国家宏观经济调控的重要工具，旨在通过调整货币供应以实现特定的经济目标。作为国家经济政策的核心组成部分，货币政策由中央银行负责制定与实施，以履行其金融职能。

（一）商业银行与中央银行

鉴于货币政策需要通过银行体系来传导与执行，了解现代银行制度是理解货币政策的前提。尽管各国金融体系存在差异，但总体上可分为金融中介机构和中央银行两大类别。其中，金融中介机构涵盖了商业银行、专业性银行及非银行金融机构，而商业银行在其中占据核心地位。

商业银行之所以得名，虽源于早期主要服务于商业领域，但如今其业务范围已扩展至工业、农业、建筑业及消费者服务等多个经济部门。其作为金融中介，以营利为目的，通过多样化的金融负债筹集资金，并以多种金融资产为经营对象，展现了强大的信用创造能力。

1. 商业银行的主要业务

商业银行作为金融机构的重要组成部分，其业务涵盖负债业务、资产业务和中间业务等多个方面。负债业务是商业银行筹措资金、形成资金来源的基础，其中存款业务是最主要的负债业务，为商业银行的营运提供了主要资金来源。资产业务则涉及商业银行运用其集中的货币资金进行放款、投资、租赁、外汇交易及票据贴现等，其中放款业务和投资业务尤为关键。而中间业务则是指商业银行代客户办理支付事项和其他委托事项，并收取手续费的服务。通过阅读案例16-6，可以进一步了解商业银行各项业务在经济运行中的作用。

案例16-6　　　　　不只在柜台　银行服务背后的那些故事

"张经理，我打算上一条生产线，你什么时候有时间，咱们坐下谈谈？"泰安市生产壁挂炉的王老板自打去年入冬以来生意是红红火火，前不久又接到一个小区改造壁挂炉的产品订单。王老板打算贷款新上一条生产线，该笔订单时间紧迫，资金必须保证在月内到位，否则将会影响公司信誉及后续的订单。

恒丰银行泰安分行客户经理张绪亮接到王老板电话后，立即赶到了厂区，对其贷款需求、经营情况等进行了详细调查，结合企业是国家高新技术企业、专利技术多的实际，发现企业符合"科技成果转化贷"准入条件，还可执行普惠优惠利率。张绪亮马上为客户制定了"科技成果转化贷"融资方案。"王总，你这条件没有问题，我列个清单，您把申贷材料准备好。"并鉴于企业需求的紧迫性，当天便对该公司开展了现场贷前调查流程。

由于该公司属中小企业，需要收集企业各种经营数据并充分分析，而公司当时正处于生产高峰期，面对人手不够、时间紧迫等困难，企业老板又拨去了电话，"小张啊，我们财务人员大部分派驻去了市场，留守财务人员不熟悉资料的档案存放，这可怎么办？""王总，您别急，我这就去公司现场办公，加加班赶出来。"

很快，身穿"挑山工先锋队"红马甲的张绪亮和同事就出现在企业，连续多日在公司协助其进行资料收集、打印、复印，原件的核实、核对……2天内，张绪亮和同事完成了全部资料的收集及报告撰写工作，赶在月底前为其成功发放500万元"科技成果转化贷"。该笔信贷资金的及时到位，保证了公司"低氮冷凝式天然气燃烧技术研发"项目稳步推进的同时，也使该公司能够调配资源，保证订单顺利交付。

（来源：人民网）

> **课堂练习——简答题**
>
> 谈一谈案例中商业银行开展的是哪项业务,该业务有何作用?

2. 中央银行的职能

中央银行,作为一国的货币当局,是金融体系中居于核心地位的金融机构,主要负责调控商业银行的贷款活动及整个经济体系中的货币供应量。作为国家实施货币政策的最高机构,中央银行在金融领域拥有举足轻重的地位。

中央银行并不直接面向公众和企业提供服务,其主要服务对象为商业银行和其他金融机构,开展准备金存贷款业务,因此被形象地称为"银行的银行"。目前,全球绝大多数国家和地区都设立了中央银行。如我国的中国人民银行,英国的英格兰银行,法国的法兰西银行,德国的德意志联邦银行,日本的日本银行。

一般而言,中央银行的基本职能可概括为:发行的银行、银行的银行和国家的银行。作为发行的银行,中央银行拥有独家发行国家货币的权力;作为银行的银行,中央银行通过票据再贴现、抵押贷款等方式向商业银行提供贷款,同时为商业银行集中管理存款准备金,并处理全国的结算业务;作为国家的银行,中央银行的首要职责是代理国库,既接受国库委托代收税款、公债价款等收入作为国库的活期存款,又代理国库拨付各项经费,办理各类付款与转账业务。此外,中央银行还负责为政府提供所需资金,通过贴现短期国库券等方式为政府提供短期资金,同时协助政府发行公债或直接购买公债以提供长期资金。中央银行还充当政府在一般经济事务和政府债务方面的顾问,执行货币政策,并监督、管理国家的金融市场活动,代表国家处理与外国发生的金融业务关系。

二、货币政策的主要手段

(一)公开市场业务

公开市场业务,作为大多数市场经济国家中央银行控制货币供给量的重要且常用工具,指的是中央银行在金融市场上公开买卖政府债券,以调节基础货币,进而调控货币供给和利率的活动。

中央银行买卖证券会引起债券市场需求和供给的变动,进而影响债券价格和市场利率。当中央银行进行债券购买时,会导致债券市场需求增加,进而引发债券价格上涨和市场利率的下降。利率的降低与货币供给的扩大相互作用,有效刺激投资增长,从而扩大总需求,强化货币政策的调控效果。相反,当经济出现过热现象时,中央银行会通过卖出政府债券的方式回笼货币,减少货币供给量,此举将引发市场利率上升,进而抑制投资,与购买债券时产生的经济效果形成鲜明对比。

公开市场业务在中央银行控制货币供给的过程中占据了举足轻重的地位。相较于其他货币政策工具,以其独特的主动性和灵活性成为直接影响银行储备变化的主要手段。第一,公开市场业务允许央行依据一定规模及时买卖政府债券,从而精准地控制银行体系的准备金。第二,由于公开市场操作的灵活性,央行能够迅速调整买卖政府债券的数量和方向,以适应市场情况的突变或纠正政策失误。例如,央行可以通过简单地由买入证券转为卖出证券,实现货币供给量从增加到减少的迅速调整。第三,央行可以持续、定期地进行公开市场操作，自由决定买卖政府债券的数量和时间，其高度的伸缩性使其成为中央银行日常调整货币供给量的理想工具。更为显著的是，公开市场业务对货币供给量的影响具有高度的可预测性。

然而，公开市场业务作为一种灵活且影响深远的货币政策工具，也存在一定的局限性。其效果并不会立即显现，而是需要通过银行体系的一系列买卖活动逐步释放。此外，要充分发挥公开市场业务的作用，需要金融市场特别是国债市场的高度成熟和发达。

（二）再贴现率

再贴现率是指商业银行为补充准备金而从中央银行获取贷款的利率。中央银行通过调整再贴现率来影响商业银行的信用活动，进而达到控制货币供给的目的。具体而言，当商业银行资金短缺时，可以利用持有的商业票据向中央银行申请贴现，而这些商业票据原本是由客户向商业银行贴现的。因此，商业银行以商业票据向中央银行贴现融资的过程被称为再贴现。

再贴现政策是中央银行用以调节货币供给量的一种货币政策工具，其通过调整对商业银行及其他存款机构的贷款利率来实现。当中央银行提高再贴现率时，商业银行的融资成本随之上升，导致其减少向中央银行的借款，并相应提高向居民和企业的贷款利率，最终起到收缩信用的效果。反之，若再贴现率降低，商业银行的融资成本减少，效果则相反。

然而，与公开市场业务相比，再贴现政策在央行控制货币供给量方面扮演着较为次要的角色。这主要归因于以下几点：第一，由于中央银行不鼓励商业银行长期依赖其借款，再贴现主要作为商业银行或其他金融机构在面临短期现金压力时的临时应对措施。第二，从货币供应量的控制角度看，再贴现政策并非理想的工具。中央银行处于被动地位，只能等待商业银行主动申请贷款，而无法强制要求。商业银行是否选择向中央银行申请贴现及贴现的额度，完全取决于商业银行自身的判断。若商业银行能够通过其他途径筹集资金，而不依赖再贴现融资，则中央银行难以有效控制货币供应量，使得再贴现政策失效。第三，就政策弹性而言，再贴现政策显得较为不足。一方面，再贴现率的频繁调整可能导致市场利率的频繁波动，给企业和商业银行带来困扰；另一方面，若再贴现率不随市场情况及时调整，则不利于中央银行灵活调节市场货币供应量。因此，再贴现政策在实际操作中往往作为公开市场业务的补充手段。

请阅读案例 16-7，深入体会再贴现政策对实体经济的影响。

案例 16-7　民生银行重庆分行落地重庆首笔供应链票据再贴现业务

在人民银行重庆营业管理部指导下，民生银行重庆分行成功办理重庆市首笔供应链票据再贴现业务，为两家小微企业的经营发展注入金融活水。

据了解，该供应链票据业务的核心企业是重庆一家建筑材料类的全产业链公司，其上游劳务、材料等供应商多数是小微企业，而"规模小、无抵押"一直是小微企业的融资难题，资金短缺无疑成了上游诸多小微企业最头疼的问题。

正当企业一筹莫展之际，民生银行重庆分行了解到此情况后，根据企业与上游供应商经营情况及结算方式，针对性地设计了供应链票据产品服务方案，把供应链票据嵌入企业日常结算场景，引入某供应链平台的供应链票据业务模式，为其上游小微材料供应商办理贴现，有效解决其流动性资金短缺问题。同时，民生银行与该供应链平台通过系统直联，大大提升了客户办理供应链票据融资的效率,自动化、智能化、线上化供应链票据融资服务获得了链上供应商企业的高度好评。

据该行相关业务人员介绍,供应链票据业务是将票据嵌入供应链的场景,从源头上推进应收账款票据化,实现核心企业与产业链上下游资源的有效整合,具有票据可分包、多级流转、贸易背景真实、降低供应链全链条成本等优势,通过供应链票据流转,可以将核心企业的优质信用传递到供应商企业,提高链上供应商企业的融资能力,提升产业链的服务能力。

近年来,中国人民银行、银保监会等多部委连续发布文件,明确支持推动供应链票据业务开展。为此,民生银行重庆分行运用央行再贴现对于供应链票据优先支持的政策,努力实现央行再贴现资金的精准传达,积极助力企业盘活链上客户资金需求,降低企业的融资成本。

民生银行重庆分行相关负责人表示,未来该行将继续围绕核心企业供应链生态圈延展,强化科技赋能,持续深化商业汇票在供应链金融领域的应用,不断丰富供应链票据服务实体经济新模式,发挥特色产品和差异化服务优势,为产业链上的大中小微企业提供更完善的综合金融服务,提升金融服务实体经济的质效。

(来源:人民网)

课堂练习——简答题

请结合案例分析,什么是再贴现业务,调节再贴现率有何效果?

(三)法定存款准备金率

存款准备金是金融机构为确保客户存款的提取和资金清算的需要而在中央银行存放的资金。中央银行规定的存款准备金占金融机构存款总额的比例,即为法定存款准备金率。该比率由中央银行决定,并作为央行调节货币供给的重要工具之一。

存款准备金本质上是风险准备金,不得用于发放贷款。当法定存款准备金率提高时,商业银行和其他存款机构需将存放于中央银行的准备金增加,可用于放贷的资金相应减少,执行紧缩政策的力度加大。反之,若央行降低存款准备金率,则商业银行将拥有更多的超额准备金,这相当于基础货币的增加,进而通过银行体系的货币创造机制,促进货币供给量的增长。

在理论上,调整法定存款准备金率是央行调整货币供给的直接且有效的方法。然而,在实际操作中,这一政策工具却鲜少使用。原因在于其效果过于显著,一旦实施,将在短期内引起货币供给的大幅度扩张或收缩,对银行体系的信用产生深远影响。频繁调整法定存款准备金率可能导致商业银行和金融机构难以适应,进而威胁金融系统的稳定性。因此,央行在决定是否调整及调整幅度时需谨慎权衡,避免过度使用此工具。同时,法定存款准备金率也不适宜作为央行日常控制货币供应状况的主要手段。

三、货币政策在社会生活中的应用

货币政策是通过银行体系变动货币供给量来影响总需求的政策。在经济萧条时期,为了刺激经济,中央银行会增加货币供应量,此举可以降低利率,刺激投资,并直接支持企业扩大投资，从而刺激消费，增加生产和就业，这种货币政策被称为扩张性货币政策。相反，在经济过热的情况下，中央银行会通过收紧货币供应来提高利率，抑制投资和消费，从而减缓生产和就业的增长，这种货币政策被称为紧缩性货币政策。请阅读案例16-8，深入了解货币政策的作用。

案例16-8　　　　　　货币政策支持企业平稳健康发展

今年，辽宁省印发《关于优化调整稳就业政策措施进一步促发展惠民生助振兴的通知》，鼓励金融机构开展稳岗扩岗服务和贷款业务，通过运用再贷款、再贴现等货币政策工具支持带动就业较多的经营主体；支持金融机构优化创业担保贷款申请程序，开辟绿色审批通道，提升创业者贷款便捷性。

兴城市辉煌制衣有限公司，一箱箱泳衣装车待发。"这批订单年底前要全部发往欧洲，现在正是最忙的时候。"辉煌制衣有限公司总经理孙立爽说。

今年初，一个几十万套的大订单让孙立爽又喜又忧：喜的是企业有订单就有业绩；忧的是交货时间紧，原材料采购、代加工费、工人工资等急需一大笔资金。

"我们公司有300多名员工，中国银行兴城支行了解到相关情况后，上门介绍辽宁省人社厅和中行辽宁省分行联合推出的'惠如愿·千岗万家'专项服务，为企业量身定制了授信方案，通过绿色审批通道，不到一个月就发放1000万元贷款。"孙立爽说。

（来源：人民网）

课堂练习——简答题

如何看待案例中的货币政策，谈一谈上述货币政策有何效果？

然而，货币政策在实施过程中存在局限性，这些局限性对其作用的发挥产生了一定影响，主要体现在以下两个方面。

第一，货币政策在不同经济周期阶段的效果差异显著。在通货膨胀时期，紧缩的货币政策往往能取得较为明显的成效；然而，在经济衰退时期，即使中央银行采取扩张性货币政策，如降低利率、增加货币供给量等，效果也可能并不明显。这是因为厂商普遍对经济前景持悲观态度，投资者对增加贷款从事投资活动持谨慎态度，而银行出于风险控制的考虑，也可能不轻易放贷。因此，货币政策作为反衰退工具，在这种情境下可能效果相当微弱。

第二，货币政策的外部时滞也对其效果产生了影响。中央银行调整货币供给量后，需要通过影响利率、投资等多个环节，最终才能作用于就业和国民收入。这一过程往往需要相当长的时间，因此货币政策的效果并不会立即显现。尤其是在市场利率发生变动后，投资规模并不会立即作出相应调整。例如，利率下降后，厂商扩大生产规模需要一定时间；而利率上升后，厂商缩小生产规模则更为困难。因此，从货币政策开始实施到产生实际效果，往往存在较长的滞后期。在此过程中，经济情况可能发生与预期相反的变化，从而影响货币政策的效果。

以经济衰退时期为例，中央银行可能采取扩张性货币政策以刺激经济增长。然而，在政策效果完全显现之前，经济可能已经转入繁荣阶段，物价开始快速上升。此时，原本的扩张性货币政策不仅无法有效反衰退，反而可能加剧通货膨胀，产生负面效果。

扩展阅读

着力稳定宏观经济大盘

参 考 文 献

[1] 蔡昉,都阳. 中国的储蓄率变化、决定因素和影响[J]. 新金融评论,2020(3):24-25.

[2] 曾楚雯. 浅谈"双十一"购物节的经济学思考[J]. 全国流通经济,2017,(10):3-4.

[3] 杜鹃著. 经济学入门:理解真实世界的88个经济学常识[M]. 北京:中国纺织出版社,2021.

[4] 郭泽德,宋义平,关佳佳. 一本书读懂30部经济学[M]. 北京:清华大学出版社,2023.

[5] 静涛,黑岛. 哈佛教授讲述的300个经济学故事[M]. 上海:立信会计出版社,2011.

[6] 刘希,沈月中,吴海波. 经济学基础[M]. 南京:南京大学出版社,2020.

[7] 马梅若,绸缪. 碳市场破解"外部性"难题[J]. 中国金融家. 2021(6):73-74.

[8] 仁恒.公共池塘资源的治理难题:特征、模型及困境——以埃利诺·奥斯特罗姆自主治理思想为视角[J]. 深圳社会科学,2021(4):60-70.

[9] 邵婧博. 浅析需求弹性理论在旅游产品定价中的应用——以万峰林景区为例[J].营销界,2021(6):62-63.

[10] 张秦龙,陈红梅. 经济学原理[M]. 北京:北京理工大学出版社,2013.